大哥说 莫言

管谟贤 / 著

山东人民出版社

作者与父亲、莫言、儿子和大孙子

目 录

《莫言研究书系》总序

张 华

我们谋划编辑出版《莫言研究书系》可谓由来已久。

早在 1986 年，在我们创刊《青年思想家》杂志的时候，就开始注意到了当时的青年先锋作家莫言。1988 年由《青年思想家》杂志牵头，在莫言的故乡山东高密召开了全国首次莫言文学创作研讨会。会后，我们编辑出版了全国第一部《莫言研究资料》（山东大学出版社出版）。同时，莫言成了《青年思想家》的栋梁作者，他写故乡的许多短篇作品集中发表在《青年思想家》上。2000 年后，莫言被聘为山东大学教授和研究生导师，更成了我们重要的教学科研的合作导师……与莫言交往二十多年，我们持续关注着他，可谓知根知底，友情笃厚。我们一直想编辑出版一套莫言研究系列丛书。

近三十年来，海内外研究莫言的论文和专著众多。从表层到深层，从宏观到微观，从文学领域延伸至边缘学科，研究的视角不断拓展，研究的水平也不断提高。这些研究成果对莫言小说的创作主体、审美意识、主题内涵、艺术风格、人物形象与意象、语言特色等都有广泛的探索，在影响研究、比较研究、叙事学研究等领域也提出了诸多有价值、令人耳目一新的见解和观点。莫言是从山东高密走进他的文学世界的，他笔下的"高密东北乡"是一个"文学的幻境"，也是一个"中国的缩影"。他说："我努力地要使那里的痛苦和欢乐，与全人类的痛苦和欢乐保持一致，我努力地要使我的高密东北乡的故事能够打动各个国家的读者。这将是我终生的奋斗目标。"（莫言《小说的气味》）因此，莫言是山东的，是中国的，也是世界的。莫言获得诺贝尔文学奖之后，国内外一股"莫言热"正在持续升温。无论是大众读者还是研究者，都在以更大的热情和更新的眼光去欣赏、解读、探索莫言的文学世界。特别是研究者，将在已有研究的基础上，出现更多更新的理论、方法、范畴和观点。无论是什么，有一点是可以肯定的，那就是以一种更加宏阔的"世界眼光"去审视、解读莫言的文学世界。

正是基于以上想法，我们现在推出这套《莫言研究书系》。这个书系的作者群，既邀请了莫言的家人和莫言的学生们加入，还有国内外重要的研究学者。这无疑拓宽了莫言研究的视界，丰富了第一手研究资料。我们希望面向大众读者和研究者两个群体，提供他们各自或共同感兴趣的作家生活点滴和作品阐释。我们努力在本套书系的可读性和学术性之间找到某种恰当的结合点。

《莫言研究书系》是一个包容国内外研究莫言成果的集中地。首先推出第一批书是《大哥说莫言》、《师从莫言》、《好友乡亲说莫言》、《莫言研究三十年》、《莫言研究硕博论文选编》、《国外莫言研究》等六种，敬请方家指正。

本书系是个开放的文库，今后还将陆续推出莫言研究的其他成果，欢迎国内外学者加盟支持！

2013 年元月 10 日

（总序作者张华，系中共山东社会科学院党委书记，教授、博导，山东大学原副校长，原《青年思想家》杂志第一任社长）

莫言文学创作背后的人

—— 莫言的长兄学者管谟贤先生（代序言）

贺立华

　　他是莫言文学上路的重要启蒙者，他中学时的作文和课本是少年莫言的开蒙读物；他曾是青年莫言早年选择走文学道路的反对者，又是后来莫言文学创作的坚定支持者；他是莫言早期作品的第一个读者，又是莫言小说最严厉、最权威的批评家……他就是莫言的长兄——管谟贤先生。

　　莫言兄弟姊妹四人，大哥谟贤和排行老四的小弟莫言，正好差 12 岁，都属羊。四个孩子读书天分都很高，但在极左的阶级论盛行的年代，四个读书的孩子都背上了"出身中农和社会关系中有人在台湾"的包袱。1963 年，20 岁的莫言大哥谟贤高中毕业，以优异的成绩考入上海华东师范大学中文系。尽管当时也有极个别人以"他不是贫下中农子弟，不是无产阶级接班人"、"不能进高校深造"为由从中阻挠，但是大哥谟贤还是幸运地进入了高校。那年，莫言 8 岁，正读小学。大哥考上大学这件事，对莫言影响极大，成了他最值得自豪骄傲的事情，他立志要做大哥那样的人。他知道大哥的作文很好，常被老师拿去作范文念给学生听，所以大哥留在家里的几本高初中时的作文，自然成了小学生莫言最喜爱的读物。莫言上小学时的作文不仅模

1988 年莫言与大哥

　　仿大哥的语言风格，而且对他喜欢的大哥写的毛笔字，也模仿得有模有样。这也许就是至今兄弟俩书法形神相似，难分伯仲的原因吧。

　　满怀读书热望，渴望像大哥那样上大学的莫言，命途多舛。1966 年，疾风暴雨式的"无产阶级文化大革命"，同样席卷了莫言的家乡，也粉碎了莫言读大学的梦想。在不讲学习成绩只论阶级出身的"文革"中，莫言连被推荐读中学的机会也没有，只读到小学五年级，便辍学了。12 岁的莫言成了地地道道的农民。

　　正当小弟莫言在东北乡草地上孤独寂寞地放牧牛羊仰天悲叹的时候，1968 年在上海读书的大哥谟贤也离开了"大学教授摇篮"华东师大，到湖南三线厂"接受工人阶级再教育"去了。在那个"知识越多越反动"的极左年代里，读过大学的大哥谟贤，比起农民兄弟莫言来更多了一重精神的枷锁：他成了反动阶级序列里仅次于"地、富、反、坏、右、叛徒、特务、走资派"之后而排在第九个等级的"臭老九"（知识分子）。这九类人群，亦称"黑九类"，必须乖乖地"接受工人阶级贫下中农再教育"。

劳动"改造"很好的谟贤，后来参与创办子弟中学，当了教师。而兄弟莫言还是在高密东北乡放牛。大哥谟贤十分欣赏小弟莫言的创作才华，情不自禁地把小莫言写给他的家信读给中学生们听，读给同事们听，让大家分享莫言的文采。大家一致夸赞写得好，但谁都不相信这是一个小学五年级肄业生写的。

1976年，21岁的莫言，费尽千辛万苦，赶上了"末班车"，侥幸应征入伍。可以吃饱饭，可以有书念了！莫言欣喜若狂。入伍不久，当莫言写信告诉大哥自己要走文学创作这条路的时候，一向欣赏弟弟才华的大哥谟贤却犹豫了。"文革"的烟云还没有散去，昨天的故事历历在目。他曾目睹了"文革"中上海作家们挨批挨斗的惨状。大哥说起收到弟弟来信的心情，谈起老师钱谷融先生在华东师大的经历，十分动情：正直善良的钱先生仅仅因为写了《论文学是人学》一文，就遭到了全国报刊的围攻批判；1966年"文化大革命"开始，钱先生被再次翻出旧账，戴上了"老牌修正主义者、反动学术权威和漏网右派"三顶帽子，像牛马那样被牵着游街示众、挨批挨斗，住"牛棚"，扫大街、刷厕所……文学，这个本是充满鸟语花香、播种爱的领域，却带给了善良的作家们数不尽的牢狱之灾和死亡……这些历史教训深深刺痛了大哥谟贤的心，对于未来文学的路，难免心有余悸。他视文学为"危途"。所以，大哥谟贤面对小弟的文学选择，心里非常矛盾，千叮咛万嘱咐弟弟莫言：世上的路千万条，最好别走文学这一条！

但此时莫言已经疯狂地迷恋上文学创作。激情澎湃的莫言急需寻找一个突破口，宣泄自己二十多年来满腹的孤独、苦闷和忧愤。他坚持不懈，写作、投寄、退稿、再写作、再投寄……一向最崇拜大哥、最听大哥话的莫言，这时开始不听大哥的话了，他奋不顾身地写下去……

大哥谟贤深深感受到了弟弟内心的想法，看到并无多言的弟弟才二十几岁的人，黑发就开始大把大把地脱落，熬夜劳累引起的肠炎胃疾也在折磨着他……稿件一篇篇寄出，油印退稿信似雪片般飞回来。这对莫言的精神打

1988 年莫言与山东大学贺立华教授

击比身体伤害还要大。大哥十分心疼弟弟，谈起自己那时的矛盾纠结，大哥说："莫言只有写作才快乐，不让他写，他比死都难受。""我如果再强行按住莫言不让他搞文学，就等于杀了他。""我只能给他鼓劲加油了。"

此时大哥谟贤也欣喜地看到，1970 年代末，中国的天空开始"放晴"，时代在变化。莫言拿笔习作的时代，是"文革"结束后的头几年，这是个控诉声讨"四人帮"专制罪恶的时代，是"黑五类"、"黑九类"和众多"可以教育好的子女"告别残酷的现代"种姓"制度、获得平等做人权利、可以考大学、可以入党、可以参军、可以提干、不再受歧视的时代，是一个废止"推荐工农兵上大学"、恢复"高考"、平等竞争的时代，是"一大二公"的人民公社解体、千百万农民打破束缚、恢复"男耕女织"个体劳动自由的时代。此时曾被看作"臭老九"的谟贤先生已开始被器重而提拔成了中学校长。他的心情，也开始同这个国家的天空一道"放晴"。一直关心弟弟创作的谟贤先生还欣喜地看到：取消"以阶级斗争为纲"、呼唤"思想解放"的春潮激荡，文坛"解冻"，百花怒放，万木竞荣，这些都让谟贤大哥思想深处视文学为"危途"的坚冰开始消融。而这些也都是大哥转而支持莫言、为弟弟创作加油鼓劲的重要因素。

莫言最信任自己的大哥，创作早期出手的作品总是先寄给大哥看过，才能放心发出。大哥不仅是弟弟作品的第一个热心读者，也是严厉的批评家，他的许多意见既尖锐又中肯。在保定山沟里当兵开始模仿写小说的莫言，收到过大哥这样的信："创作要注意形成自己的风格，要想成为名作家，必须具有自己独特的风格，跟在别人（不管是中国人还是外国人）后面走老路，是不会有出息的。"这些看似文学常识的话语，对一个只有小学五年级文化而又梦想成为作家的青年莫言来说，是何等重要，只有莫言自己知道。由此我们似乎可以理解后来的莫言为什么要"逃避两座灼热的高炉"（指福克纳和马尔克斯），为什么三十五岁时初读《潘达雷昂上尉与劳军女郎》即成马里奥·巴尔加斯·略萨先生"粉丝"的莫言，在中国社科院真正见到略萨的时候，却又是"唯有赶紧走避之"（引自莫言尚未发表的打油诗电子稿）。莫言担心因崇拜偶像"走火入魔"而失去了自己独特的风格。形成独特风格，是莫言起步时得到的来自大哥的谆谆告诫。这几乎成了莫言几十年来学习中外文化知识的一个基本态度：始终不忘创造独特的自己。

1985年之后，莫言《透明的红萝卜》等一系列作品发表，尤其是《红高粱》小说问世，《红高粱》电影荣获柏林国际"金熊"大奖，30岁的莫言获得了文学创作的巨大成功，全国轰动。国人因莫言而知高密，红高粱大地成了万众瞩目的神奇的土地。

1988年，在莫言的故乡召开了全国首次莫言创作研讨会，全国百余名著名学者、记者风云际会于高密城。大家皆为莫言而来。在鲜花与掌声中，当年贫穷的放牛娃载誉而归，当年受欺负遭凌辱的"黑孩儿"成了高密人家的座上宾……在热闹的大会上，已经从湖南归来任高密一中教师的谟贤先生同弟弟一样，默默无语，静静地听大家发言。这位在会上始终作为普通听众的大哥之不同凡响，是会后在他的家里我才觉察到的。在朴素的客厅里，议起大会发言，大哥谟贤这样对谦虚如学生般的莫言说："表扬你的话，可以不听。批评你的声音，倒不妨好好听听，看是否真有道理。"大哥还这样告诫弟弟："我支持你探索创新，形成你独特的风格，但也要注意不要探索得连我这样的人也看不懂了。"深谙文学三昧的大哥指导弟弟既要"创造独特的莫言"，又要拥有更多的读者。

25年前谟贤先生在《红高粱》获得巨大成功后说的这番谈话，使我想起了莫言后来创作风格的转型，那就是以《檀香刑》为标志的莫言的"大踏步撤退"……

如果说《红高粱》是青年莫言天马行空的产物，那么《檀香刑》则是莫言以平民姿态在大地行走、边走边唱的作品。这是《红高粱》诞生20年后的作品，曾被誉为"先锋派作家"的莫言，此时却公开宣称：我要"撤退了"，"《檀香刑》是我的创作过程中的一次有意识的大踏步撤退"。他要撤退到民间，他要把庙堂雅言、用眼睛阅读的小说拉回到小说原本的母体，还原成用俗语俚曲说唱式的、大庭广众用耳朵听的艺术。此时莫言已经改变了《红高粱》时期的居高临下姿态，有意识地降低身段。他反复申明："我就是农民，就是老百姓，我的写作就是作为老百姓的写作，而不是常说的'为老百姓写作'"。莫言从"为老百姓写作"到"作为老百姓写作"，虽然只是一字之差，却反映了莫言写作立场的变化，显示了创作主体意识的跃迁。细究这个转变，我认为源于莫言对于普通百姓读者、对于民间文化更深的体察和理解，对于中国古代话本小说精髓——"话须通俗方传远，语必关风始动情"深刻的感悟，还有他对自己过去作品现代小说技巧的反思，以及大哥谟贤在莫言《红高粱》成功之后的提醒和忠告。

在许多次莫言创作的研讨会上，厚道的大哥往往只是认真地听，很少发言。但当我私下和他谈起莫言，或者会场上当我们在进行不影响他人的静悄悄的"笔谈"时，大哥的话总是让我眼前一亮。当有艺术家说《檀香刑》是爱国主义主题时，大哥在我的纸片上写道："是对人类、对丑恶人性的批判啊！"当有评论家隔靴搔痒地大谈《蛙》的现实意义时，大哥又写道"这是写忏悔啊！

莫言一句一句,字字千钧!"大哥对莫言小说、散文、诗歌的解读,总是那样里外透熟,总是那样入木三分,好像弟弟的笔写的就是哥哥的心。

在文学道路上含辛茹苦辛勤耕耘三十多年之后,57岁的莫言登上了世界文学最高的颁奖殿堂,获得了诺贝尔文学奖,成了风靡全球的中国作家。谦虚的莫言引用《圣经》的话——"她必将华冠加在你头上,把荣冕交给你",真诚地表达了自己的感恩之情。他把自己取得的成就归功于母亲的谆谆教导,归功于高密东北乡的父老乡亲。他感谢故乡热土赋予他创作的灵感,感谢家人的支持荣耀了自己的作品……我理解,这其中就有伴随他走过文学之路的大哥谟贤。

莫言荣获诺贝尔文学奖,他所执教的山东大学一片欢腾。2012年11月,山大召开了"莫言文学创作学术研讨会",会议邀请了管谟贤先生发言。谈起莫言获诺贝尔文学奖,这位朴实的谟贤大哥虽是平静谦虚的讲话,却是语惊四座。他认为莫言得奖的事见证了中国社会和人类文明的两大进步。谁也想不到管谟贤先生会站在这样一个高度,选择这样一个视角,来赞美莫言步步坎坷而又不屈不挠、不断超越自己的精神,来赞美中国文学和中国社会不断前进的脚步,来赞美人类文明的进步和诺贝尔文学奖"人"的文学眼光……大哥谟贤高屋建瓴,大气磅礴,充满智慧,识见独具,道他人所未言,赢得了学者们热烈的掌声。

我想对读者诸君说,在我们把鲜花送给文学英雄莫言的时候,还应该把我们的掌声送给英雄幕后的这个人——管谟贤先生。这部《大哥说莫言》一书正是莫言的大哥管谟贤先生回赠万千读者和莫言研究者的礼物。鲜为人知的史料、深厚的地域文化内涵、别具一格的文学与现实、文学与历史互证映衬的质朴解读,给我们打开了一扇了解真实莫言的窗户,它独特的学术价值,在当今喧嚣浮躁的"莫言热"中,显得尤为沉实厚重。

2013年元月8日

(序言作者贺立华,系山东大学教授,博士生导师,莫言执教山大的合作导师)

一 莫言和他的小说

《《 莫言是极普通的一个农民的儿子，甚至可以说直到现在他还是一个农民。他爱农民之所爱，恨农民之所恨，与农民有千丝万缕的联系。他的作品，不管怎么"现代"，如何"魔幻"，在我看来都是再现实不过的东西。它既不是历史，更不是神话，都是普通的真正的小说。

莫言小说中的人和事

　　莫言成名之后，尤其是电影《红高粱》在柏林得奖之后，人们对莫言及其作品的研究很是热闹了一阵子。有人称莫言为"怪才"。似乎莫言本身就是一个谜，一夜之间不知从哪里冒出来杀上了文坛。也有人把小说与现实混为一谈，凭主观想象或道听途说，把小说中某些情节强加在我们家庭成员的头上写成论文发表，使得我们这样一个普通得不能再普通的农民家庭蒙上了一层神奇的色彩。这几年来，国内外一些文学界的朋友甚至不远万里来我们家乡考察。其实，莫言是极普通的一个农民的儿子，甚至可以说直到现在他还是一个农民。他爱农民之所爱，恨农民之所恨，与农民有千丝万缕的联系。他的作品，不管怎么"现代"，如何"魔幻"，在我看来都是再现实不过的东西。它既不是历史，更不是神话，都是普通的真正的小说。莫言的作品多用第一人称来写，其中不但有"我爷爷"、"我奶奶"、"父亲"、"母亲"、"小姑"，而且有时竟将真人姓名写进作品中去，如《红高粱》中的曹梦九、王文义，《筑路》中的来书，《草鞋窨子》中的于大身、轱辘子张球，《生死疲劳》中的单干户……我曾经提醒过他不要用真人姓名以免引起纠纷，他的解释是，用真人姓名在写作时便于很快进入角色，易于发挥。从近两年的作品看，莫言已经注意了这个问题，把真人姓名写入作品的事已不多见了。

值得一提的是，尽管莫言作品中有时用了真人的姓名，但往往是真名之下无真事（历史人物除外），真事往往用假名。人与事之间张冠李戴，移花接木，或干脆"无中生有"，纯乎是联想或想象而已。总之，小说只能是小说，决不能把小说当做历史或报告文学来看。

为了给研究莫言作品的同志们提供一点资料，也为了澄清一些事实，特写此文。

爷　爷

我们的爷爷管遵义，字居正，又字嵩峰，以此字行于世。生于1895年，1978年病故，享年84岁。我们的爷爷既没有《秋水》、《红高粱》里爷爷那般传奇式的英雄豪气和壮举，更没有那般痛快淋漓的风流韵事。我们的爷爷是一个忠厚老实、勤俭持家、聪明灵巧的农民，与《大风》中的爷爷庶几近之。爷爷一生务农，又会木匠手艺，种田是一把高手，木匠活也做得漂亮。不管多么复杂的家什，只要看了样子，他都能照样做出来。过去用的木轮车，檀木轴断了，柿木车耳子（轴套）破了，人们都喜欢到爷爷这里来换新的，因为他换过的车子推起来吱呀吱呀叫得特别好听。农村用的风箱，爷爷原来没做过，后来，照样做了一个，把出风口几经改进，风箱呜呜地叫，声音悦耳动听。于是，人们都愿意来找他做。

　　爷爷一生乐善好施，亲友、邻居来借钱、粮、柴草，有求必应，而且从来不登门讨账。最多到年关时对奶奶说："某某还欠着什么什么没还呢！"有很多就是白送。人家要还，他就说："算了吧！多少年了，还提它做什么？"小时我有一个印象，似乎那些找爷爷借东西的，压根儿就不想还。加上还要抚养我三爷爷三奶奶死后留下的三个孤儿（我们的三叔、四叔、六叔），又经常接济穷亲戚穷朋友，日子也总是富不起来，土改时被定为中农。爷爷是文盲，但却十分聪明，称得上博闻强记。他能打一手好算盘，再复杂的账目也可算清。过去村人买卖土地，不管地块多复杂，他能很快算出它的面积。从三皇五帝至明清民国的历史变迁，改朝换代的名人轶事，他可以一桩桩一件件讲个头头是道。不少诗词戏文他能够背诵。更令人奇怪的是，他虽不识字，却可以对照药方从大爷爷（爷爷的哥哥）的药橱里为病人抓药。至于那满肚子的神仙鬼怪故事，名人名胜的传说，更是子孙辈夏日河堤上、冬季炕头上百听不厌的精神食粮。我有时候想，爷爷要是有文化，没准也会当作家。准确地说，爷爷才是莫言的第一个老师。莫言作品中绝大多数故事传说都是从爷爷那儿听来的，如《球状闪电》里举子赶考救蚂蚁，《爆炸》里狐狸炼丹，《金发婴儿》里八个泥瓦匠庙里避雨，《草鞋窨子》里两个姑娘乘凉、笤帚疙瘩成精，《红高粱》里綦翰林出殡等等。如果把爷爷讲过的故事单独回忆整理出来，怕是要出一本厚厚的《民间故事集》呢！

　　爷爷性格柔中有刚。他很少发火，从来不打骂孩子，骂人从不带脏字。但他说话很有分量，批评的话，让你一辈子忘不了，高兴的话，让你忍俊不禁。他曾说："人生在世，谁都有春风得意的时候，但得意不要张狂；谁都会有倒霉不走运的时候，但跌倒了就要爬起来。越是有人看笑话，越是不能草鸡了！"他还说："人只有享不了的福，没有受不了的罪。"这些话在我看来都是真理，让我终生难忘，受益匪浅。

　　爷爷其实是很有情趣的。他有一杆鸟枪，有一张渔网，会打鸟打兔子，会打鱼摸螃蟹。有什么庄稼瓜菜新品种，他喜欢试种试栽。

　　爷爷的脾气耿直抗上，很少有让他服气的人和事。对于毛泽东这样伟大的人物，他老人家甚至一辈子都没有叫过一声"毛主席"。在家里开口闭口都是"老毛"如何如何（同样，提到蒋介石也是一口一个"老蒋"）。在那个年代，吓得我们恨不得跑上去捂住他的嘴巴，要他小声说，别叫人听见。他说："怕什么？他和我年纪差不多，叫他'老毛'怎么了？"后来，尤其是到了上世纪60年代，人们把"毛主席万岁"喊得震天响，他才恍然大悟似地说："老毛当皇上了，人能活一万岁吗？万岁就是皇上啊！"

对于新生事物，他不大接受。开国之初，讲中苏友好，全国上下成立了中苏友好协会。那时好像人人都是会员，发一个徽章戴着，一面小红旗，上边是毛泽东和斯大林头像。还有一支歌，人人会唱："毛泽东，斯大林，像太阳在天空照，红旗在前面飘，全世界人民心一条，争取人民民主，争取世界和平……"他听了很不以为然，说："天无二日，国无二主，天上怎么会有两个太阳？中苏本是两国，两国如同两人，现在好成什么样，将来就会打成什么样！"当时，我们称苏联为"老大哥"，他也有看法，甚至说："朝里是不是出了秦桧？真给中国人丢脸！"这些话，当时是百分之百的"反动言论"。家人一起反对他，让他别说。他说："我又不到外边去说。我说的对与不对，今后看！"

1958年"大跃进"，大炼钢铁，他断定用土炉子炼不出铁，更炼不出钢，纯粹是浪费东西，祸害人民。农业生产"放卫星"，广播喇叭里说某地小麦亩产万斤，他坚决不信。他说："一市亩地，就那么一点点地方，不用说长麦子，就是把麦子打好，光把麦粒铺在那一亩地里，一万斤得铺多厚？这肯定有假！"甚至反问我："你不是说老毛是种地的出身，小时候还干过农活吗？一亩地能打多少粮食，他不知道？朝里肯定出了奸臣了！"我没见过亩产万斤的小麦，也只好闭口无言。他曾预言，人民公社不是好折腾，折腾来折腾去，非饿死人不可。果然，三年困难接踵而来，村里人人浮肿，天天死人，爷爷一手拉扯大为其成了家的三叔因饥饿而病死。生产队里只有干不完的活，却分不到足够的粮。一家人靠爷爷度过荒年。当时他已年过六十，不去队里干活，冒险偷偷地去边远地方开小块荒地种地瓜。夏秋两季，他去田野割草，晒干后，等第二年春天送到农场，换回大豆、地瓜干。刚刚四五岁的莫言因野菜难以下咽而围着饭桌哭闹时，爷爷弄来的地瓜干，无疑是比今日之蛋糕饼干更为甘美的食品，给他幼小的心灵留下了难以磨灭的印象。

爷爷一生务农，对土地有着深厚的感情。直到入社那一年，他为了帮一个亲戚渡过生活难关，还花高价把他的五亩地买过来。他相信世界大同，却不赞成合作化，他说："一家子亲兄弟还要分家，张、王、李、赵凑在一块，能有好吗？"他对入社是极力反对的。为此，他气得不吃不喝，要带着我分家单干，急得父亲没办法，只好去西王家苓芝把他的姑父、爷爷的姐夫请了来做他的工作。最后达成协议，同意入社，但约法三章：一，爷爷永远不去农业社里干活；二，农业社要他干木匠活，送到家里来，要现钱；三，农业社一旦垮了台，土地、牲口、农具原样退回来。这约法三章真正落实了的，只有第一条，第二条是父亲自掏腰包解决的。第三条一直到他临终，"文革"已经结束，公社也将撤销，但农具早已毁坏，牲口早在困难时期就饿死了。

爷爷去世时，莫言给我写信说："祖父的死，使我感到心痛。他老人家一生含辛茹苦，农忙时辛劳耕作于田间，农闲时又持斧操锯在作坊。他以刚直不阿的性格和娴熟的木工工艺博得了乡里的众望，他为我们留下了很多值得学习的品质和精神。我至今不能忘记祖父带我去割草的情景，以及他用青筋暴露的手挥动斧凿的形象。他这种吃苦耐劳的精神，正是我缺乏的……前几年我在家时，经常地和他拉一拉，故意请他讲些古今轶事，所以颇得他的欢心，我也受益匪浅……"

爷爷19岁，奶奶20岁才成的亲。这在当时已是晚婚年龄。二人艰苦创业，勤俭持家，劳作一生，生有一女二男（我们的父亲和五叔），在乡里有很高的威望。

奶　奶

我们的奶奶姓戴，如同旧社会的劳动妇女一样，没有自己的大名，在世时，农业社的社员名册，称她管戴氏。奶奶比爷爷大一岁，1971年去世，终年 77 岁。

尽管《红高粱》里的"奶奶"也姓戴，但我们的奶奶却远没有九儿那般泼辣风流，也没有《老枪》里的"奶奶"那般杀伐决断。我们的奶奶是一位极普通的老式家庭妇女。奶奶的娘家也是极普通的农民，因为她的父兄会竹器手艺，所以生活过得比一般农户强。小时候曾听奶奶发牢骚说，她和爷爷成亲后，爷爷的以及后来子女们的衣服全是奶奶家负责的，我们家一概不管。奶奶虽然极普通，但确实很能干。直至去世，奶奶是我们家实际上的大总管。那时父亲和叔父没有分家，一家十几口人的吃穿，全由奶奶安排，尽管那些年月生活极艰难，奶奶勤俭持家，精打细算，一家人也未受冻饿之苦。奶奶的手极巧，我不只一次地听我的大爷爷、外祖父夸她做的饭菜好吃，针线活漂亮。村里有人家结婚，窗花、馒头花常找她剪；丧事也找她去操办。奶奶还会接生，新中国成立后虽说新式接生已经推行，但找她接生的仍很多。可以说，我们村现在 60 岁左右的人有一半是她老人家接到这个世界上来的。

奶奶胆子比爷爷大。听奶奶说，有一年来日本鬼子，鬼子在外边砸门，爷爷去开门，鬼子进门一脚将爷爷踢倒，刺刀对准爷爷胸口，呜哇一叫，吓得爷爷面如土色。倒是奶奶走上前去扶起爷爷。爷爷出门想跑，那鬼子一勾枪机，子弹从爷爷耳边飞过。从此，只要听说鬼子来了，鬼子影未见，爷爷就先跑了，往往是奶奶留守。我问奶奶当时怕不怕，奶奶说："怎么不怕？一有动静就想上茅房！"即使如此，凡与兵们打交道的事爷爷再不敢出面，哪怕后来的八路军、解放军来了，开大会都是奶奶去。

奶奶一生未出过远门，一生未见过楼房。上世纪 60 年代，我到上海读大学。放假回来告诉她我们住在楼上，她不止一次问我：人怎样上得去？用梯子吗？我当然回答不是，并且给她解释怎样一层层走上去，还说高层楼可乘电梯等等。谁知奶奶越听越糊涂，叹口气道："看不到真楼，越听越不明白！"当时，整个高密县只有县城有两座二层小楼，乡下一律是平房，所以她老人家至死也没弄明白楼是怎么回事。

2007 年春节，莫言与父亲、大哥

父 亲

我们的父亲管贻范，生于 1923 年。旧社会上过四年私塾，在我们乡下已经算是知识分子了。所以，家乡一解放就担任了各种社会工作，记账、扫盲，从互助组到合作社，到生产大队，到国有农场耕作区，再到生产大队，一直担任会计，1982 年才退休。几十年的会计当下来，积累的账册、单据成捆成箱。他可以自豪地向村里的老老少少说，他没贪污过一分钱，没有错过一笔账，没有用过手中的权力为自己办过一次事，连记账用的一支竹竿圆珠笔都是通过书记批准才买的。父亲担任大队会计二十多年，一年四季白天和社员一起干重活，下雨阴天和晚上记账。每逢大队偶尔摆酒席，他总是借故推辞，拒不参加。

父亲教育子侄十分严厉，子侄们，甚至他的同辈都怕他。我们小时，稍有差错，非打即骂，有时到了蛮横不讲理的地步。他担心我们"学问不成，庄户不能"，对我们的学习抓得很紧。我读小学时，父亲经常检查我的学习。有一次居然要我将一册语文书倒背出来，背不出就打。等我读了中学，一方面离家远，每周回家一次，另一方面我读的东西他也不懂了，所以不再检查我的学习，但每学期的成绩单必看。三年困难时期，我读高中，同学中有的饿死，有的逃往东北。我也想去闯关东，回家一说，父亲大怒，说："供你上了十年学，什么结果也没有，要走，就别再回来！"父亲希望我们走正道，望子成龙心切，加上生活困难，心情不好，所以很少给子女笑脸。莫言小时候顽皮，自然少不了挨打。有一次小莫言下地干活，饿极了，偷了一个萝卜吃，被罚跪在毛主席像前。父亲知道了，回家差一点把他打死，幸亏六婶去请了爷爷来才解了围。父亲自己清正廉洁，容不得子侄们沾染不良习气，败坏管家门风。有一年，我叔父的二儿子十来岁时，去队里瓜地里偷了几个小瓜。虽然偷瓜摸枣是农村孩子常干的事，而且又是侄儿，父亲对他也是一顿好揍。后来我的这个叔兄弟不但考上了大学，而且研究生毕业，获得硕士学位，后到美国留学，现已在美国定居。

父亲不是党员，但一直跟党走，在乡里很有威信。他孝敬爷爷奶奶，爱

莫言为父亲生日写的对联

护弟弟（我们的五叔）。我们的五叔在供销社棉花站工作。当年，区里让我父亲脱产出来工作，父亲把机会让给五叔。婶婶和叔叔的四个孩子在家里和父母一起生活，直到奶奶去世才分家。分家后，父亲还像过去一样照顾叔叔的孩子，还不时寄钱去资助上大学的。

父亲今年已经 90 岁了，至今仍在乡下。地里的活已干不动了，木匠活也不做了，但他仍然帮二弟家做点家务，种种小菜园，一刻也闲不住。

母 亲

我母亲姓高，1922 年生于河崖镇小高家庄（现名北高家）。大名高淑娟，但一辈子没用过，公社化时生产队里的记工册以及我们填表都写管高氏。母亲缠足，典型的农村妇女，没有文化，因劳累过度，患有哮喘、肺气肿等多种疾病，于 1994 年 1 月病故。母亲是 17 岁嫁到我们家的。母亲的亲生母

父亲和母亲

亲在母亲两岁时就去世了。她来到我们家五十多年，当媳妇的时间比当婆婆的时间长，一直没过上好日子，及至过上好日子，又老生病，母亲常叹自己命苦。

　　母亲生过七八个子女，活下来的只有我们兄妹四人。除我之外，莫言还有一位二哥和姐姐，莫言是母亲最小的孩子。到莫言出生时，我们这个大家庭已有四个孩子。后来，我婶婶又生了三个儿子。莫言在家里的位置无足轻重。本来穷人的孩子就如小猪小狗一般，这样，莫言就不如路边的一棵草了。母爱是有的，但要懂事的孩子自己去体会。天下父母哪有不爱自己孩子的？但母亲为了这个大家庭，为了顾全大局，必须将爱藏在心底。记得困难时期，全家吃野菜，莫言和他堂姐（我叔父的女儿，仅比莫言大半岁）吃不下，有时母亲单独为他俩煮两个地瓜或蒸一个不加野菜或加少量野菜的玉米面饼子，小莫言饭量大，但他也只能和姐姐平分秋色。半个饼子姐姐吃了已饱，可小莫言却不饱。尽管如此，母亲也不能多分给莫言，结果莫言是吃不饱还要挨骂。

最让母亲难过而又难忘的一件事是1961年春节，积攒了半年的几斤白面蒸了五个饽饽，摆在院子里当供品。过完年要休息了，奶奶让母亲去把五个饽饽收回来，母亲去收，五个饽饽却不翼而飞！除了自己家里的人外，只是过年时来过两个"送财神"（讨饭）的。于是我和母亲紧急出动，碰到"送财神"的就看人家的篮子，哪里还有半点影子？五个大饽饽，白面的！这是爷爷和小弟弟们半个月的好口粮，全家人舍不得吃，不见了！心疼，气恼，还背着偷吃偷藏的嫌疑！我和母亲哭了半宿，母亲像生了一场大病。此事我也终生难忘，莫言刚开始写作时，我写信把此事告诉了他，鼓励他写成小说。他写了一篇题为《五个饽饽》的短篇小说发表了。现在，这篇作品收在小说集《欢乐十三章》里。

母亲干得最苦最重的活是推磨。那也是困难时期，村里还吃食堂，母亲为了得几斤麸皮，去给食堂推磨。那时牲口都饿死了，只好用人推。母亲瘦得体重不足七十斤，和大娘婶子们合伙，两人一帮推，推着推着就晕倒在磨道里，抓一把生粮食吃了再推。生粮食也不敢多吃，磨却要推下去。一天下来腿肿得好粗，人都走不动了。这一情景，莫言也写过一篇小说，题为《石磨》。但那毕竟是小说，很有些浪漫和诗意了。

大爷爷

大爷爷管遵仁，是我爷爷的哥哥，字居安，又字寿亭、嵩山。人们都叫他管嵩山、管先生。

大爷爷是读书人出身，清末废了科举，读书人断了仕途，只好务农。他19岁开始，一边干活，一边学医，很是用功。后来他就开了润生堂药铺，给人治病，擅长妇科、儿科。由于看病认真，用药仔细小心，所以他技艺精进，逐渐小有名气。

大爷爷年轻时，大概是得其父之遗传吧，也是很桀骜不驯，风流倜傥的。

大爷爷

因为日子过得比较好，又在街面上管些闲事，免不了得罪人，据说还和人家打过官司。虽然官司败了，但仇却种下了，因此土改时，他被划为地主，被扫地出门，一家人跑到了青岛。而对方的后代却入了党，当了干部。新中国成立后，大爷爷被对方追了回来，唯一的儿子已经被国民党掳走，生死未卜。回来时，只有妻子和两个女儿了。从青岛回来不几天，他就被逮捕，半年后释放回家。为了生活，在我爷爷奶奶及本家几个侄儿和朋友的帮助下（这个朋友是西王家苓芝的王书芹，原省政协副主席王林肯之胞弟），他重操旧业，开起了药铺。这时，他得罪的那家人在村子里作威作福，命令他每天割一筐青草送去，给他家喂牛。他们家大人孩子生病吃药自然也不付钱。大爷爷敢怒不敢言，只好在坡里割草时暗暗流泪。就这样到了"文革"时期，大爷爷已八十多岁时，还被这家人的后代揪上台去批斗过。开药铺没有几年，公私合营了，乡里办起了联合诊所。大爷爷带着小姑和药橱、药具、药品进了联合诊所当医生，算是吃国库粮的"公家人"了。

小时候，大爷爷的药铺是我们常去的地方，去看大爷爷一手捋着胸前的一部雪白的长髯，闭着眼，一只手为病人搭脉，用毛笔（后来偶尔也用钢笔，但握笔的方法如同用毛笔一样）给病人开药方，看三姑和小姑为病人按方抓药。他们忙不过来时，我也曾经帮他们用药碾子碾药或记账，不但学到了一些中医药知识，也经常会吃到诸如甘草、肉桂、五味子之类的东西。现在回想起来，仍然甘之如饴，齿颊留香。

大爷爷的医术是精湛高超的。记得在我小时候，有一年，大概是下村的一家人的一个几代单传的男孩得了大脑炎，送来的时候已经高烧不退，发生痉挛（中医叫角弓反张）现象，眼看快不行了。大爷爷见状，根据中医"一针二拿三用药"的原则，选准穴位，一针下去，角弓反张现象消失，灌了一包药下去，不久就哭出声来，回去后几天就好了。这孩子长大后我还见过，虽然有点后遗症，但能干农活，也成了家。为感谢大爷爷的救命之恩，这家人每逢春节都来看望大爷爷。

我自己小时候得病不用说都是大爷爷给医治。记得初一上学期末，高密二中暴发流行性感冒，腊月初八就放了寒假。我到家就躺倒了，高烧不退，烧得舌苔发黑，说胡话，昏迷不醒。全家人都害了怕。大爷爷一边给我吃汤药，一边让我口含一块川黄连，虽然黄连苦，但病却治好了。

当时，人们把流行性感冒之类的传染病叫做"瘟灾"。大爷爷有一个验方，每逢"瘟灾"暴发，就用此方根据男女老幼等不同情况，稍作加减，都能做到药到病除的。对此，莫言曾写过一首打油诗，诗曰："俺家伯祖老中医，擅治伤寒有绝技。麻黄桂枝生石膏，再加一把地骨皮。"

大爷爷的医德亦很高尚，服务态度好，药价公道，所以找他看病的人很多。有人半夜来敲门，大爷爷不管严寒酷暑，刮风下雨，马上就跟着走。有病家备了牲口来，他一般是不骑的，实在推辞不过，也是出了村再骑。平时一根竹杖，既当了拐杖，也当了打狗棍，四乡八村到处奔走。长期的奔波，锻炼了他的身体，所以他活了八十多岁。

大爷爷唯一的儿子，我的二叔，国民党从青岛撤退时，被裹胁而去，从此下落不明，传说去了台湾。直到上世纪 80 年代，两岸始通信息，才知道他确实在台湾。等到二叔回到家乡探视时，大爷爷大奶奶都已去世了。但大

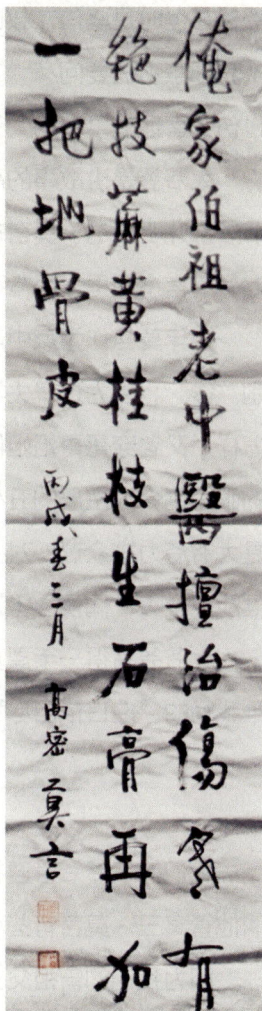

莫言写大爷爷的"打油诗"

爷爷在世时是坚信二叔还活着的。每逢过年，大爷爷都要以铜钱占卜，有几次我都禁不住要问："二叔还在吗？"他说："我这一生，治病救人，没做过伤天害理的事，老天爷是不会绝我的后的！"

大爷爷是讲故事的高手，莫言小说里的民间传说和故事，有不少是从大爷爷那儿听来的。莫言辍学后也曾经想学医生，所以与大爷爷接触较多。因此，莫言小说里，经常可以看到大爷爷的影子。

当年莫言作为家中最不起眼的孩子，因为吃不好，吃不饱，所以显得特别"馋"；因为过早失学，又爱看闲书，所以显得特别"懒"；因为长得不怎样，又老穿哥哥姐姐倒下的衣服，所以显得特别"丑"。莫言在个别长辈的眼里是令人生厌的丑小鸭，是"前脚猫，后脚狗"，成不了才的东西。但是大爷爷力排众议，对人说："人不可貌相，海水不可斗量。这孩子将来没准能成个大'偶侯'（人物），你们谁都不如他。"大爷爷可谓慧眼识才。

大爷爷写得一手漂亮的毛笔字。我上小学时，开始描红，就是以大爷爷给我写的"白日依山尽"这首诗作样子。我的大名，也是大爷爷给起的。

三爷爷

我们的三爷爷管遵礼，字立庵，又字嵩岩，因为排行老三，所以人们都叫他管嵩三。莫言有些小说中，有时会发现他的影子。

因为我们的曾祖父去世早，兄弟中他最小，因此，我们这个三爷爷就有些任性出格之处：农活不愿干，天天酒不断，专门结交一些社会上的游侠人物。当时，日本鬼子侵略中国，各种人物纷纷打着抗日的旗号揭竿而起，有枪就是草头王，各自霸占一方。这些队伍，人们统称为"游击队"，单高密东北乡就有高云生、冷关荣、姜黎川……三爷爷和这些人都有交往。不知是出于什么原因，有一段时间三爷爷天天念叨着要带着他十几岁的大儿子（我们的三叔叔）到东北（莱阳、海阳一带）去当八路。家里对他严加防范，怕他跑了。小时候，有一次和爷爷谈论三爷爷时，说到这件事。我说：你们那时候让他去多好，去了到现在，怎么也得弄个团长当当吧？爷爷说：就他那不知深浅的脾气，当了八路也早就叫日本鬼子打死了。

三爷爷最终还是死在他的这些朋友手里。好像是姜部的人吧，住在他家里，据说不知是副官还是护兵擦枪走火，打中了他的肚子，肠子都鼓出来了，又塞了进去，贴了贴膏药算完，不几天就发炎了，拖了个把月就死了。如果是现在，到医院开刀，取出子弹，就没问题了。至于是擦枪走火，还是因为他想去当八路，人家故意打的，谁也说不清。

因为受了惊吓，三奶奶就疯了，不吃不喝不睡，狂呼乱叫，百治无效，不久也去世了。

三爷爷、三奶奶去世都很早，其时我还没出生呢。但长大后，看到三爷爷家后窗上有一个自行车座（那时农村还没有自行车），爷爷说，这个车座是三爷爷自行车上的。在上个世纪30年代，有自行车的人是很少的。三爷爷是高密东北乡第一批有自行车的人。

由于三爷爷不会过日子，地少人多，所以他死后，他的儿子土改时都被定为贫农，因祸得福，坏事变成了好事。

小　姑

在莫言的小说《爆炸》和《蛙》中，写到小姑这个人，与现实生活中我们的小姑有些相似之处。

小姑现在也不小了，她虽只比我大5岁，但今年也75岁了。从小我们就叫她小姑，至今还叫她小姑。这连她自己也觉得好笑，曾开玩笑说："我这个小姑都七十多了，这辈子也成不了大姑了！"

小姑是大爷爷的小女儿。因为在我父亲一辈，兄弟姊妹是大排行的。兄弟之间，我父亲是老大，我叔父是老五，大爷爷的儿子是老二，三爷爷的三个儿子分别是老三、老四、老六。姊妹们之间，我姑母是老大，三爷爷的女儿是老二，大爷爷的两个女儿是老三、老四，这老四就是我们的小姑。

小姑的名字叫管贻兰，退休前是大栏乡卫生院副院长，中共党员，还当过一届政协委员。因为大爷爷的儿子新中国成立前去了台湾，长时期生死未

2007 年春节莫言与父亲、小姑

卜，所以大爷爷一直把小姑当儿子看，不但把自己的医术和一生的行医经验传授给她，而且小姑结婚后一直没有离开过家，直到我的大爷爷、大奶奶去世。小姑是得了大爷爷的真传的，尤擅妇科和儿科。退休后，方圆几十里的病人，包括周围县市的都来找她看病，弄得大栏卫生院都没了生意。我见过她给小孩看病的情况。因为是婴幼儿自己不能说明病情，大人也只能看到婴幼儿的表情，所以诊断上有难度。小姑是看小孩的手指纹，（有时也摸一下脉搏）来断定病情的。她反对动不动给孩子打针，更反对动不动就打吊瓶。她是给小孩吃药。一次一小包药粉，一般三包就能治好，很神！据说在妇产科上，她也有拿手。有的妇女结婚几年不生孩子，经她医治，有不少都当了妈妈。所以她在当地是很有威望的。

小姑性格开朗豁达，说话高音大嗓，有男子之风，至今仍以老管家的人自居，把老管家的事当做自己的事办。大家都很尊重她。

轱辘子张球

此人见于莫言的短篇小说《草鞋窨子》。"轱辘子"，似应写作"锢炉子"，是高密人对小炉匠的称呼。我们村有那么兄弟三人，姓张，老大叫"球"，老二叫"谱"，老三叫"永"。"球"的大号叫张玉斌，是个小炉匠，继承了他爹的手艺，能帮人锢锅、锢碗，干个小铁活什么的。

这兄弟三人，从我记事时就没了爹妈。后来我才知道，他们的父亲是地道的贫农，所以共产党一来就跟着干了，但1947年国民党反攻，还乡团回来，却反水了，大概"球"也跟着干了点坏事。所以不但其父被枪毙，"球"也跟着倒了霉。解放很久了，大约是上世纪60年代吧，"球"还因为历史问题吃了官司，被捕判过几个月的刑。

这兄弟三人是孤儿，很可怜。三人挤在一间靠在人家屋山上盖的只有一人多高的小泥巴屋里，屋里除了一铺小炕和一口破锅外，什么都没有。每逢过年，我奶奶都要让我提上一筲斗馒头、豆包、年糕之类的东西给他们送去。钻进他们的小屋，一股腥臊之气直冲脑门，我把东西倒在他们炕上就走，不敢多待，也听不到他们有什么感谢的话。后来，兄弟三人在村子里实在混不下去了，张球入赘到一个比他大近二十岁的寡妇家里，老二、老三就去了东北。没有路费，就要卖他父亲留下的那套小炉匠家什，谁要？没办法，来求我爷爷。我爷爷说："我是木匠，不要铁匠的东西。这样吧，东西就算押在这里，路费我借给你们，等你们混好了，再还我的钱，把你爹的这套家伙拿回去！"后来，他爹的家伙是被张球取回去了，但钱却没的还。

张球（张玉斌）长得比老二、老三都高大，挺开朗的一个人，干活也卖力气，和当地农民一样，也会编草鞋。和寡妇结婚后，寡妇的儿子待他也不错，早些年已经去世，他的两个弟弟大概还在东北。

曹梦九

此人在小说《红高粱家族》中多次出现。本书许多情节取材于此人真实事迹或流传于高密民间关于他的传说轶闻。曹系河北人，为冯玉祥部下，三十年代初曾随冯玉祥将军驻守湖南常德。1935~1937 年 10 月任国民政府高密县县长，在职期间颇多政绩，被高密百姓视为清官，许多关于他的传说轶闻至今尚在民间流传。小说中的曹梦九处罚帮助恶霸强占农妇母鸡的马屁精即其传说之一。其著名政绩之一即小说中提到的消灭土匪一事。据县志记载，民国初年，县内一些无赖、兵痞纠合成若干小股土匪，到处拉驴绑票，拦路抢劫，社会极不安定。曹梦九任县长期间，经常缉捕严惩，大见成效。1936 年春，曹和韩复榘共谋，宣称在济南成立特别侦察队，凡枪法超群、骁勇剽悍、杀过人、愿意接受招安立功赎罪者，携带长短枪两支到县报名，则不咎既往，录用为侦察队员，一切待遇从优。仅两个月即诱捕土匪八十余名，武装押解济南枪决，为高密人民除去心腹大患。县内一时比较太平，百姓得以安居乐业。曹梦九在高密抓赌禁烟，奖励农耕，兴学校，修县志，做了一些好事。对违法乱纪、败坏纲常的不法之徒往往以鞋底打之，因此得一外号"曹二鞋底"。作为一名旧政府的官员，能如此实属不易。

王文义

我们村确有王文义其人，现已七十多岁，仍健在。王文义个子不高，貌不惊人，严格说还有点丑陋。在小说《红高粱》中，王文义虽然胆小，但最终还是抗日死。现实生活中的王文义没有打过鬼子，却当过几天解放军，因胆小不干了。小说中有一个情节与王文义当兵的经历相似，即鬼子打枪，以为自己脑袋已不在颈上一节。据说王文义刚当兵时参加了一次战斗，敌人开枪之后，子弹如蝗虫从头上飞过，王文义大叫："我的头没了！我的头呢？"气得班长破口大骂踢了他一脚。撤退时他竟将大枪丢进水沟，班长下水捞上枪来，王文义的兵也就不再当了。此人新中国成立后一直务农，老实本分，其妻是一细高身材的农村妇女，自然也没有为抗日部队送饭光荣牺牲的事。

大老刘婆子

小说《红高粱》中还有一个叫大老刘婆子的女人，是余府的女管家，后来还和爷爷余占鳌有那么一段浪漫史。现实生活中，在我们邻村沙口子确有一个叫大老刘婆子的女人，解放时已五十岁左右了，早在"大跃进"年代去世。此人是一个以乞讨为业的女叫花子，整日破衣烂裳，蓬头垢面，手持打狗棍，挎着篮子挨家挨户要饭吃，令人望之生厌。谁家的小孩不听话或哭闹只要说一声："大老刘婆子来了！"马上吓得乖乖的。此人是个寡妇，政府教育她好好劳动，她不肯。有一年，大概是朝鲜停战之后，有一批残废军人下来找对象。其中有一个叫老范的，虽然不缺胳膊少腿，但缺少心眼，大姑娘小寡妇都不肯跟他。不知有人撮合还是二人自愿，大老刘婆子居然与老范同居了。但不久，大老刘婆子又出来要饭了。据大老刘婆子自己说是因为老范年轻力壮，吃他不消。但人们分析，肯定是大老刘婆子骗光了老范的钱，因为不久老范也就由政府召回去了。

大老刘婆子在世时莫言尚小，即使见过，也不会有什么印象，所以在小说中只是借用她的名字用用而已。类似人物《红高粱》中尚有许多，限于篇幅，不再一一列举。

单干户

在莫言的长篇新作《生死疲劳》中写了一个至死都不肯加入农业社的单干户蓝脸。在现实生活中,我们的家乡河崖公社,确有两户不肯加入公社的单干户,一户在陈家屋子村,一户在窝铺村。

这两家的成分并不高,不是贫农,也是下中农。他们不但坚决不肯加入初级社和高级社,直到人民公社了,他们还在单干,其倔强的劲头实在罕见。其中陈家屋子那一户,在动员加入初级社时,因不堪村干部的催逼,竟铤而走险地不断上访。他吃准了一条:中央的政策是"入社自愿,退社自由"。据说官司打到省里,省里给了他一个书面答复,认定他不入社不犯法。他把省里的答复镶在镜框里,挂在墙上。从此有了尚方宝剑,放心大胆地单干起来。

单干,对他们来说可能粮食打得多一些,1960 年可能少挨一点饿。但承受的压力,尤其是政治压力是很大的。记得每当看到窝铺的那个单干户赶着牲口,扛着农具,从胶河河堤上向我们村子东面走去干活时,连我们小孩子都像看出土文物一样看他们。事实上,整个社会都把他们打入了另册,把他们当成了另类。这当中,最倒霉的莫过于他们的子女,不但入党、入团、当兵没有他们的分,走到哪都受歧视。记得窝铺村那家的孩子在高密二中念书,校长就曾经在大会上讲话,要他回家动员父母入社。公社化后,我们的户口一律转回农村。有一段时间,每个学生的口粮都由所在公社往学校里统一调拨,这个学生当然无从调拨,只好自己每周两次回家背干粮。在这种情况下,这个学生不久就退学了。

当时,公社的生产队里干活是大呼隆。十几个人,几十个人一起,到了目的地先吸袋"地头烟",然后上午休息两次,下午休息两次。休息时,男男女女,打打闹闹,说说笑笑,干活时,东拉西扯,嘴也不闲着,不知不觉就是一天。晚上到队里记工,又是轰轰烈烈,连吵带骂,有人唱歌,有人打闹。而那单干户干活,全家几口人,当然是死气沉沉,碰到大人不高兴,小孩少不了挨骂。所以,生产队对青年一代有极大的吸引力,可惜这一点在《生死疲劳》里没有体现。因此,等到这两家单干户的老一辈去世了,其子女都加入了人民公社，时间大概是在"文革"前。要是活到了"文革"，恐怕批斗是少挨不了的。

孙家口伏击战

小说《红高粱》写爷爷和父亲去伏击日本鬼子的事是有其故事原型的。这就是发生在1938年3月15日的孙家口伏击战。据县志记载，当时胶（州）沙（河）公路上常有日本汽车过往孙家口。3月15日晨，国民党游击队曹克明部四百余人，在冷关荣部、姜黎川部配合下，埋伏在村内村外，截击日军。上午10时许，满载日军的五辆军车由村北向南疾驶。尖兵车上载重机枪一挺，驶至村南拐弯处，轮胎被预先埋在路上的耙齿扎穿，动弹不得。曹部伏兵立即投弹炸死车内日军。后驶进村内窄路上的日军汽车，前进不能，后退不得。村内伏兵四起，围击日寇，并以高粱秸引大火烧汽车，车上日军

孙家口伏击战古石桥

无一逃脱。村外汽车上的日军企图负隅顽抗，亦遭围歼，仅一名逃跑。此战歼灭日军 39 名，内有日军中将中岗弥高，缴获汽车一辆（其余被烧毁），轻重机枪各一挺，"七九"式步枪三十余支，子弹数万发，军刀三把（其中将军刀一把），文件一宗，游击队伤亡三十余人。后驻胶县日军至孙家口邻村公婆庙（现名东风村）报复，杀害群众 136 人，烧民房八百余间，造成"公婆庙惨案"。

1987 年夏天，西影导演张艺谋率《红高粱》剧组来高密拍外景戏，孙家口一带老百姓事先专门种了大片高粱，电影中不少镜头就在此地拍摄，使当地老百姓重温了当年的历史。

四叔之死

莫言作品中写到的真事不只一件，有些已经经过艺术加工（如孙家口伏击战），有的则简直如同现实事件的翻版。长篇小说《天堂蒜薹之歌》中的四叔因车祸而死就是其中之一。《天堂蒜薹之歌》这部作品，明眼人一看就知道莫言是受了 1987 年发生在山东苍山县的蒜薹事件的启发写成的。其中四叔因车祸而死这件事，却是现实生活中真实发生的。死者就是我们的四叔。那是 1984 年 10 月，我们的四叔赶着牛车往离家四十里外的县糖厂送甜菜。走至中途，被一汽车当场压死，牛也压伤，车也压坏。肇事司机是酒后无证驾驶，但因为是公社书记的朋友，车是给书记家盖房拉砖的，所以事情发生后迟迟得不到处理，更有那众多的说客登门威胁利诱。结果，赔偿了 3500 元了事。

我们这位四叔，叫管贻寿，是三爷爷的二儿子，自小没有了爹娘，是我爷爷奶奶一手拉扯大并为之成家立业的，生有四子一女，生活一直很困难，刚刚要过上好日子，竟遭惨死！四叔一生勤劳能干，吃苦耐劳，公社化时，担任多年生产队长。莫言在队里干活时，得到了四叔多方面的指导和关照，二人感情很深。四叔死时，我在湖南工作，莫言在北京。莫言首先得到消息，写信对我说："我从小辍学在家，跟四叔在生产队里干活，前后近十年。四叔有超乎常人的吃苦耐劳精神，有着对后辈宽厚怜悯之心。因我家是中农，父亲常受人歧视，但他对父亲是很尊重的，对我是很爱护的。想不到他正当壮年，刚刚过上好一点的日子，竟丧身在一个酒鬼和走狗的车轮之下！我真想和他们打一场官司！一个小小的公社书记，芥菜籽一样的官儿，竟敢如此猖獗，视人命如儿戏，真是令人怒发冲冠！人和牛共赔了三千元了事？我感到一种沉重的痛苦和愤怒！三千元竟能买到一条人命，竟能使肇事者逍遥法外！？……"当时我们一致认为有必要回家乡告状打官司，但被父亲制止了。父亲说："人死不能复生。咱宁叫一家冷，不能叫两家寒啊！"事情就这样了结了。但这件事对我和莫言刺激很大。所以当写作《天堂蒜薹之歌》时，莫言情不自禁地要借题发挥一下。当然除了四叔遭车祸而死之外，小说中发生在"四叔"、"四婶"身上及他们家庭中的其他故事都是虚构的，与我们的四叔、四婶没有关系。

高密东北乡

到目前为止，莫言的大部分作品中的故事，都发生在高密东北乡。高密东北乡被莫言称为"地球上最美丽最丑陋、最超脱最世俗、最圣洁最龌龊、最英雄好汉最王八蛋、最能喝酒最能爱的地方"。可见，高密东北乡已不是一般地理学上的名词，它只不过是莫言作品的一种文学背景的代名词。对此，莫言在《红蝗》的后记中专门做过说明。尽管如此，莫言笔下的高密东北乡与现实中的高密东北乡仍有着许多相似的地方。

真正的高密东北乡是指现高密东北隅的河崖镇、原大栏乡这一片辽阔的土地。"高密东北乡"是沿用了明、清、民国时的叫法。这里地势低洼，是一马平川的平原。胶河从这里弯弯曲曲地流过，我们的家就在胶河南岸一个叫平安庄的村子里。这里与平度、胶州接壤，南有顺溪河、墨水河。直到上世纪 60 年代初期，我们村子南边的顺溪河与墨水河之间都是一片低洼的沼泽地。夏天，这里一片汪洋，芦苇丛生，野草遍地。水里鱼游虾跃，天上水鸟飞翔。秋季，这里芦花飞舞，枯草遍野。大雁在这里栖息，狐狸、野兔在这里出没。

2007 年莫言在胶河边挥毫

2007 年管谟贤在胶河边挥毫

这样一块地方，旧社会无疑是土匪活动的好场所。新中国成立后，便成了儿童的乐园。夏天，孩子们在这里捞鱼摸虾；秋天，猎人们在这里打兔子猎雁。小时候，我就多次吃过爷爷打的野鸭野兔。待到莫言长到能割草拾柴火的时候，这里的景物已不及从前。四十多年来沧桑巨变，随着气候变干旱，胶河农场建立，如今这里已经成为一片良田，往日景象连一点痕迹也没有了。

上世纪 70 年代以前，整个高密东北乡一直贫穷落后。乡亲们面向黄土背朝天，祖祖辈辈在这块土地上刨食，从来都是半年糠菜半年粮。仅以我们平安庄为例，新中国成立前仅有两户地主，也基本不住在村里。地主和其子女多住在县城或青岛。很多人出外讨饭或闯关东。有民谣说："平安庄不平安，十年倒有九年淹。"胶河年年发大水，十年九涝。尽管如此，人们还是不愿离开这一方热土，不愿意离开胶河。老辈人说，我们这里"十年九不收，收了吃十秋"。此话确有道理。每逢胶河发大水决了口，河水夹带着大量腐殖质和泥沙，把地里淤上厚厚的一层肥泥。秋天种上小麦，不用施肥，来年也可收一季好小麦。所以老辈人都说胶河是一条"富河"。而且河水清澈甘甜，鱼鳖虾蟹取之不尽，食之不竭呢。我们小时候，夏天到河里游泳打水仗，捞鱼摸虾。秋天，"秋风响蟹脚痒"，成群的螃蟹顺流而下。夜晚，爷爷带着我们到河边扎"粱子"抓螃蟹，即用高粱秸编成的"粱子"截断螃蟹的路，在河的一边留一通道，放一盏马灯，那螃蟹便不断地游来，一抓一个准，一宿便可抓几百！夜深人静，听着哗哗的流水声，看着一个个螃蟹成了俘虏，实在是一件很有诗意的事。后来，胶河上游修了王吴水库，螃蟹没有了。再后来，到了上世纪 70 年代后期，气候干旱，胶河水干鱼净。现在，只剩一条干涸的河床，死气沉沉地躺在那里。

但是，现在乡亲们的生活却富起来了。高密东北乡因为地广人稀，所以成为高密粮食和棉花生产基地。夏季，田野里翻腾着金黄色的麦浪，打的小麦堆成山，一年打的三年吃不了。秋天，大豆摇铃，棉花含笑，高粱红了脸，谷子弯了腰，好一派丰收景象！我爱高密东北乡！喝胶河水长大的莫言也时刻眷恋着这个地方！

莫言笔下的牛

　　在莫言众多的中篇小说中，我很喜欢《牛》（发表于《东海》1998年第6期，后收入小说集《长安大道上的骑驴美人》以及《莫言文集》十二卷本之《透明的红萝卜》）。

　　我之所以喜欢它，有以下几个原因。一是好读。正如莫言自己所说，它"好看，有精彩的细节，有栩栩如生的人物"，有"流畅的、富有特色的语言"[1]。二是这篇小说写的故事是以当年发生在我们的故乡的一件真实事件为基础的，故事中的人物可以在生活中找到原型，小说真实深刻地反映了那个荒唐的年代的现实，读来倍感亲切。

要解读这篇作品，首先要了解故事发生的那个年代，以及牛（当然也包括人、养牛用牛的人，即农民）在那个年代的生存状态。否则，当今的年轻读者，甚至包括年老的城市读者就读不懂它。某些"左派"遗老们甚至会祭起"污蔑社会主义农村的大好形势"、"污蔑中国农民形象"的法宝，对其大加挞伐，因为在他们眼里，当时的中国农村形势"是大好，而不是小好"，是到处"莺歌燕舞"的。

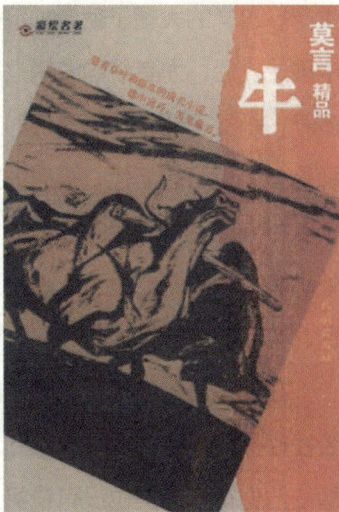

现实生活中，《牛》的故事和小说中写的一样，发生在 1970 年 5 月 1 日。那一天，在莫言的故乡，高密县河崖人民公社所在地，公社食品站出售变质牛肉，导致 304 人中毒，1 人死亡。除了在中毒人数上有出入（小说中是 308 人中毒）外，小说中的描写几乎是现实生活的翻版。需要补充的是，当时这事闹得很大。治病所需的药品本地没有，当时的省革委会主任、济南军区司令员杨得志同志专门从上海等地联系到药品，用军用飞机运到青岛，然后县里派摩托车去青岛把药接回来，治好了中毒的病人，被称为"毛泽东思想的又一伟大胜利"。

1970 年，时值"文革"，人民公社这一历史怪胎尚属"三面红旗"之一，内里虽已穷途末路，但表面上风头正劲，仍是一棵"万岁"的"常青藤"。但奇怪的是，那时的人口比现在少，土地比现在多，打的粮食却不够吃。不但粮不够吃，草也不够烧，牲口吃的饲料、饲草更是缺乏。于是便出现了小说中写到的令现在的人无法理解的怪现象：尽管牛是大牲畜，是生产资料，是耕地种田的主要动力，但却不能多养，更不敢随便繁育；尽管人们知道牛肉鲜美无比，却因为牛是生产资料而不能随意屠宰，即使病牛也要经有关部门审批才能由供销系统的公社食品站负责屠宰和销售，否则"阶级敌人破坏生产"这样的大帽子就会扣下来。如果谁偷杀了牛，就会被判刑。因此，新中国成立后，尤其统购统销之后，普通农民是吃不到牛肉的。正因为养不能多养，杀又不能杀，所以那时在田野里甚至会出现无人认养的"流浪牛"。那是一个荒唐的年代，荒唐得贻笑天下，贻笑子孙后代。在那个年代里，一个农村户口就把农民的迁徙权、话语权剥夺了。小说中的杜大爷尽管说话处处小心，却时刻会遭到队长甚至是小孩子的上纲批判，于是真话不见了，假话、套话便大行其道。

在那荒唐的年代里，喂牛的农民吃不到牛肉，"为革命而大养其猪"的公社社员们连猪肉也很少吃到。一来，他们不像城市居民那样有肉票；二来，即使他们有了肉票也没有钱买。当时的人民公社每个工分才几分钱，一个整壮劳动力干一天活，挣十个工分才几毛钱。不少农户干了一年，扣除口粮、柴草钱，还倒欠生产队的钱，叫做"透支户"。那年月，农民别说吃肉，就连粮食也不够吃。当时，小麦亩产才二百来斤，夏收后分粮，人均60斤小麦的生产队就是好生产队。到了秋天，地瓜收上来，四斤地瓜顶一斤粮，如果保存不当，霉了烂了就活该倒霉。所以，一年到头"瓜菜代"，"农忙时吃干，闲时吃稀"竟是最高指示。冬天吃两顿，也是绝大多数农民节省粮食的办法。那年月，实事求是地说，广大农民连起码的温饱都难以解决。由于物质极度匮乏，像小说中杜大爷的女婿那样在供销社杀猪的，在公社机关食堂做饭的，都"人五人六"起来，成了令人羡慕的职业，其本人及亲戚也不免为此而自豪。正因为物质极度匮乏，温饱没有解决，加上"文革"的折腾，国民经济已到了崩溃的边缘。当时在山东，连买一盒火柴都要凭证供应。所以，人们只好冒着"美化旧社会、美化剥削阶级、向往资产阶级生活"的政治风险回忆二十多年之前，亦即新中国成立前及建国初期的生活，来一个"精神会餐"。对于这种精神会餐，莫言在《饥饿和孤独是我创作的财富》一文中这样写过："在劳动间隙里，我们饥肠辘辘，胃里泛酸水。我们最大的乐趣就是聚集在一起谈论食物。大家把自己曾经吃过的或者是听说过的美食讲出来让大家享受，这是真正的精神会餐。说者津津有味，听者直咽口水。一个老头给我们讲当年他在青岛的饭店里当堂倌时见识过的那些名菜，什么红烧肉啦，大烧鸡啦，我们眼睁睁地望着他的嘴巴，仿佛嗅到了那些美味食品的味道，仿佛看到了那些美味佳肴从天上飘飘而来。"[2]生活中的这一情景，在小说里则变成了杜大爷的回忆："那时候，每逢马桑集，我爹最少要割五斤肉，老秤五斤，顶现在七斤还要多。不割肉，必买鱼，青鱼、鲅鱼、黄花鱼、披毛鱼、墨斗鱼……那时候，马桑镇的鱼市有三里长，槐花开放时，正是鳞刀鱼上市的季节，街两边白晃晃的，耀得人不敢睁眼。大对虾两个一对，用竹签子插着，一对半斤，两对一斤，一对大对虾只卖两个铜板。那时候，想吃啥就吃啥，只要你有钱……现在，这么大个公社，四十多个大队，几百个小队，七八万口子人，一个集才杀一头猪，那点猪肉还不够公社干部吃的。可过去，咱马桑镇的肉市，光杀猪的肉案子就有三十多台，还有那些杀牛的，杀驴的，杀狗的，你说你想吃什么吧。那时候的牛，大肉牛，用地瓜、豆饼催得油光水滑、走起来晃晃荡荡，好似一座肉山，一头牛能出一千多斤肉。那牛肥得肉膘子有三指厚，那肉一方一方的，简直就像豆腐，放到锅里煮，一滚就烂。花五个铜子，买上一斤熟牛肉，打上四两高粱酒，往凳子上一坐，喝着吃着，听着声，看着景，你想想吧，那是什么滋味……"这是多么诱人的情景，这是多么令人企盼的生活。但这却成了过眼烟云，成了回忆，而且连回忆都不能公开，否则就会落入骇人的政治陷阱！

　　这就是小说《牛》揭示的有关牛的社会背景。这揭示是真实的，深刻的，堪称栩栩如生，入木三分。了解了故事的背景，你才会理解生产队长麻叔要"我"在放牛时严防公牛母牛交配，并对所有的公牛进行阉割，也才会理解麻叔甘冒风险把明知不能阉割的"双脊"也不放过的真正原因。小说中麻叔、兽医老董、杜大爷、"我"都为能吃到一点满是腥臊之气的牛蛋子而斗智斗法，有时高兴，有时愤怒。当"双脊"死后，麻叔想到的是编造牛的死因把牛弄回去分而食之，公社孙主任想的是利用职权把牛留给公社干部们分吃。当中毒事件发生后，人们首先想到的是阶级敌人破坏，试图在"四类分子"身上找原因。这些就是小说的主题所在。在现实生活中，查一查高密县志，人们还会发现，就是同一个河崖公社食品站，在人民公社即将解体，旧体制仍在勉强维持的 1983 年 9 月 15 日，又因出售变质熟猪肉而使 134 人中毒，1 人死亡。这虽然是悲剧，却也实在是时势发展之必然。同时，也说明废除原有的计划经济体系进行改革开放的必要性。

需要特别说明的是，现实生活中，牛的故事虽然发生在河崖公社，但死掉的牛并不是我们生产队的，小说中的人物却与现实中的人物有相似之处。第一个是那个姓管的生产队长麻叔与现实生活中我们的四叔相似：一是四叔小时生过天花，脸上有麻子，二是四叔长期担任我们二队的生产队长，三是四叔骑自行车的技术与小说中的描写十分相像，滑稽而有趣。而小说中的自行车主人叫郭好胜，我们村确有其人，他也的确是当时村中极少数有自行车的人。很有可能连麻叔向他借自行车这个细节都是真实的。第二个人物是饲养员杜大爷，我们生产队确有一个饲养员出身中农，也姓杜。第三个人物是"我"，这个人物是故事的叙述者，其中有莫言的影子。当年莫言辍学后，即在四叔的指导下干农活。开始，也就是干些割草放牛的轻活。小说中有一个情节，是"我"在朦胧中听到被阉割的三头小公牛骂声不绝，于是和牛们进行了一番对话。这也是莫言当年生活的真实写照。莫言曾经这样描写过他的这种生活经历："我对牛的理解甚至胜过了我对人的了解。我知道牛的喜怒哀乐，懂得牛的表情，知道它们心里想什么。在那样一片在一个孩子眼里几乎是无边无际的原野里，只有我和几头牛在一起。牛安详地吃草，眼睛蓝得好像大海里的海水。我想跟牛谈谈，但牛只顾吃草，根本不理我。"[3]

总之，上述分析，再一次说明了这么一个真理：生活是创作的源泉；苦难和孤寂的童年生活，是作家的一笔财富。反之，我们通过对《牛》的解读，就会发现，莫言所有的小说都有一个一以贯之的东西，那就是一个被饿怕了的孩子对美好生活的向往。莫言是一个真正的"作为老百姓写作"的作家，是普通农民的代言人。

值得注意的是，《牛》在《小说月报》转载后，获得了该刊当年优秀中篇小说奖。莫言曾写过一篇《文学与牛》的获奖感言，文中说："我模模糊糊地感到，几十年来，牛的遭遇与文学的遭遇很是相似，农民的养牛史，活像是一部当代文学史。"[4]他认为，小说中所描写的那个时代，中国基本上没有文学。"文革"结束，公社解散，"家家户户都养起牛来，牛的身份猛地贵了起来，人民公社时期说起来重要实际上根本不当东西的牛，重新成了农民的命根子。这个时期，正是中国新时期文学的黄金时代"。[5]上世纪90年代后，由于种种原因，"农民养牛的目的基本上是养肥了卖肉，社会的商品化，改变了牛的历史地位。""现在杀牛跟杀猪一样，成了司空见惯的事情。这个时期，我们的文学也失去了它的神圣和尊严；文学创作，也正在变成一种商品生产。"[6]但莫言相信："科学无论如何发达，农民无论怎样变化，为了耕田而被饲养的牛还是会存在的，因此纯粹的文学还是会存在的。"[7]在这里莫言把文学与牛扯上了关系，实际是把文学与社会、文学与经济的关系揭示出来，告诉大家，经济发展了，社会进步了，文学也在发展着，变化着，进步着，永远不会消亡；而作家，则应该与时俱进，写出与时代相称的真正的文学作品。

注：

［1］莫言：《牛就是牛》见《小说月报》1998年第9期。

［2］莫言：《饥饿和孤独是我创作的财富》见《莫言文集·小说的气味》，第170页。

［3］同上书169页。

［4］同上书265页。

［5］同上书265页。

［6］同上书265页。

［7］同上书266页。

《酒国》与莫言醉酒

莫言的长篇力作《酒国》已分别由台湾和湖南省的出版社出版。

这是一部结构新颖、内容奇诡、思维深刻的作品。香港大学周英雄教授以四字评之，曰："恐怖，过瘾。"

书名之以"酒国"，顾名思义，通篇言酒。故事发生在酒国市，小说人物亦尽酒国市中人。至书的结尾处，连"莫言"亦应邀来酒国观光了。

小说共 10 章 42 节，其中"莫言"写的小说占了 9 节。写的是高级检察院的特别侦察员丁钩儿奉命赴酒国调查酒国市宣传部金刚钻副部长为首的腐败官僚杀食婴儿的大案要案，最终落入金刚钻等人的圈套，跌入粪坑而死。这是小说的实线。小说的虚线是由酒国市酿造大学勾兑专业博士研究生、业余文学爱好者李一斗（后调入酒国市宣传部当干事）写的9个短篇小说组成。九个短篇小说分别为《酒精》、《肉孩》、《神童》、《驴街》、《一尺英豪》、《烹饪课》、《采燕》、《猿酒》、《酒城》。九篇小说独立成篇，情节大部不连贯，人物却贯串始终。所述故事宛如魏晋南北朝的志怪小说，亦颇似《唐宋传奇集》或《聊斋志异》的某些篇章。虚无缥缈、光怪陆离、真真伪伪、伪伪真真，妖精侏儒，贪官污吏，侠客神偷，全驴宴，红烧婴儿……说来令人毛骨悚然，心惊肉跳，汗不敢出。这9个短篇小说与"莫言"的9节小说互相穿插，虚实互补，相得益彰。这虚实两条线是如何成为一体的呢？这就是《酒国》的第三部分内容——"莫言"与李一斗的通信。李一斗每写一个短篇即写信给"莫言"，请他转寄《国民文学》，于是读者便和"莫言"一起先睹为快，以致李一斗的小说影响了"莫言"的小说，二者浑然一体了。以至于到了书中第10章，"莫言"应李一斗之邀来到了酒国，住在余一尺的酒店，游览了驴街，出席了酒国市委胡书记及金副部长的宴会，喝得酩酊大醉。醉后来了一大段的意识流，虽然醉态可掬，醉眼蒙眬，迷迷糊糊，胡言乱语，却处处闪烁着思想的火花，对小说的深刻内涵起了画龙点睛的作用。

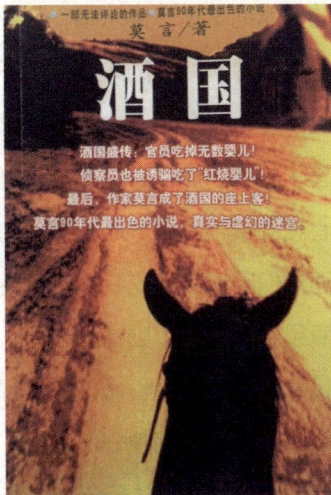

书的最后部分是《酒后絮语》，谈创作《酒国》的缘起，类似于"跋"。在这篇"絮语"里，莫言心情沉重地写道："……我们每年消耗的酒量是惊人的。虽然禁止公费吃喝的命令再三颁布，但收效甚微。只要是头戴一顶小乌纱帽，几乎天天赴酒宴。各种各样的斗酒方式应运而生。我与很多小官吏是朋友，也跟着他们喝了很多不花钱的酒。我深深体会到，赴这种比赛酒量的宴席绝不是一件乐事，只要你还讲信义，好冲动，必定要被放倒，只有那些冷面冷心冷静的人，才能不被灌醉。而喝醉之后的难受滋味，比感冒了难熬许多。我醉酒一次，脑筋起码要麻木一星期。但一上酒席，三杯下肚，便忘了先前的痛苦，像英雄一样豪饮，像狗熊一样醉倒。那些小官吏们，其实心想回家与家人一起吃饭，有兴时自随自便啜两盅，但他们身不由己。一方面他们因用公费吃喝被老百姓诅咒，另一方面他们又深受了酒宴之苦。这大概是中国的一个独特的矛盾。我想中国能够杜绝公费吃喝哪怕三年，省下的钱能修一条万里长城。这又是白日梦。能把月亮炸掉怕也不能把公费的酒宴取消，而这种现象一日不绝，百姓的腹谤便一日不能止。最后，莫言无可奈何地写道："过去五千年的历史，从某种意义上说几同一部酒的历史，酒成就了多少好事，也坏了多少好事。古人沉醉着，度过了多少峥嵘岁月，写出了多少辉煌诗篇，而我醉着酒，只写出了这冷眼文章。"

被莫言称为"冷眼文章"的《酒国》充满了酒，酒液横流，酒香四溢，酒气冲天，酒厂遍地，酒宴不断，酒徒当道。人们以酒代茶，以酒为妻，以酒为生财之道，以酒为晋身之阶，人不离酒，酒不离口，真乃花天酒地，醉生梦死……酒国的官僚们，个个都是海量，那个金副部长可以一口气喝30杯，而且能喝出"梅花三弄"、"潜水艇"等花样。他们以能喝酒为荣，谁喝得多谁光荣。小小的20万人的酒国市设有酿造大学、烹饪学院。酿造大学专酿美酒，烹饪学院有"特食研究所"和"特别收购处"。所谓"特食"即男性婴儿，"特别收购处"即收购男婴之处也。酒国市的官僚们"不是狼，但比狼还凶恶；他们不是老虎，但比老虎还可怕"。他们为什么要吃小孩呢？道理很简单，"因为他们吃腻了牛、羊、猪、狗、骡子、兔子、鸡、鸭、鸽子、驴、骆驼、马驹、刺猬、麻雀、燕子、雁、鹅、猫、老鼠、黄鼬、狢猁，所以他们要吃小孩"。（《神童》里的小妖精的话）酒国市的官僚们吃婴儿，则酒国市的农民就有专门以养孩子卖孩子为业的专业户。酒国市社会如此黑暗，官吏如此残暴，无怪乎小妖精号召众幼儿"要成钢刺猬，铁豪猪，扎烂那些吃人野兽的嘴唇和舌头！操他们的浪娘！"这是多愤怒的呼声，这是多么深刻有力的揭露和批判！莫言却在《酒后絮语》里说："最耗费我心力的并不是揭露和批判，而是为这小说寻找结构。目前这小说的结构，虽不能说是最好的，我自认为是较好的了。"可见这种结构是内容的需要，毋宁说是环境和背景的需要。某种程度上说，也是不得已而为之。因此，读者要真正读懂它，必须打足精神，注目于章节之间的魔术，连"莫言"与李一斗的通信也不放过。

写到这里，我忽然想起了一些令人哭笑不得的往事：

莫言的《红高粱家族》被攻击为污蔑共产党，歌颂土匪，白纸黑字的文章在报刊上登载着，我亲眼见过。

1987年莫言写了一篇报告文学《高密之光》，明明是为家乡的父母官歌功颂德的，且不无锦上添花之处，但因为文中提到各级干部喝酒的问题，尽管所列数字比实际要小，也遭到不少人的指责，被斥为："这是弄的什么？"

同年，莫言在《人民文学》上发了一个中篇，由于其中个别情节与现实生活中的事相近，于是在家乡引起了一场轩然大波，有的干部对号入座，以为莫言写的就是自己，使得莫言不得不写信向有关人士解释……所以到这一年中《红蝗》在《收获》第三期发表时，莫言不得不在篇末加了一段话，一再声明故事纯属虚构，"高密东北乡"也不是现实中的高密东北乡云云，用心可谓良苦。

现在《酒国》出世了，了不得，里面写当官的杀食婴儿，这不是恶毒攻击吗？

且慢，写官僚杀食婴儿的是李一斗，在课堂讲授并亲自演示杀婴放血的是李一斗的岳母，与"莫言"何干？"莫言"小说里的红烧婴儿仅仅是一盘"菜"，名曰"麒麟送子"，金副部长指着盘里的"菜"说："这是男孩的胳膊，是用月亮湖里的肥藕做原料，加上十六种佐料，用特殊工艺精制而成的。这男孩子的腿，实际是一种特殊的火腿肠。男孩的身躯，是在一只烤乳猪的基础上特别加工而成的……头颅，是一个银白瓜。他的头发是最常见的发菜……这是酒国的专利……"

李一斗的小说是寓言，"莫言"的小说才是小说，并仅仅是小说，小说就只能当它是小说。

红烧婴儿不管是真伪，只不过是一种象征。

酒国市在哪里？酒国市在地下，在冥冥之中，"酒国是虚构但也是很多城的综合"。

李一斗是谁？"莫言"又是谁？二人为嗜酒好友，惺惺相惜。李一斗是醉了的"莫言"，"莫言"是清醒的李一斗。此"莫言"非彼莫言也。

香港大学周英雄是读懂了《酒国》的。他说："莫言说故事，恐怕与他生于斯、困于斯的改革开放社会主义体制关系更加密切。依我看，莫言说故事最主要的动机，无非是要透过各种艺术手段的中介，把他周遭所见的'混乱和腐败'加以演习一番。用心理分析的观点，将乌七八糟的事加以复述，其中令人焦虑的内容就会一涤而净。莫言的小说写作也不妨视为一种言疗"。

好一个"言疗"！说出了莫言写酒国的初衷，道出了中国文学的优良传统。

在掌握"言疗"的"度"上，莫言有时特写离奇之事，故作惊人之语，往往达到骇世惊俗甚至令人难以接受的地步。依我看，其目的也绝非欲置疗者于死地而后快，而恰恰是相反。世人皆知，良医如扁鹊者，也只能以"汤熨"、"针石"、"火齐"之法治那尚在"腠理"、"肌肤"、"肠胃"之病，一旦病入骨髓，病入膏肓，即神医亦无可奈何矣！所以古人有"良药苦口利于病，忠言逆耳利于行"的遗训。自古以来，文人之中虽少医国圣手，但却不乏忠烈骨鲠之士；当代作家中也许尚无治国安邦之英才，然而却大有体察民情、忧国忧民之辈。他们大胆干预生活，勇敢地涉及热点话题，揭伪面，暴污垢，丹心一片，满腔忠诚跃然纸上，充溢字里行间。纵然有过激之处，亦不过用的是以毒攻毒的法子。如果我们一味去苛求他们掌握一个适当的"度"，不是大有讳疾忌医之嫌吗？

什么是"言疗"？用鲁迅的话说，就是"敢于直面惨淡的人生，敢于正视淋漓的鲜血"，就是揭露丑恶，切中时弊，以引起被疗者的注意。

纵观中国文学史，那些至今闪烁着光辉将永远流芳百世的作品，无一不具备"言疗"的功用。

"诗言志"也罢，"思无邪"也罢，"硕鼠，硕鼠，无食我黍"，"不稼不穑，胡取禾三百廛兮"是不是"言疗"？"南山崔崔"，"新台有沘"是不是"言疗"？

屈大夫的《离骚》不也是"言疗"吗？"长太息以掩涕兮，哀民生之多艰"，"离骚者，犹离忧也"，不是"言疗"是什么？

太史公的《史记》即"无韵之离骚"，不也是一部"言疗"的巨著吗？

汉赋在文学史上的地位并不很高，但"文章虽满腹，不如一文钱；伊优北堂上，抗脏倚门边"（赵壹：《刺世疾邪赋》）也是"言疗"。

唐诗、唐文更不用说了。豪放不羁如李白尚且大叹"行路难"，"穷年忧黎元，叹息肠内热"、"致君尧舜上，再使风俗淳"的杜甫也敢于揭露"朱门酒肉臭，路有冻死骨"的社会现象，他的"三吏"、"三别"等名篇不都是"言疗"的佳作吗？白居易更是直接亮出了"文章合为时而著，歌诗合为事而作"的大旗，写出了为发请命的新乐府等不朽名篇，以"言疗"当世……

历史发展到近代，各种流派的小说，便几乎占领了整个文学的世界。

小说可以反党是胡说八道，那是康生之流罗织人罪，制造文字狱的紧箍咒。但小说、文学作品可以揭露，可以歌颂，可以陶冶性情，可以唤起民众；可以是个人情感的宣泄，可以是为民请命而鼓的"咙胡"。不然，鲁迅何以要弃医从文？不然，周树人又何以会成为鲁迅？

不要一看见合乎自己口味的作品就笑，一看见不合自己口味的作品就跳，更不能倚权仗势上纲，打棍扣帽，也不要对号入座，硬要钻进去充当某一角色而让天下笑。

要写一部小骂大帮忙的小说不易，要写一部骂到好处上帮到好处上不伤心下不伤胃的小说更不容易，要写一部骂到痛处帮到实处上头说好下头说妙的小说则更难！

纵观近年来莫言的长篇小说创作，《天堂蒜薹之歌》写了过重的负担和官僚主义给农民带来的苦难，《十三步》暴露了教师们的穷困潦倒，《酒国》

则揭露了公费吃喝等腐败现象。对莫言的上述作品做这样的概括尽管太过于简单化，甚至可能歪曲了莫言的原意，但在客观上，这些作品宣泄了平民百姓，尤其是普通农民的愤怒，莫言不自觉成了他们的代言人。所以我说过，"莫言至今仍然是个农民"。

似乎扯远了，还是回到《酒国》来，回到酒上来。

始作酒者谁？是猿猴？是仪狄？是杜康？仪狄和杜康是不是农民？

酒是好东西。酒可以解除疲劳，酒可以焕发精神，酒可以抒豪情寄壮志，酒可以排郁闷解忧愁。李白斗酒诗百篇，周瑜佯醉骗蒋干。李玉和赴宴斗鸠山，"临行喝妈一碗酒，浑身是胆雄赳赳"……

酒是坏东西。酒能误事，酒能亡国。自古来酒色财气联在一起，酒是色媒人，酒后吐真言，大醉必伤身……

"人类与酒的关系中几乎包括了人类生存发展过程中的一切矛盾及其矛盾方面。"（《酒国》："莫言"致李一斗的信）

"社会变成这个样子，每个人都有责任。我本人也借着工作之便喝遍了全世界的名酒。"（《酒国》：李一斗致"莫言"的信）

"酒是国家机器的润滑剂，没有它，机器就不能正常运转。"（"酒国市"余一尺的话）

"当今社会，喝酒已变成斗争，酒场也变成了交易场。许多事情决定于觥筹交错之时。由酒场深入进去，便可发现这社会的全部奥秘。"（莫言：《酒国·酒后絮语》）

莫言醉过，莫言醉着。唯其醉过，才能写出《酒国》，唯其醉着，才敢写出《酒国》……

莫言大醉有两次。

一次是 1987 年，县里有关领导设宴招待莫言，莫言自然受宠若惊，敬酒者轮番进攻，莫言却之不恭来者不拒，结果是被彻底放倒，从宴席上送往医院挂上了吊瓶，输液治疗。我赶到医院时，莫言还昏迷着，床边围着许多人，有关领导也在。我虽满肚子不高兴也难以发作。事后，我批评莫言不该贪杯，莫言辩道："我哪是贪杯，我怎么敢贪杯？一到那个场合，一看敬酒的都是父母官，咱一个小百姓还敢不喝？"这一次醉酒后，莫言酒量大减，文思也大减，脑子麻木足有一个月，什么东西也写不出来。

另一次是 1989 年春节。我们兄弟三人应邀到我们家所在的乡政府喝酒。东道主是乡党委书记，我中学时的小校友。此人酒量大得出奇，官场上颇有名气。我们兄弟三人哪里是对手？还未终席，便一个个败下阵来，恍惚之间，觉得自己绕过了满地的酒瓶子，与莫言一起，踉踉跄跄走到供销社的一间宿舍，便一头倒在床上失去了知觉。等我醒来，只听莫言在大声地哭。满屋子酒臭气，满屋子人。大概莫言吐了酒，也许是我？不知是谁在打扫。只听莫言边哭边说："多好的一片麦子！金黄的麦浪一望无际，一望无际……我割不动了。人家都割到地头了，我才割到地中间，没有人来帮一帮，只有四叔……四叔你死得好屈啊！贪官污吏，草菅人命……"

"写它，揭露它！"我也发言了，慷慨激昂，像作大报告："自古以来只有暴露、批判才会流芳百世，歌功颂德一文不值！"不知谁给我喝了一杯水，劝我："少说两句，歇歇吧！""歇歇？不！古往今来，多少文人墨客，做过官的，没做过官的，他们写过多少歌功颂德的贺表和奏章，真是成千上万，成千上万！但哪一篇被人传颂了？《红楼梦》为什么伟大？为什么不朽？它暴露，它批判……"自己心里说：不要说了，不要说了，别太出格……但嘴却管不住，反而越说越上劲了。

那边莫言还在哭："大哥你甭给我上理论课，原来我崇拜你，现在不崇拜了。你的理论都陈旧了，过时了，我要突破，突破……"

"你突破，突破什么？喝酒你怎么不突破？一喝就醉！你没醉？大家都醉了——"我念起了顺口溜，自己都觉得好笑："革命小酒天天醉，喝坏了党风伤了我的胃，回家还得分床睡。丈母娘一看害了怕，她到五大班子去问罪。县委书记说，革命需要他得醉；县长说，年初预算有经费；人大常委会主任说，代表举手不反对；纪检书记说，该喝不喝也不对；政协主席说，我们这些老头也天天醉……你给我突破，这个你也能突破？"

　　莫言不哭了，还不服气："怎么不能突破？喝酒也有不同境界：'晚来天欲雪，能饮一杯无'是一种境界；'桑柘影斜春社散，家家扶得醉人归'是一种境界；'对酒当歌，人生几何'是一种境界；'把酒酽滔滔，心潮逐浪高'又是一种境界……喝酒，写酒也可以突破……"

　　"好，你写，你写，我等着！"

　　莫言的妻子赶来了，问屋里的人："他们在说什么？"

　　莫言的大嫂说："醉汉说醉话！"

　　于是便有了充满醉话的《酒国》，《酒国》里也就充满了醉话。

高粱红，棉花白

——莫言小说《红高粱》和《白棉花》杂谈

　　莫言文学馆创建时，我曾经为其撰写了这样一副楹联："大栏河崖东北乡，莫言之文学王国；萝卜棉花红高粱，须知非种树之书。"上联说的大栏河崖，都是所谓的高密东北乡一带地方。其中大栏就是我们平安庄的邻村，两村相连，难以分开。但大栏村比我们大，知名度高，而且当年不管是设乡还是设公社，都以"大栏"为名，所以我们村的人在外边都是说自己是大栏人。而河崖原来是区，后来改公社、改镇，我们村长期隶属其下，因之我们

莫言文集 ● 卷1

红高粱

莫言

作家出版社

白棉花

莫言

男，山东高密人，当代著名作家。生于一九五六年。一九七六年入伍。一九八六年毕业于解放军艺术学院文学系。一九九一年毕业于北京师范大学鲁迅文学院创作研究生班。著有小说《红高粱家族》。一九八一年开始创作。《透明的红萝卜》等。

中国当代著名作家新作大系

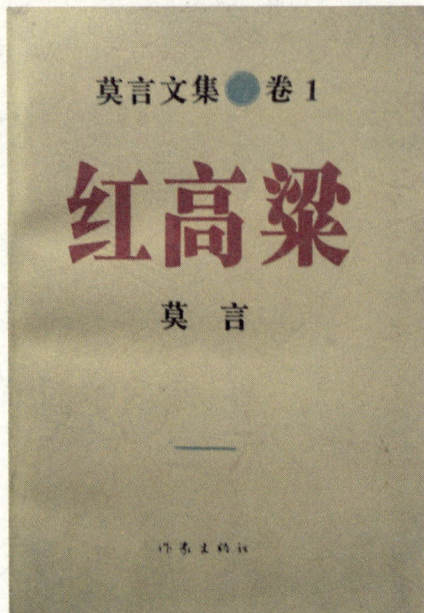

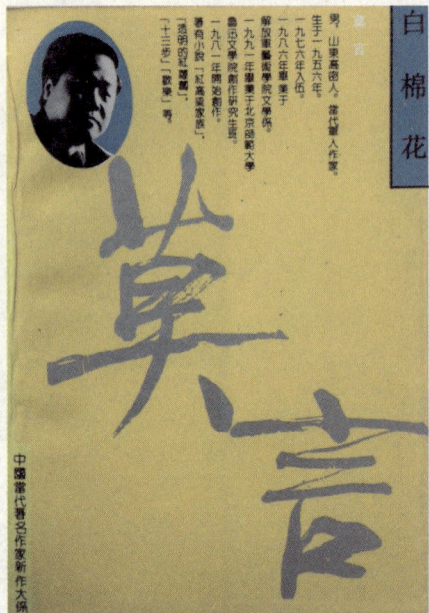

村的人，更多的称自己为河崖人。楹联的下联里，"萝卜"指莫言的成名作《透明的胡萝卜》，"棉花"指莫言的小说《白棉花》，"红高粱"自然是指莫言的小说，后来被张艺谋搬上银幕，荣获第38届柏林电影节金熊奖的《红高粱》了。表面上看，这三本书都以农作物命名，但却不是农业方面的书，而是小说。

说到高密东北乡，原来只是地理名词，指高密县东北方，现夏庄镇以东的河崖大栏一带地方。直到1986年，莫言在小说《白狗秋千架》和《秋水》中才正式把"高密东北乡"当作了自己的"文学王国"。

这里南与胶县、北与平度相接，是高密县最东北边陲。这里不像县城周围那样村镇相连，土地虽少，但都是负郭之田，肥沃贵重。这里地广人稀，站在我们村东的胶河岸上，向南、东、北三个方向望去，几十里之内没有人烟，只看见远山近水，一片茫茫的平原。你听这里的村名和地名吧：我们村子原来叫"三份子荒"，村西南方有一个小村叫"谭家荒"，外号"黑天愁"，村东的地有"东荒"、"南荒"、"万家荒"，可见此处原来是一片荒原。

听爷爷说，这里原来没有人家，只是到了明末清初，达官贵人们来跑马圈地，才被分割占有。我们家于民国元年从县城以东的管家苓芝迁居来此，原因是急公好义、率性桀骜的曾祖父与人打官司败诉，一气之下，带领全家来到这胶河环绕的地方。胶河在村西略折向东北从村后绕过，在村东向东南一拐，然后向东流入胶莱河再入海。河道在我们村后恰好形成了一个元宝底。这里地势低洼，上世纪 70 年代以前雨水又多，所以到了夏天总是汪洋一片，蛙声齐鸣。人们因地制宜，大量种植高粱。到了秋天，青纱帐长起来，那真是"高密辉煌"，激情荡漾。民国年间，这里经常闹土匪，他们杀人越货，拉驴绑票，无恶不作。日本鬼子打进来了，抗日游击队也十分活跃。他们打日本，搞伏击，神出鬼没，青纱帐成了他们藏身的好地方。高粱地里自然上演了无数惊险诡奇，惊天地泣鬼神的故事。

《红高粱》的故事原型是发生在 1938 年 3 月 15 日的孙家口伏击战。孙家口是我们村东北 15 里的一个村子，胶莱河就在这村子后面。当时，驻胶县的日本鬼子的汽车队经常从村边的石桥上经过，穿过村庄，到平度城去。乱世英雄起四方。当时高密东北乡有好几支国民党的游击队，高云生、冷关荣、姜黎川是其中的佼佼者。在这里伏击日本鬼子的则是曹克明部，也得到了冷部、姜部的协助。这一战，消灭日本鬼子三十多人，据说还打死了一个叫中岗弥高的鬼子中将，缴获了一部汽车和大量枪械。后来驻胶县的日本鬼子来报复，把公婆庙村（今东风村）当成了孙家口，一阵烧杀抢掠，公婆庙死了一百多人，房屋基本烧光，造成了著名的"公婆庙惨案"。

莫言其生也晚，没有经历过战争年代，孙家口伏击战的故事，还是他长大以后从长辈和朋友那里听来的。也就是说，孙家口伏击战对莫言来说只是一个传说。但莫言却用丰富的想象力，以他那既粗犷又细腻，既豪情奔放又柔情似水的笔，描绘了一场惊天地泣鬼神，英勇壮烈活灵活现的战斗，刻画了"我爷爷""我奶奶"他们万丈豪气的抗争和酣畅淋漓的爱情。他们敢做敢当，敢爱敢恨，个性张扬，不屈不挠，活着是英雄，死了是好汉。高粱地里鲜血殷红，酒气冲天；高粱地里英灵游荡，豪情万丈。《红高粱》充满了

2007 年秋，北京，莫言为奥运开幕式向张艺谋献策

梦幻色彩，开创了战争题材的新纪元，奠定了莫言在当代文学史上不可动摇的地位。

　　说到高粱，现在种植不多，很多青年，尤其是城市青年，可能还没见过。高粱又名蜀黍、秫秫、芦粟，属禾本科，一年生，草本，秆直立，高大，可达 2~3 米，中心有髓，叶片似玉米叶，厚而较窄，被蜡粉，平滑，中肋呈白色。高粱其实有多种，从用途上分有食用和帚用两种。食用（包括酿酒和做饴糖）的穗子呈纺锤状，红色，成熟后米粒半露，发白（俗称"晒米"）。帚用的穗子呈伞状，有"红罗伞"、"黄罗伞"等品种，高密东北乡人称之为"瞎秫秫"，其籽粒被包在硬壳里，不作食用，只能当茶叶烧水喝或喂牲口。主要用其绑扫帚或用其秸秆上部扎"盖垫"一类生活用具。高粱米有粘的，有不粘的，还有糖用的，可制高粱饴糖，高粱面做成窝窝头，硬得像石头，很难吃。上世纪 60 年代后期，人民公社从海南岛引进了多穗高粱，能分蘖，产量是高了，但更难吃。高粱植株高大，耐涝抗旱，所以高密东北乡种植甚

莫言与婶婶、女儿笑笑、侄儿襄明、演员巩俐合影

多。莫言小学五年级辍学在家当了十年农民，种高粱，锄高粱，打高粱叶子
（作青贮饲料），砍高粱，卡高粱穗，吃高粱饼子，拉高粱屎，满脑袋高粱
花子，做了十年高粱梦，终于成了大器。

当年，张艺谋为了拍电影，专门到高密来请农民种高粱。那年（1987年）
天旱，春天种下去，出了苗，不下雨，就是长不起来。张艺谋急得像热锅里
的蚂蚁，好在终于盼来了雨，县里有关领导又批给了一些化肥，高粱才噌噌

地长起来，才没有误了拍电影。拍电影时，人们像过节一样，跟着跑，跟着看，当看到巩俐骑着毛驴在高粱地里钻进钻出，累得昏过去时，人们感叹："原来拍部电影真不容易啊！"

张艺谋和莫言是很好的合作伙伴。《红高粱》成就了莫言，也成就了张艺谋。张艺谋后来还把莫言的小说《师傅越来越幽默》改编成了电影《幸福时光》。这之前，张艺谋还让莫言写一个大场面的故事脚本，由他来拍电影。莫言应约写了中篇小说《白棉花》。莫言觉得，成百上千亩的棉花开了，像天上的白云，一望无际；成队的拖拉机、板车拉着棉花来卖，收购站的棉花堆成了山，这就是大场面。写好后，张艺谋认为小说牵扯"文革"不好拍而作罢。后来，台湾的一个导演看好了这个戏，要拍电影。那个导演还专门派制片人找过我，连部分外景都选好了，就是找不到大片的棉花地。我告诉他，现在农民承包了土地，政府不再强制农民大种棉花了，要拍大片棉花恐怕只有到新疆去了。后来，台湾的导演还真的把电影拍成了，可惜我没有看到。

小说《白棉花》和《红高粱》不一样，是很写实的。高密自上世纪50年代开始，国家就大力推广种"爱国棉"，提出"要发家，种棉花"的口号。用新品种"斯字棉"代替了本地棉花（就是铁凝在其长篇小说《笨花》里写的那种笨花），产量高，品质又好。农民们响应政府号召，大种其棉。高密县成了全国重点产棉县，还得过国务院的奖状。莫言在家当农民时，选棉种、育棉苗、种棉花、锄棉花、脱裤子（摘掉下部老叶）、打杈子、打农药、拾棉花、拔棉柴，一年有一半时间在棉田里转。尤其值得一说的是打农药。那时用的全是"1059"、"1605"一类的剧毒农药。开始时，人们还戴口罩、戴手套，后来口罩手套都不戴了，人也没中毒，似乎人也有了抗药性。背着喷雾器，一连几天钻进棉田里，又累又有毒，个中滋味，莫言是深有体会的。到了1973年，莫言由于叔叔在县第五棉油厂（位于河崖公社驻地）当主管会计，所以有幸进了县第五棉油厂当临时工。开始是在车间里抬大包，后来又学了检验级别、过磅，还参加大批判，出黑板报，深得领导好评，直至1976年1月参军才离开。《白棉花》以及另一篇小说《售棉大道》

莫言曾经工作过的棉油厂

就是这一段生活的写照。小说中的人物，也都有其原型，有的还是莫言的好
朋友呢。

莫言及其 "高密东北乡系列小说"

　　我的三弟莫言，原名管谟业。1955 年 2 月 17 日（农历乙未年正月二十五日）[1] 出生于今高密市胶河疏港物流园区平安村。1976 年入伍。1997 年 10 月由总参政治部文化部转业到最高人民检察院工作。2007 年底调中国艺术研究院任研究员、文学院院长，国家一级作家，系中国作家协会副主席，还兼任北京市对外友协副会长等一些社会职务。

　　莫言于 80 年代初期开始发表作品，尔后，崛起于中国文坛。其作品不但在国内文坛多次引起轰动，而且还被译成英文、德文、日文、法文、越南文、罗马尼亚文、塞尔维亚文、波兰文、瑞典文、意大利文、荷兰文、西班牙文、韩文、俄文和希伯来文（以色列文）介绍到国外，在国际文坛享有盛誉。日本东京大学著名教授藤井省三称莫言为"中国的加西亚·马尔克斯"[2]，美国的著名教授托马斯·英格（M.THOMASINGE）称莫言"可能是老舍、鲁迅以来最有前途的世界级的中国作家"。[3]1994年诺贝尔文学奖获得者日本作家大江健三郎在颁奖典礼上的获奖答辞中曾赞扬过莫言及其作品[4]。

莫言被聘为香港公开大学荣誉博士

时至今日，莫言已成为中国当代获奖最多的作家。其中日本福冈亚洲文化大奖（2006年），法国文化骑士勋章（2004年）、华语文学传媒大奖·年度杰出成就奖（2004年）、意大利诺尼诺（NONINO）国际文学奖（2005年）是比较重要的整体奖项。另外，《酒国》（法文版）获法国"Laure Bataillin"（儒尔·巴泰雍）外国文学奖（2001年），《檀香刑》获台湾首届"鼎钧文学奖"（2004年），《生死疲劳》获香港浸会大学第二届红楼梦文学奖（2008年）和美国俄克拉荷马大学纽曼文学奖（2008年），并被香港公开大学授予荣誉文学博士学位（2005年）。至于国内各种文学奖项亦不下十几项。

总之，莫言已成为当代著名作家，以他的一支笔为祖国、为家乡赢得了荣誉。

我们管家，世代以耕读传家。读书者多文学隐逸之士，少有达官显贵。即使为官，亦多清正廉洁，绝不贪恋仕途。据现存《高密管氏家谱》记载，高密管氏"世居胶东"。历史上因为从军、做官或战乱等原因，迁居过江苏海州、浙江龙泉及江淮一带。北宋时有三世祖管师仁，于徽宗崇宁年间中进

莫言与诺尼诺家族

士，官至吏部尚书同知枢密院事。官职虽高，但鲠骨直言，终因奏事忤权贵而罢归。其堂兄师复、师常皆饱学之士，有盛名，不愿为官，隐居山林。其中师复为诗人，世称白云先生。仁宗时被召，仁宗问："卿所得何如？"师仁对曰："满坞白云耕不尽，一潭明月钓无垠。臣所得也。"遂归隐。有《白云集》等著作传世。至七世管鉴，亦文学之士，为南宋著名词人。有《养拙堂词》一卷传世。

到了元末明初，十三世管士谦始定居高密，住城东路北（今东风商场至人民电影院一带），为高密管氏始迁祖。后代仍以耕读传家。至明嘉靖年间，七世祖嘉祯、嘉福兄弟皆中进士，分别官至吏部主事和台州同知。县志有传。但二人皆任满即归乡，不再出仕。此后，日渐式微，少有知名之士矣。

高密管氏在明朝初年第五世时，分为四股，我们家属于大股。大股人丁最兴旺，至我们这一代，已是第二十四世。我的孙子也已 10 岁，就是说我们家已传到了二十六世，有的家庭中二十七世也已经出世了。而其他三股人就少些，有的村落里，18 世的人还活着。近些年，我通过对江苏、浙江、江西以及省内莒县、诸城等地管姓家谱的研究，基本可以断定，高密管氏是春秋时齐国大政治家、军事家、经济家、号称"天下第一宰相"的管仲的后代，历史上就生活在高密一带。

我们家这一支于明洪武年间迁居城东管家苓芝。至清末民初，我的曾祖父管锦城（字千里，号蜀官，俗名金傲）因与人打官司败诉，一气之下迁居高密东北乡平安庄（新中国成立前叫"三份子"）。

我曾祖父虽为农民，但为人桀骜不驯，性情刚烈豁达，好打抱不平，在当时的苓芝、官庄一带颇有名气。迁居平安庄（当地人称之为"下洼"），当时被认为是迫不得已的事，但经过艰苦创业，只用了一二十年的工夫，一家人的生活已相当富足。曾祖父壮年早逝，祖父辈兄弟三人。大祖父管遵仁，字嵩山，又字寿亭，是当地著名中医，尤擅妇科及小儿科，70 年代中期去世。三祖父管遵礼，字嵩岩，率性任侠，广交游，抗日战争时期遭受意外而去世。我祖父排行第二，名管遵义，字嵩峰，以字行。生于 1895 年，1978 年去世。祖父终生务农，为人忠厚耿直，乐善好施，聪明灵巧。不但农活拿手，而且是当地著名的木匠，在乡里有相当高的威信。祖母戴氏（1894~1971），现开发区东王家苓芝人氏，心灵手巧，勤俭持家。村里的红白喜事，妇女生小孩都少不了她帮忙。由于大祖父颇有学识，祖父虽不识字，但博学强记，二人对历史变迁、名人轶事所知颇多，又都是讲故事的能手。大祖父的药铺里，祖父做木匠活的厢房里，夏日的树荫下，冬天的炕头上，只要是二位老人一"讲古"（即讲过去的故事），小莫言自然是热心的听众。历史上发生在高密大地上有关名人名胜的传说，神仙鬼怪的故事，对莫言来说是最早的也是最好的、最主要的文学启蒙。我有时候想，爷爷要是有文化，没准也会当作家。准确地说，爷爷才是莫言的第一个老师。莫言作品中绝大多数的故事传说，都是从爷爷那儿听来的，如《球状闪电》里举子赶考救蚂蚁，《爆炸》里狐狸炼丹，《金发婴儿》里八个泥瓦匠庙里避雨，《草鞋窨子》里两个姑娘乘凉、笤帚疙瘩成精，《红高粱》里綦翰林出殡等等。如果把爷爷讲的故事单独整理出来，怕也能出一本厚厚的民间故事集呢。

我们的父亲管贻范，1923年生，新中国成立前读了四年私塾，新中国成立后干了几十年的农业社、人民公社大队会计，也当了一辈子农民。当会计，所有账目笔笔清；当农民，样样农活都能干。1982年退职下来，现已八十多岁，仍然住在农村，不肯吃闲饭。父亲为人忠厚正直，对子女教育抓得很紧，很严厉，在村里、乡里有很高的威信。

我们的母亲高淑娟（1922~1994），现夏庄镇小高家庄人氏。一生勤俭持家，平生助人为乐，扶弱济贫，敬老爱幼，脾气谦和，颇受乡邻爱戴。

大概是由于历史的渊源和家庭的影响吧，到了我们这一代，大家都喜爱文学，淡泊名利。我自己从初中就偏科，直到高中毕业。在高密二中的六年中，我的语文、历史、外语等文科的成绩都是优秀，在学校里小有名气。1963年，我以优异的成绩考入全国重点大学华东师大中文系。这些都给莫言一定的影响。有不少人老爱问我如何帮助莫言走上文学之路，我一直强调谈不上什么"帮助"，只能说是"影响"。在莫言成名前的相当长的一段时间里，莫言是把我作为学习的榜样的，幻想着有一天也能上大学，搞文学。"文革"期间，莫言辍学在家，读小说成了他唯一的爱好。我留在家里的小说《吕梁山英雄传》、《林海雪原》、《海岛女民兵》等他读过了，借来的《封神演义》、《平原游击队》他读过了，连我留在家里的初中、高中语文课本，甚至作文本他都读了一个遍。我的作文中，曾经有一篇描写秋天农民拾棉花的文章，其中有一些被老师圈出的所谓"佳句"，如"天上的白云像棉花，地里的棉花像白云"，我都早已忘记了，但莫言至今还记着，并把它写到了一篇文章里，可见我的文学爱好对他的"影响"之深。但真正到了他要立志搞文学创作时，开始我是坚决反对的，因为我深谙在当时那极左猖狂的年代，文网之周密严酷，一不小心，就会有灭顶之灾。后来莫言坚持不改初衷，我便也不再反对。有时，他写好了初稿寄给我，我都认真阅读，做些改动或提出修改意见。再后来，他的作品不断发表，而且越写越好，我也就不提或提不出什么意见了。

我们兄弟都以凭学问或一技之长服务人民、报效国家为荣，而视官职为"身外之物"。当年我在湖南一所学校当校长，已经是"正科级"了。为了调回高密，我丢掉了那顶小小的乌纱帽，到一中当了一名普通的语文教师。虽然1989~2000年又干了十一年半副校长（仍是正科级），但从1995年就向有关领导提出辞职。前后为"官"20年，始终保持洁身自好。莫言也是这样。有一年，部队要提他当宣传科长，他不干。他说："在我们这里，可以当科长的人有很多，但当作家的就我一个。"前些年转业到最高人民检察院时，莫言已是副师职干部。但他一不要安排职务，二不要分配住房，高高兴兴地去报了到。无官一身轻，正好写作，做学问。

莫言从出生到当兵，在农村整整生活了20年。这20年，正好是极左路线愈演愈烈的20年，阶级斗争年年讲、月月讲。20年的农村生活，莫言曾用八个字概括，那就是"提心吊胆，抑郁寡欢"。因为我们的爷爷土改时被定为中农成分，因此，尽管父亲自共产党一来就参加了村里的工作，当了几十年的大队会计，尽管莫言土改时还未出生，但都只能是"团结对象"，是"依靠"不得的。因此，为人处世，举止言行就得小心谨慎，低人三分。加上大祖父是地主，大祖父唯一的儿子在台湾，全家人都被笼罩在政治阴影之下，忍气吞声受窝囊气，吃哑巴亏。莫言记事的年龄，正是中国反右以后的第二次大折腾——大跃进年代。因为大炼钢铁，树木被砍光，锅、笤、担杖钩、门吊环、抽屉把手，凡是带金属的东西统统被收缴了去，化成一块块黑里透黄，黄里透红，既不是铁、更不是钢，一砸就碎的大疙瘩。人们被迫离开了自己的家，男女分居，军事化，食堂化。小莫言与堂姐跟着年老的奶奶今天住东村，明天住西村。地里的粮食收不上来，家里的家底全糟蹋光了。食堂里的饭，经过干部先"共"了一番"产"之后，分到社员碗里的已是大锅清水汤以及野菜霉烂瓜干之类的难以下咽的东西。从1958年到1963年，高密年年风调雨顺，根本没有什么自然灾害，但老百姓却吃不饱肚皮。

1960 年，牲口大批饿死，天天死人，村村出殡，人口锐减。这是中国近代史上的第一次出现人口负增长。当时，我家有 14 口人，多亏爷爷和父亲能干，奶奶和母亲精打细算，一家人总算没饿死。这么大的一个家庭，要维持下去，就必须有人委曲求全，忍辱负重，任劳任怨。因此，我们小时候根本体会不到什么父爱母爱，感受最多的是无人理睬，或者是父亲威严的目光和打骂。莫言在我们兄弟中是最小的，在家中似乎成了多余的人，由于饥饿，被认为"很馋"。但在农村这 20 年，莫言没敢放开肚皮吃过饭，更没有吃过一顿好饭。

莫言是 1961 年进本村小学读书的。学习成绩不错，尤其是语文成绩突出，写的作文常常被老师当范文在本班或其他班上朗读传阅。他记性好，还有点表演才能。读到四五年级，就能够上台表演节目：嘴唇和下巴上粘上几撮棉花唱柳琴戏《老两口学毛选》，逗得观众哈哈大笑。"十年浩劫"来临时，莫言因给老师提意见受警告，从此辍学。此后，学校由贫下中农管理，常不上课，专搞"斗批改"。尽管这样，上学也要看成分，要贫下中农推荐。看到一起割草放牛的小伙伴背着书包上学去，莫言心里有说不出的羡慕和难过。就这样，莫言在饥饿和孤独中度过了他的童年。

随着年龄的增长，莫言成了地地道道的农民，耕、锄、薅、割样样都得干，一年到头面朝黄土背朝天。干到腊月二十九，吃了饺子再下手，美其名曰"过革命年"。生产队里，他看到人们为了半个工分和队长打架；胶莱河工地上，他看到人整人，不把人当人。他做梦都想离开农村。但路在何方？虽然叔父给他在供销社棉油加工厂谋到一份临时工的差事，但干的仍是苦力活。唯有当兵，才有可能改变现状，冲出家乡的高粱地。但中农子弟要当兵谈何容易。从 18 岁开始，莫言年年报名，年年体检合格，来接兵的解放军也喜欢这个年轻人，但年年都被贫下中农子弟顶下来。直到 1976 年 1 月，经过父亲和二哥的奔波，莫言才当上了兵。用莫言自己的话说，这次真正是"和野菜、地瓜干子离了婚"。

从当兵到 1997 年转业，莫言在部队干了 21 年。这二十多年中，莫言从一名普通战士成长为副师职干部、国内外知名的作家，既有个人的努力奋

1976 年莫言入伍时

斗，更离不开部队首长、老师的培养和战友、朋友的支持。

　　莫言刚入伍，在新兵连表现突出，被分到总参黄县某部当战士。由于吃苦耐劳，出公差、挖厕所都抢着干，所以很快当上了副班长。不久，"四人帮"被粉碎，部队兴起了学文化的热潮。只有小学五年实际学历的莫言自称高中毕业，竟然边自学边当起辅导老师，还获得了领导和战友的好评。1978 年 9 月，莫言被调到位于河北保定的上级机关搞新兵训练，后担任了保密员兼政治教员。

XIAOSHUO
SHUANGYUE
KAN

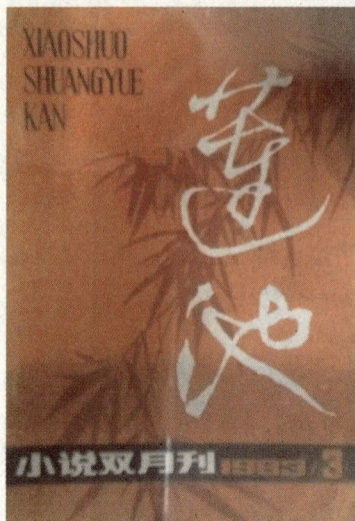

先后给七九级学员、预提干部学习班和三个区队上过政治课，为连职干部讲过近代史。用的教材都是高校教材，这就逼着莫言读了大量的马列著作和其他书籍，并且恶补了一通中国古典文学，大大丰富了自己，思想水平、写作能力都得到了极大锻炼和提高。从此莫言开始走上了艰难的文学创作之路。

读小说是轻松愉快的，但要自己写小说，才知道"这魔道，看似容易实艰辛"。超负荷的工作，再加上文学创作，完全没有星期天，每天晚上都要搞到深夜。冬天的寒夜，肚子饿了，就去地窖里拿些大葱吃。胃受到损害，头发大把大把地脱落，有时感冒、痢疾、鼻窦炎同时发作，但他仍然笔耕不辍，近乎拼命。尽管退稿信如雪片飞来，但皇天不负有心人。保定的文学双月刊《莲池》的老编辑毛兆晃慧眼识才，于1981年10月第五期《莲池》上发表了莫言的一篇名为"春夜雨霏霏"的短篇小说，而且是放在卷首。《莲池》的老编辑毛兆晃夫妇对莫言十分关爱，悉心培养，使莫言的作品《售棉大路》等七八个短篇分别在《莲池》(后改为《小说创作》)及河北的其他刊物上发表。其中《售棉大路》于当年(1983年)7月被天津《小说月报》转载。

莫言是1982年夏天被破格提干的。其时莫言已超龄，部队首长、战友为莫言的提干找总部、上北京，逢人便说莫言能教大学的课，会写小说，终于感动了上级，莫言在一无学历二未进教导队的情况下被提为排级干部(行政23级)。1983年6月，莫言被调到北京延庆总部任宣传干事，负责理论教育工作。为了取得一张大专文凭，他报考了党政干部基础学科自学考试，共十门功课，学一门考一门。年底，哲学、逻辑学考试合格。第二年春天，党史、政治经济学考试合格。又要搞文凭，又要干工作，还要搞创作，弄得他心力交瘁，"脑力、体力都有些不支"。此时，他在河北的《长城》、《小说创作》、《无名文学》和《解放军文艺》上又发表了几部中、短篇小说。其中发表在《小说创作》1984年第九期上的《大风》，当年被人民文学出版社的《小说选刊》选载，在1984年第七期《解放军文艺》上发表的《黑沙滩》获该刊本年度优秀小说奖。而发表于《莲池》1983年第五期的《民间音乐》得到了老作家孙犁的赞赏。莫言已经开始在文坛上崭露头角。

此前，莫言所发表的一些作品，用的一概是传统笔法，以写实见长，而《民间音乐》一篇是莫言力求突破的探索之作。就在这关键的时候，莫言考上了解放军艺术学院文学系。从此，莫言才算真正地跨入了文学的大门。这不但使莫言终于扔掉了一个小学肄业生的帽子，更重要的是，为他成为作家打下了坚实的基础，为他真正步入文坛铺平了道路。

那是1984年7月，解放军艺术学院首次设立了文学系，由部队著名老作家徐怀中出任主任。别人早在5月份就开始了复习，而莫言直至6月下旬才得到消息报上名，仅复习了十天就参加了考试。考试结果，政治、语文、史地三门考了216分（其中语文90分）。考试成绩占百分之四十，交一篇作品占百分之六十。莫言交的是《民间音乐》，大得徐怀中主任赞赏，结果莫言以较高分数被录取。同时被录取的有崔京生、朱向前、宋学武、钱钢、李存葆等共35名文坛上崭露头角的部队青年作家。大家互相学习，互相切磋，互相憋着劲写小说。徐怀中主任学识渊博，思想解放，他对莫言全力栽培，钟爱有加，莫言深情地说："徐主任改变了我的命运！"

第一学期来军艺讲课的老师有王蒙、张承志、邓友梅、刘白羽、丁玲等当代著名作家。莫言如饥似渴地听讲，潜心刻苦地读书写作。终于，一部中篇小说《透明的红萝卜》如一

颗重磅炸弹震动了当时文坛，给文坛带来了新鲜空气，被评论家们誉为"建国以来农村题材小说中不可多得的精品"。这篇小说在《民间音乐》的基础上继续进行了新的探索，无论从截取生活的角度还是从艺术手法上，都是别具一格的。读了它，人们得到的是一种说不清道不明的艺术享受。主人公黑孩子始终默默无言，没说一句话，但却给人留下了极深刻极难忘的印象。从1984年直到1986年暑假从军艺毕业，是莫言小说创作的一个高峰。军艺两年中，在名师的指教下，在同学的激励下，他呕心沥血地探索追求，如痴如狂地写小说，以至于彻夜失眠，脑子里常出现幻觉。数日一篇甚至一日数篇地写。终于，1986年3月《人民文学》推出了他的中篇小说《红高粱》。这是莫言蓄积日久、呕心沥血之作。此篇一出，文坛轰动，老作家丛维熙首先以《五老峰下荡轻舟》为题，在《文艺报》上发表文章极力赞许。随后，全国各大文艺刊物纷纷转载。到了1987年，由他执笔改编、张艺谋导演、巩俐主演的同名电影拍成，荣获第三十八届柏林电影节金熊奖之后，《红高粱》更是名扬海外。1986年，莫言闪电般地完成了《红高粱家族》中的其他四个中篇以及十几个中短篇小说，以至于文坛上称1986年为"莫言年"。《红高粱》至今仍是莫言的代表作之一。一部《红高粱》奠定了莫言在当代文学史上不可动摇的地位。

《红高粱》是写抗日战争的。它以新颖的艺术技巧，超时空的叙事方式，全新的视角和格局展现了抗日战争时期发生在高密东北乡广阔如海的高粱地里波澜壮阔的悲喜剧。它呼唤着壮美的人生，召唤着抗日的英魂，讴歌着中华民族的英雄主义和桀骜不驯、博大雄浑的英雄气质。它塑造了全新的人物形象，洋溢着一股前所未有的蓬蓬勃勃潇潇洒洒的酒神精神。

1986年，莫言被分配回总参政治部文化部任创作员，同年加入了中国作家协会。

1988年莫言又考入了北师大与鲁迅文学院合办的研究生班，1990年获文学硕士学位，仍回原单位工作。

继《红高粱家族》之后，莫言至今已出版的长篇小说还有《天堂蒜薹

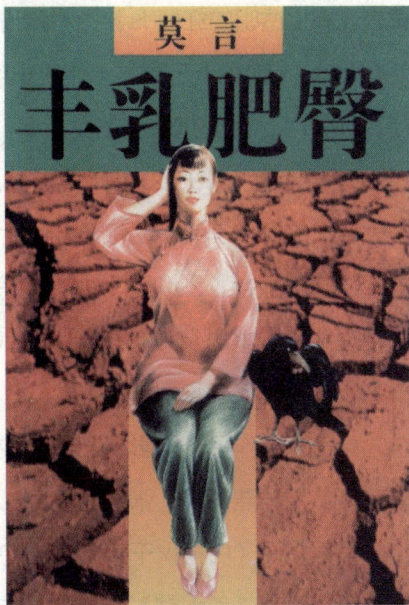

之歌》（1988 年出版，修改后曾改名为《愤怒的蒜薹》，由北师大出版社
1993 年出版）、《十三步》(1988)、《食草家族》（1991）、《丰乳肥臀》
（1996）。其中《丰乳肥臀》获首届"红河·大家文学大奖"，再次在文
坛引起了强烈反响，成为当年的畅销书，并很快被翻译成外文介绍到国外。
1999 年，莫言写了一部反腐电视剧《红树林》，同名长篇小说不久亦出版，
受到好评。2001 年，莫言的长篇力作——以描写清末高密人民抗德为历史
背景的《檀香刑》，由作家出版社出版，又一次引起文坛的注意，并受到
读者的欢迎，初版即印 8 万册，成为当年的畅销书之一。写于 1989~2000
年的长篇小说《酒国》刚一出版即被译成多种外文版本，并荣获 2001 年法
国（儒尔·巴泰雍）最佳外国文学奖。2003 年，长篇小说《四十一炮》问
世，2006 年，长篇小说《生死疲劳》出版，又在世界文坛引起了轰动并获
奖。这三部长篇都曾全票入围茅盾文学奖或鲁迅文学奖。2009 年，莫言的
长篇新作《蛙》出版，这部写了 4 年的小说，刚一出版就引起了读者的关注，
并因此于 2011 年荣获茅盾文学奖。除《莫言文集》五卷本及十二卷本外，

莫言还有《透明的红萝卜》（作家出版社，1988），《爆炸》（昆仑出版社，1988）、《欢乐十三章》（作家出版社，1989）、《白棉花》（华艺出版社，1991）、《怀抱鲜花的女人》（中国社科社出版社，1993）、《神聊》（北师大出版社，1993）、《金发婴儿》（长江文艺出版社，1995）、《长安大道上的骑驴美人》（海天出版社，1999年），《师傅越来越幽默》（解放军文艺出版社，2000）、《冰雪美人》（文化艺术出版社，2001）等多部中短篇小说集以及散文集出版，2007年还出版了《说吧，莫言》三卷，集中收录了访谈录和创作谈。

莫言还创作了一些影视剧本。已拍成电影的除了《红高粱》外，还有《太阳有耳》（严浩导演，张瑜主演），在1996年柏林电影节上，获得了银熊奖。根据小说《白狗秋千架》拍成的电影《暖》荣获东京电影节金麒麟奖。小说《师傅越来越幽默》也被改编成电影《幸福时光》，受到好评。电视剧有《梦断情楼》、《红树林》等。

另外，莫言创作的话剧《霸王别姬》，2000年底由北京人艺在京演出，一炮而红，风靡京城，一再加演。北京演完，又赴上海、香港、新加坡等处巡演。评论界对莫言的这出话剧的语言极为称道，认为"古典、优美，有莎士比亚的诗剧风格"。话剧《我们的荆轲》也受到很高的赞誉。初入话剧界，莫言便取得了其他人也许要花费几十年才可能获得的成功。这两部话剧不仅评论界好评如潮，票房也奇佳。

纵观莫言的作品，人们发现莫言有着多种笔墨，有古朴原始的写实，也有魔幻与荒诞。独特的感觉，丰富的想象展现了一个万花筒般迷离的艺术世界。透过莫言的小说，我们又发现，莫言在弘扬优秀的中华民族精神的时候，同时又具有一种高屋建瓴的批判意识。莫言无情地批判民族的劣根性，批判那种不知何年何月弱化成羔羊般的奴性人格。透过莫言的小说，我们还会发现，莫言对过去（原始勇武的中华精神）的召唤——深情地召唤"归去来兮"；发现他对未来的向往——热烈地向往那自由美丽的透明世界，以及对现在的批判——辛辣地批判现实中的假恶丑。

同时，莫言在文学创作道路上不断探索，不断创新，从内容到形式。其中中短篇小说如花团锦簇，令人眼花缭乱，应接不暇，禁不住发出惊叹；而十一部长篇也是部部不同，各有特色。《红高粱家族》横空出世，石破天惊，确立了莫言在中国当代文学史上的地位；《十三步》在结构上叙事方式上进行了探索，是一部带有浓厚的试验色彩的小说；《天堂蒜薹之歌》则是一部有强烈感情色彩的现实主义小说；《酒国》则是一部荒诞的政治小说，带着黑色幽默，反讽隐喻，变形夸张，类似童话；《丰乳肥臀》波澜壮阔、磅礴大气；《檀香刑》细腻流畅，场面森然，是部戏曲化的小说或是小说化的戏曲，看得令人毛骨悚然，欲罢不能；《生死疲劳》则是东方的、中国的魔幻现实主义，佛理的寓言。其他如《食草家族》、《四十一炮》亦各有千秋，引人入胜。而新作《蛙》，简直就是一部新中国60年的生育史，触及了一代人灵魂深处的伤痛，刚已出版，即荣获上海市第二届春申文学奖年度优秀作家奖，2009中国图书势力榜年度好书奖。莫言是高密人，齐鲁文化的优秀传统，高密大地上深厚的人文底蕴培育了他。故乡是他的血地，是他的根。莫言的很多作品都诞生在这里，如《天堂蒜薹之歌》是在大栏供销社的一间仓库里写的，《丰乳肥臀》是在南关家里写的。他一回到高密就有创作激情，写东西就特别顺利流畅。他的东北乡系列小说都带有深深的齐鲁文化的印记，都具有浓厚的高密地方色彩。它们写的都是高密东北乡的故事，都带有高密东北乡的高粱气味和泥土芳香，带有高密东北乡人身上的汗味和桀骜不驯、粗犷豪放的精神走向全国，走向世界。

从短篇小说《秋水》和《白狗秋千架》开始，直至最新的长篇力作《蛙》，莫言的作品都以高密东北乡为背景，描写近百年来的农村生活，已形成了一个庞大的"高密东北乡系列"。至于真正的高密东北乡，是指现高密市东北隅的河崖、大栏这一片辽阔的土地。高密东北乡是沿用了明、清、民国时的叫法。这里地势低洼，是一马平川的平原，胶河从这里弯弯曲曲地流过，我们的家就在胶河南岸一个叫平安庄的村子里。这里与平度、胶县接壤，南有顺溪河、墨水河。直到20世纪60年代初期，我们村子南边的顺溪河与墨水河之间都是一片低洼的沼泽地。夏天，这里一片汪洋，芦苇丛生，野草遍地，青纱帐一望无际，水里鱼游虾跃，天上水鸟飞翔。秋季，芦花飞舞，枯草遍野，大雁在这里栖息，狐狸、野兔在这里出没。这样一块地方，新中国成立前无疑是土匪活动的好场所。新中国成立后，这里便成了儿童的乐园。夏天，孩子们在这里捞鱼摸虾；秋天，猎人们在这里打兔子猎雁。小时候，我就多次吃过爷爷打的野鸭、野兔。待到莫言长到能割草拾柴火的时候，这里的景物已不同从前。二十多年来沧桑巨变，随着气候的干旱，胶河农场的建立，如今这里已经成为一片良田，往日景象连一点痕迹也没有了。

70 年代以前，整个高密东北乡一直贫穷落后。乡亲们面朝黄土背朝天，祖祖辈辈在这块土地上刨食，从来都是半年糠菜半年粮。仅以我们平安庄为例，新中国成立前仅有两户地主，也基本不住在村里，地主和其子女多住在县城或青岛。很多人出外讨饭或闯关东。有民谣说："平安庄不平安，十年倒有九年淹。"胶河年年发大水，十年九涝。尽管如此，人们还是不愿离开这一方热土，不愿意离开胶河。老辈人说，我们这里"十年九不收，收了吃十秋"。此话确有道理。每逢胶河发大水决了口，河水夹带着大量腐殖质和泥沙，把地里淤上厚厚的一层肥泥。秋天种上小麦。不用施肥，来年也可收一季好小麦，所以老辈人都说胶河是一条"富河"。而且河水清冽甘甜，鱼鳖虾蟹取之不尽用之不竭。

现在，乡亲们的生活富起来了，高密东北乡因为地广人稀，成为高密粮食和棉花生产基地。入夏，田野里翻腾着金黄色的麦浪，打的小麦堆成山，一年打的三年吃不了。秋天，大豆摇铃，棉花含笑，高粱红了脸，谷子弯了腰，好一派丰收景象！我爱高密东北乡。喝胶河水长大的莫言也时刻眷恋着这块地方。

尽管莫言的"高密东北乡系列"小说中的"高密东北乡"与现实中的高密东北乡有许多相似的地方，但莫言作品里的高密东北乡已经不再单是一个地理名词，它已经成了一个文学背景的代名词，正如福克纳的约克纳帕塔法县和马尔克斯的马贡多镇一样 [5]。莫言曾经这样写道："高密东北乡是地球上最美丽、最丑陋，最超脱、最世俗，最圣洁、最龌龊，最英雄好汉、最王八蛋，最能喝酒，最能爱的地方。"他还写过："高密东北乡，生我养我的地方。尽管你让我饱经苦难，我还是为你泣血歌唱。"莫言是从高密东北乡的高粱地里走向世界的。他的根在这里，他对故乡恨极了也爱极了。他是农民的子弟，他恨农民之所恨，爱农民之所爱。可以说，在某种程度上，莫言还是一个农民。

莫言，就像他的名字一样，沉默寡言，多数时间爱半眯着本来就不大的双眼坐观身边的世相。他外冷内热，既敏感多情又孤僻冷傲；他性格内向，敢耽于幻想又极务实；他淡泊名利，既好学上进，而又爱憎分明。

莫言曾在 1988 年将妻子、女儿的户口迁至县城南关村，一住八年。他的《丰乳肥臀》就诞生在这里。1995 年妻、女随军迁至北京。2007 年，他的爱女笑笑已从清华大学文学院研究生毕业，并就职于北京某高校。后来她又考上了在职博士生，不久就会成为我们家第一个女博士。而莫言现在供职于中国艺术研究院，过着北京市普通市民的生活。

早在 2001 年，莫言就提出自己不是为老百姓写作，而是"作为老百姓写作"这样一个文学宗旨。"作为老百姓写作"，就要站在老百姓的立场，用平常心，即老百姓的心，用老百姓的视觉观察世界，反映世界，反映老百姓的所思所求，而不是高高在上，以所谓的"人类灵魂的工程师"或"人生导师"之类的身份写作。综观莫言多年来的创作实践，他确实是用自己的笔在身体力行着这一文学宗旨。他深入到人类灵魂的隐秘处，说着老百姓的话，想着老百姓的事，用心与老百姓交流。因此，其作品，其人格也受到了老百姓的称赞和爱戴。

莫言今年已经 57 周岁了，他虽然早已学会了操作电脑，但多数时间还是在用笔写作。他说用电脑写作找不到感觉。我们祝愿莫言有更多更好的作品问世，继续用他的笔为国为民争得更多的荣誉。

注：

[1] 此为莫言实际出生年月，通行的说法是 1956 年，那是为了提干改动过的，不对。

[2] 加西亚·马尔克斯，哥伦比亚作家，拉美魔幻现实主义的代表，其作品《百年孤独》获 1982 年诺贝尔文学奖。

[3] 原文载美国里士满时事快讯（RICHMOND TIMES-DISPATCH）。他在介绍英译本《红高粱》的文章《史诗般的小说，一流的中国作家》（EPIC NOVEL；CHINESE AUTHOR IS FIRST CLASS）中说："莫言是世界级的作家。可能是老舍、鲁迅以来最有前途的中国作家。但这二位前辈的文学才华却不如莫言。英译《红高粱》的出现是英语文学（ENGLISH-LANGUAGE LITERATURE）一大盛事，本此可预见中国小说在 21 世纪的活力和影响。"——转引自美国威斯康星大学教授刘绍铭的文章《入了世界文学的版图》一文，见《作家》1993 年第 8 期。

[4] 见大江健三郎《性的人》一书，《光明日报》1995 年。这是中国作家第一次在此种场合中被提及。

[5] 约克纳帕塔法和马贡多分别为美国作家威廉·福克纳的小说《喧哗与骚动》，哥伦比亚作家加西亚·马尔克斯的小说《百年孤独》的故事发生地，莫言的文学创作受到过他们的影响。

附：作者诗歌二首

咏莲兼示莫言

一九九八年八月

根茎陷入污泥中，花叶挺出傲青萍。

任尔邪风恶浪起，只有香气远益清。

明志与小弟莫言共勉

一九九八年九月

世事纷纭似浑水，特立独行勿逐随。

翠竹一枝身有节，摧眉折腰誓不为。

一本自我忏悔与自我救赎的书

  莫言的长篇小说《蛙》荣获了第八届茅盾文学奖，我和大家一样高兴。我高兴，不但是因为莫言获得了一个早该获得的国家级文学大奖，让我看到了社会的进步、政治的进步而令人鼓舞；更重要的是，我是《蛙》的第一个读者。大概在小说公开发表之前的半年多吧，莫言就把《蛙》的电子稿发给我了。我认真地读了一遍，为其改正了一些错别字和个别词句，提了两条意见。总的感觉，这部小说令我震撼，感情上有些压抑，在很长一段时间里不能摆脱这种压抑感。因为我觉得莫言这是在写他自己，写他自己的一段经历，

莫言◇著

蛇

上海文艺出版社

写他自己的思考，写他自己心里的痛，进行自我解剖，自我忏悔，自我救赎。某种程度上说，这是一部忏悔之作，救赎之作。

莫言早在 23 年前的首届莫言作品研讨会（高密）上就曾经说过："其实对作家来说，重要的不是拯救万民的灵魂，而是拯救自己的灵魂。""我非常希望非常渴望，我的痛苦矛盾与民族的痛苦矛盾产生一种合拍。如果我的痛苦与民族的痛苦是一致的，那么无论怎样强化我的个性意识，无论怎样发泄我个人的痛苦，无论怎样把我的一切喷吐出来，我的个性就能得到一种更大的共性，发泄得越厉害，爆发得越厉害，我就越了不起。只怕我做不到这一点。"[1]二十多年来，莫言一直在遵循着自己的这种创作理念，直到公开亮出"作为老百姓写作"这面大旗。期间的创作实践证明，这一点，莫言不但做到了，而且越做越好，《蛙》就达到了一个新的高峰。在《蛙》里莫言用"蝌蚪"的名义，在给日本作家杉谷义人的信中公开地承认："我是为自己而写作。为赎罪而写作，当然可以算作为自己而写作。"[2]所以，"在写作的时候，要触及心中最疼的地方，要写人生中最不堪回首的记忆。现在我觉得还应该写人生最尴尬的事，写人生最狼狈的境地。要把自己放在解剖台上，放在聚光灯下。"[3]蝌蚪是这样说的，也是这样做的。他的确把小说的主要人物姑姑和自己放上了解剖台，放在聚光灯下，用犀利的笔触对他们的内心，对他们的灵魂进行了无情的解剖，触及了他们各自心中的痛。蝌蚪在给杉谷义人的信中说到自己逼着妻子王仁美做人流而致死一事时说："尽管我可以用种种理由为自己开脱，尽管我可以把责任推给姑姑，推给部队，推给袁腮，甚至推给王仁美自己——几十年来我也一直是这样做的——但现在我却比任何时候都明白地意识到，我是唯一的罪魁祸首。"[4]我们知道，《蛙》中的主要人物姑姑和蝌蚪等，在现实生活中都是有其原型的。在很大程度上说，蝌蚪就是莫言，莫言是在说他自己。

　　说到这里，我想提醒大家去阅读一下莫言写的一个中篇小说《爆炸》（写于1985年，发表于1986年第三期《人民文学》），那是莫言根据现实生活中自己的一段经历写的，其内容与《蛙》的第二部第六至十二节的内容有相似之处。只不过在那篇小说中的"我"不是部队干部，而是一个"导演"。为了执行国家的计划生育政策，为了不影响自己的进步和政治前途，回到故乡说服乃至强迫自己妻子做人流，尽管遭到了父亲的痛打和母亲的哭骂，妻子也又哭又闹，但还是坚持让姑姑为妻子做了流产手术。那篇小说中的"我"并没有像蝌蚪一样忏悔，而姑姑却说了一句其实是莫言自己想说的话。姑姑在接生了一个大胖小子之后准备给妻子做人流手术之前说："这种事我干一回够一回，刚才是送子观音，现在是催命判官。"[5]可以说，这句话是莫言限于当时自己的认识程度以及所处的情势及环境而采取的这种欲说还休的表达方式。值得注意的是莫言在这篇小说中巧妙地插入了一个人们追捕狐狸的情节。这只狐狸是红色的，跑起来像一团贴地滚动的火球，它巧妙地躲过了人们的围追堵截。这只狐狸寄托着莫言对自由生命的礼赞，对自由人性的某种美化和欣赏，而狐狸的处境和遭遇则暗示着人类无法挣脱的命运。对环境的无法摆脱与"我"的处境相似。而到了《蛙》里，王胆、王仁美都好像这只狐狸，或者说都具有这只狐狸的精神。所不同的是在《蛙》里所有的人物差不多都在进行不同程度的忏悔，蝌蚪公开地把解剖刀刺向自己的灵魂深处，进行公开的言犹未尽的忏悔，姑姑更是以沉重的负罪感说要像煎鱼熬药那样翻来覆去地煎咕嘟咕嘟地熬来赎自己的罪。不但如此，他们还用尽各种手段对自己的罪过进行救赎。这大概是莫言自己在经历了近三十年的理性思考，反省历史，反省自己，经过了岁月的煎熬得出的结果——一个始终不能摆脱，现在终于可以宣泄的情结。

　　小说就是写人的。我的老师，著名的文艺理论家，华东师范大学中文系钱谷融教授早在上世纪中叶就提出了"文学即人学"的观点，当时遭到了文痞姚文元的攻击诬陷，但现在这一观点早已被国内外文学界所认可和推崇。

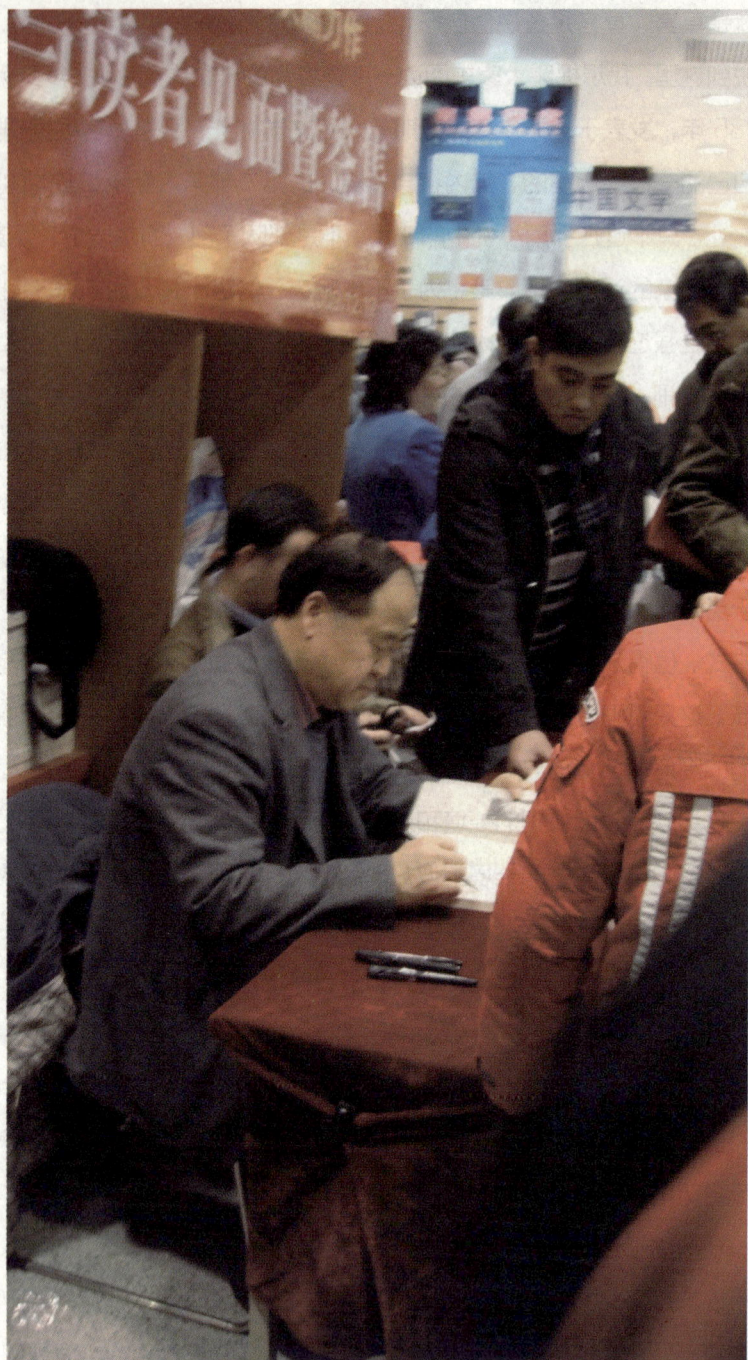

莫言在上海书城签名售书

莫言的《蛙》无疑是一部出色的写人的作品。他写了人类自身生与死的矛盾，写了人与环境（社会的和自然的）的矛盾，写了人的主观努力与自然规律的矛盾，写了人与人之间的矛盾，写了人性与兽性的矛盾，写了人类的爱与恨、文明与野蛮、现代科技与传统伦理道德的矛盾，内涵丰富，令人掩卷深思。

其实，中国的计划生育成为国策，是中国的独特的国情造成的，是迫不得已制定的，它主要是针对农村的。因为早在上世纪 60 年代末我国的一些经济发展地区如上海等大城市中就有不少人已经自觉地实行了一胎化，我们应该认识到中国因为长期的封建统治，农村又长期贫穷落后，人们始终摆脱不了"不孝有三无后为大"等传宗接代的愚昧落后旧观念的束缚，这就造成了在中国实行计划生育，尤其是独生子女政策的难度。这也是小说中主要人物表现出来的根深蒂固的男孩情结的根源所在，也是他们实行计划生育和被计划生育后负罪感的来源。实行计划生育 30 年来，中国起码少生了 2 亿人口，为国家为世界作出了贡献。在取得成果的同时，又涉及诸如人权、人道、人性等敏感问题。事实是，在实行计划生育政策的过程中确实发生了许多过头的做法，伤害了不少人（包括众多的不准出生的人），而且，严峻的现实和令人忧虑的趋势又引发了人口老龄化、劳动力缺乏、独生子女教育和国民素质的提高这样一些既令人担忧又敏感的问题。有人甚至会问：人口减少了，经济就一定会发达吗？日子就一定好过吗？大家都少生甚至不生（丁克），人类自身不是要灭亡了吗？杞人难免忧天，究竟怎么办？我想决策者们、专家们都在思考。《蛙》也难以给人以正确的答案。值得一提的是莫言对这个问题一直是关注的，除了上文提到过的《爆炸》外，莫言在中篇小说《欢乐》和《弃婴》中都写到了计划生育问题。但那都是以一种审视别人的态度写的，唯有《蛙》才开始解剖自己，开始忏悔。作家手中的笔如同解剖刀，不但要解剖别人，更重要的是能解剖自己，要把自己灵魂深处的"小"字剥出来给大家看。《蛙》中的人物所做的解剖是彻底的，忏悔是真诚的。其忏悔固然真诚而深刻，但其救赎却不可能彻底，甚至反而会产生出新的罪愆。因此，我们只可把《蛙》作为小说看，它就是一本小说，而不是一本社会学人口学

2011 年 9 月 19 日晚，作协领导李冰给莫言颁茅盾文学奖

的专业著作，更不是一本政治教材。

　　但就小说本身来讲，莫言没有重复自己。十一部长篇部部都能出新意，部部都有自己的 特色。《蛙》在结构上也有新的探索，即书信体和话剧的结合。书信体莫言早在《酒国》中就有过尝试，但这次把一部小话剧放在结尾，作为小说的一部分，可谓别开生面。这部话剧与正文互相补充，相得益彰，结合完美，浑然一体，对主题的深化和提升起到了画龙点睛的作用。因为小说中前边的几封信中已经做出了铺垫，所以结尾的话剧并不令人感到突兀，也没有生拉硬扯或蛇足之感。这堪称莫言的独创。顺便说一句，这部话剧给我的感觉是鬼影憧憧的，充满着神秘气氛，大有鬼神之气。连同正文中姑姑陷入青蛙包围的描写，使人不禁联想到《聊斋志异》里的《青蛙神》。还有书中第 310 页关于兔子即"吐子"的传说，这的确是大爷爷和爷爷给我们讲过 N 遍的故事，真正的民间传说，莫言把它赋予了新意。足见莫言立足齐

鲁大地，立足高密东北乡，对齐文化的传承和发扬。拉拉杂杂说了这么多，总的印象，《蛙》虽然好，虽然获得了茅盾文学奖，但平心而论，我觉得它没有《檀香刑》和《生死疲劳》好，无论是内容还是艺术手法。

题外的话

两次莫言作品研讨会都是在高密召开的。1988 年那次我刚刚调回高密不久，正在高密一中教着两个重点班的语文课，根本抽不出时间参加。这一次因到济南、南京、上海走了一圈，历时一个多月，所以也没能参加，很是遗憾。但在外出的时间里，在旅途中，我始终想着这次研讨会，想着《蛙》，想着莫言，上文即是我一路思考的结果，算是一个迟到的发言吧。

我给《蛙》提过的两条意见。一是书中关于卖鱼的集贸市场的描写。我认为一定要写入公安税务人来取缔罚款的细节。因为当时是禁止自由贸易的，公社社员自行捕鱼到自由市场卖，是要当做资本主义尾巴割掉的。这一点，莫言采纳了。另一点是书中写到姑姑在夜间陷入了青蛙的包围，我认为写得还不够阴森恐怖，我甚至捉刀为其草拟了一段，莫言大概认为文字风格不太一致，所以没有采纳。

注：

[1] 杨守森、贺立华：《莫言研究资料》，第 393 页，山东大学出版社 1992 版。

[2] 莫言：《蛙》，第 179 页，上海文艺出版社 2009 年第一版。

[3] 同上。

[4] 同上书，第 281 页。

[5] 莫言：《爆炸》，第 42 页，昆仑文学出版社 1988 第一版。

莫言小说创作背后的故事

尊敬的郑院长、贺教授，亲爱的同学们，大家晚上好！

先说说我当下的感觉。说文一点是班门弄斧，自不量力；说俗一点是孔夫子门前卖诗书，关老爷面前耍大刀。为什么呢？因为山大特别是山大的文史科在我的心里，十分了不得。当年，中文系冯陆高萧，历史系八马同槽，闻名天下。1964 年，当时的高教部组织所属重点院校负责人来山大学习，我在上海读大学听到校系领导的传达是：山大的教师埋头做学问，山大的学生发愤学习，连校园里的树木都有股蓬勃向上的生气。这是原话。过去了将

文学与新闻传播学院品牌讲座

新杏坛

莫言小说创作背后的故事

主讲人：管谟贤 莫言长兄、高密一中原副校长

主持人：郑春 贺立华 文学院教授

主讲人简介：

2012 年 11 月作者与山东大学文学院院长郑春教授、贺立华教授

近五十年，现在的山大更是了不得，不但优生云集，名流荟萃，连工大、医大都囊括麾下。山大真是大啊！相比之下，我个人太渺小，水平太低。我曾对贺立华教授说过，一个人即使饱读诗书，满腹经纶，长期不用，也会退化。我大学毕业后，从事中学教育三十多年，现有水平，充其量也就是一个中学语文教师的水平。一个中学教师面对重点大学本科生、研究生，还有院长、教授，我的感觉大家一定能理解。好在郑院长、贺教授给我布置的作业题目是《莫言小说创作背后的故事》。面对这个题目，我如同一个中学生写作文一样，先审了题：一是要谈与莫言的小说创作有关的故事；二是要谈"背后"的故事，这就含有爆料的意思了。我就想，爆自己兄弟的八卦，我不会，也不忍。谈理论，一来题目没有要求，二来也是我的弱项。因为我读书时大学中文系一年级有一门重点课叫"文艺理论"。当时，华东师大采用的教材是叶以群主编的《文学的基本原理》，打开书，一片黑体字（毛主席语录）；而山大中文系更革命，教材的名字直接叫什么《毛泽东文艺思想》。总之，我学的都是《在延安文艺座谈会上的讲话》那些内容。于是我就只好遵郑、贺二位之命，不谈理论，只讲故事。尽管只是故事，但绝对真实，是真实的故事。希望大家听了我的故事后，对你们的学习和研究工作能有所启发，有所帮助。能做到这一点，对我自己来说，则不虚此行；对同学们来说，则没有白白浪费如此良宵。

下边开始转入正题。

我今晚谈的问题，是莫言怎样走上文学创作道路的有关故事。

我们高密莫言研究会孙惠斌会长对此进行过探讨，归纳了"四个莫言"，即"天才的莫言"、"勤奋的莫言"、"高密的莫言"、"世界的莫言"。前边三个就概括了莫言之所以成为莫言的原因。第四个是我们当时的希望，现在也实现了，莫言终于走向了世界，得到了世界的认可和赞扬。现在先说"天才的莫言"。

过去，我们是不承认有天才的。但我认为，搞文学和搞科技发明不一样，是要有天赋的。有一些与生俱来的东西，后天是学不来的。莫言对文字很敏感，情商很高，感情很细腻，具有超人的观察力、丰富的想象力和对语言的驾驭能力。他的小说，叙事状物，极尽铺陈渲染之能事，汪洋恣肆，如行云流水，如江河奔腾，狂泻不止。这东西是学不来的。要知道，莫言的第一学历是小学五年级肄业。在农村，一般的青少年上五年学，干几年活，基本上就是一个半文盲。但莫言辍学后，充分利用中午晚上和农闲时间看书学习。但比起在学校学习的学生，条件差得很远。他们时间充足，有良师益友教导帮助。莫言可完全是自学的。我第一次看他写的东西是 1976 年他当兵之后给我的一封信。在那封信里，他诉说了自己当兵的经过以及部队的情况、自己的心情。信写得不但文从字顺，而且文采斐然，感情真挚，十分感人。当时，我在湖南常德一家企业的子弟学校教书。那时，"读书无用论"甚嚣尘上，中学生都不会写作文，要写也是"碰到困难，学习语录，问题解决"。这种空洞教条的老模式，毫无感人之处。我告诉学生，写作文尽管可以瞎编，但必须做到文中有我，要有真感情。为了举例说明，我把莫言的来信在班上念了。然后问："这封信写得好不好？"学生齐叫："好！"我说："这是一个小学没毕业的人写的，他读书的年头比你们还少，可见作文并不难。"结果，班上学生齐喊："老师骗人！"我说："我没骗人，写信人是我弟弟。"后来，我才知道，早在 1973 年，莫言 18 岁时，被生产队派到胶莱河工地（住在昌邑县围子公社）。大冷天，冰冻三尺。晚上睡觉，脱掉鞋子，第二天早上，鞋就冻在地上，拔都拔不起来了。干活时间长，活又重，如果不出力，干部非打即骂。就在这样的环境里，莫言竟然尝试着写小说。小说的名字是"胶莱河畔"，写男主人公，为了修胶莱河，推迟婚期，老地主搞破坏，砍断马腿之类。这虽是当时流行的题材和样式，但莫言能写到这种水平，足见他的智力和文化水平，比一般的农村青年要高出一大截。

第二，莫言是勤奋的。一是如饥似渴地阅读。当年，我留在家里的初、高中课本，我买的小说《林海雪原》、《吕梁英雄传》，他很快读完了。我们上初中那会，语文课本是分为"文学"和"汉语"的。那文学课本编得十分有趣，什么《牛郎织女》、《岳飞枪挑小梁王》，刘绍棠的小说《青枝绿叶》（当时刘本人还是中学生），很吸引人。到了高中，则按文学史顺序编，从《诗经》、《楚辞》开始学，直到明清小说，很有水平。我和莫言认为那套教材是至今最好的。我留在家里的作文本莫言也读，他至今还记得我的一篇写拾棉花的作文上被老师画出的句子："天上的白云像棉花，地里的棉花像白云。"总之，有字的东西，他都要看看。连糊在墙上的报纸也看，字典也看。他不光是看了，我觉得他是真读懂了，对书里面的词语和成语也都理解了其含义和用法。为了看书，他帮有书的人干活换书读。为了看书，怕大人骂他看"闲书"（小说），就躲进草垛里看，被虫子咬肿了脸。他还常和二哥抢书看。二人为了就灯（全家只在客堂间挂一盏灯），晚饭后把灯挂在客堂和房间之间的门框上，他们二人就站在门槛上凑着灯看书，天长日久，把门槛都磨出了一个凹槽。如此苦读，自然丰富了他的知识，提高了他的水平，为日后写作打下了良好的基础。第二，是废寝忘食练习写作。当兵后，他继续练习写作。一开始写了几个小短篇，其中一篇是《异化》，写一个长工爱上地主家的小姐，小姐也爱长工，后来在阶级斗争的生死关头，小姐救了长工，类似于前苏联的小说《第四十一个》，自然被退稿。还写过一个话剧《离婚》，寄到《解放军文艺》，也被退稿。人家还附了一封退稿信，让他寄给《剧本》等杂志试试。惹得单位领导和他开玩笑，说："行啊，小伙子，折腾得人家《解放军文艺》都给你回信了啊！"

到保定后，他更加努力勤奋，当时他担任保密员和政治教员。为大学生上政治课，用大学教材。一个小学生，要讲这些东西，必须从头学起，恶补马列。他同时还要搞创作，经常通宵不睡，饿了去地窖弄点大葱充饥，困了，用雪擦擦脸。结果胃溃疡、鼻窦炎、感冒有时同时发作，头发大把大把地掉，他仍然坚持写作。当时退稿信如雪片飞来，他虽然十分苦恼，有时几近绝望，但仍笔耕不辍。所以用坚忍不拔、百折不挠、含辛茹苦之类的词语来形容他，一点都不为过。终于，1981年，他创作的小说《春夜雨霏霏》在保定地区的文学刊物《莲池》上发表了。小说写一个驻守海岛的战士的新婚妻子对丈夫的思念，以细腻的心理描写见长。但莫言说这是他心血来潮，一个中午写

莫言在保定

成的，许多呕心沥血之作却都被枪毙了。说起此事，要提一下当时《莲池》的老编辑毛兆晃老师，他很喜爱莫言，亲自为他改稿子，介绍他去白洋淀体验生活。莫言听说毛老师喜欢奇石，专门从狼牙山上找了两块大石头，装进麻袋里，坐了几十公里路的汽车，把石头背上了五楼，让毛老师好感动。

1984 年，莫言考上了解放军艺术学院文学系。他是很晚才得到消息的，来不及复习了，政治、语文、历史、地理等文化课还是考得很好，交了一篇作品《民间音乐》，徐怀中主任一眼就看中了。在军艺，他系统地学习了文学创作理论。当时，同学们互相别着苗头写作。那时，他的同学李存葆等人已名扬文坛，风头正劲。他的中篇小说《高山下的花环》一炮打响，《山下那十九座坟茔》也正走红。莫言年轻气盛，竟对此不以为然，这就逼着他拿出好作品来证明自己。于是，有了《透明的红萝卜》。之后，又有了《红高粱》。有一次他一天一夜不休息，写出三个短篇《石磨》、《大风》、《五个饽饽》。他经常开夜车，饿了就吃方便面，以致在以后的几年时间里，莫言看到方便面就恶心。他们住的是集体宿舍，每人用蚊帐隔成一个小天地，躲进去趴在小凳子上写作。半夜时，有人就敲脸盆："收工了，收工了！"大家才熄灯休息。他在军艺就这样过了三年紧张又充实的生活。

1995 年莫言在县城南关的家中写《丰乳肥臀》。右手中指磨起了厚厚的老茧，莫言的手稿字体工整清秀，一丝不苟，一遍成功。这都是勤奋的见证。

莫言当兵后一般一年只能回家一到两次，他总是抓紧利用这短短的假期进行创作。白天家里人多比较热闹，他就晚上写，常常写到深夜或凌晨，早晨回来稍事休息，有时还到供销社的空屋子里去写。这用去了他大半与妻子、孩子欢聚的时间。

莫言在高密民俗民艺展览中心

第三，"高密的莫言"。这个要讲得多一些，要从正反两方面讲。莫言生在高密，长在高密，喝胶河水，吃红高粱、地瓜干长大。一方水土养一方人，没有高密，就没有像莫言一样的莫言。莫言属于高密。研究莫言必须研究高密，研究高密的风土人情，民风民俗，政治经济等等。高密，秦时立县，历史悠久，文风绵长，文化底蕴深厚，属齐文化的范畴。我觉得，齐文化和鲁文化，应该分开。鲁文化，是以孔子为代表的儒教文化，非礼勿言，非礼勿动，子不语怪力乱神。而齐文化反其道而行之。春秋时，齐国首都临淄不但经济发达，人多得摩肩接踵，挥汗如雨，文化也十分繁荣，稷下学宫，百家争鸣，百花齐放，开放包容，狂放不羁。管仲富国强兵，发展工商经济，煮盐冶铁。九合诸侯，一匡天下，自己也充分享受生活，与孔子提倡的"居陋巷，一箪食，一瓢饮"不以为苦不同。齐文化的代表作之一是蒲松龄的《聊斋》，其中有妖魔神怪，鬼狐花妖，语言精美，生动传神。高密的民间传说，自然是属齐文化，与《聊斋》一脉相承，堪与比美，连黄鼠狼都成了仙，笤帚疙瘩都成了精。人们口口相传，代代相传，形成了爷爷们的故事。我爷爷、大爷爷都是讲故事的高手。爷爷虽不识字，但大到历史朝代更替，小到民间民俗故事都知之甚详，而且讲故事的技巧很高。什么预埋伏线、前后照应，花开两朵、各表一枝，驾轻就熟。又善用比喻、象声词，绘声绘色。夏日的河堤上、树荫下，冬天的炕头上、草鞋窨子里，劳动的间隙，生产队的记工屋里，都是讲故事听故事的好场所。莫言就是在这种社会文化环境中成长起来的。齐文化为他提供了丰厚的文化底蕴，浓烈的文化氛围，为他提供了大量的创作素材，为他的创作打下了基调。所以我认为，研究莫言应该从齐文化里寻根。尽管齐文化没有多少经典传世，但我觉得，齐文化的根在民间。

　　举两个民间故事的例子，都是爷爷讲过的，莫言原封不动地写进了小说，或略作改动。这样的例子是很多的。

　　一个故事是说八个外出干活的泥瓦匠碰到下大雨，大家一起去土地庙中避雨。只见大雨瓢泼而下，电闪雷鸣，一个个大火球围着土地庙打转。一个老人说，我们这里边肯定有人做了伤天害理之事，要遭雷劈，雷公怕伤及好人，下不了手，所以只好围着这儿转。我看，一个办法是谁做了亏心事谁自己跑出去；另一个办法是由神灵来判决，每个人都把头上的草帽撒出去，谁的草帽被风吹回来，谁就出去！大家都同意第二个办法，就撒草帽。按常理，撒出去的自然不会再飘进来，可巧得很，一个青年把自己的草帽撒出去，正好碰上一阵旋风，草帽又被吹了回来！这青年一见，马上跪下向大家求情，不想出去，其他人当然不同意，硬把这青年架了出去。青年刚出去，只听"喀喇"一声巨响，庙内的七个人全部都被劈死了，只剩下那青年一个人还活着。这使我想起了《聊斋》中的《孙必振》。孙必振确有其人，是诸城人，顺治年间的进士。《聊斋》上说："孙必振渡江，值大风雷，舟船荡摇，同舟大恐。忽见金甲神立云中，手持金字牌，下示诸人。共仰视之，上书'孙必振'三字甚真。众谓：'孙必振犯有天谴，请自为一舟，勿相累。'孙尚无言，众不待其肯可，视旁小舟，共推置其上。孙既登舟，回视，则前舟覆也。"这两则故事，真有异曲同工之妙，足见齐文化之传承。还有一个故事，是爷爷讲的，我多次听过，莫言把它改头换面写进了《檀香刑》。那就是茂腔班主孙丙与县太爷钱丁"斗须"的故事。该故事原来是说关公与周仓斗法。话说：周仓出身山大王，武艺高强。归降关公后，给关公扛着大刀，跟着关公的赤兔马腚后跑，心里不服气，被关公看破了。就问周仓，你不服气是不是？你觉得自己力气大，我看你连一根鸡毛都丢不过房顶去！周仓不服气，就捉了一只鸡，从鸡身上拔下一根鸡毛，用力向房顶上抛去，鸡毛出手，不足二尺高，就飘飘摇摇落了地。再拔一根，再抛，还是如此。连抛三次，都是一样。关公说："小子，怎么样？看我的！"关公拿过鸡来，把整只鸡一抛，就抛过了屋脊。关公说："怎么样？你一根鸡毛都丢不过去，我丢了多少根？你数数！"气得周仓直翻白眼，还嘀咕："你是美髯公，我的胡子也不差！"关公一听，说："你那不叫胡子，是'抢食毛'。意思是说，吃饭时，嘴没碰到饭，胡子先碰到了。周仓不服气。关公让人打来一桶水，把自己的美髯往水中插去，但见根根如同钢针，直插水底。周仓见了，也照样来，只见他的胡子一往水里戳，就都飘了起来。周仓只好认输，一辈子为关公扛大刀，跟着马跑。

　　说到这里，我明白了，为什么同样是鬼狐花妖、神魔鬼怪，在纪晓岚的《阅微草堂笔记》里是那么苍白无力，流传不广，而在蒲松龄的《聊斋志异》里却是那么鲜活生动，广为流传；同样的民间故事，到了莫言的笔下，为什么会赋予了新的生命力。我想，这与蒲松龄科场失利，屡试不中，终老林下，看透了官场腐败，参透了人间冷暖有关。而纪晓岚科场得意，官运亨通，自然达不到刺贪刺虐的思想深度。莫言和蒲松龄的思想是相通的，他们都是"作为老百姓写作"的，这也是齐文化的传统。说到这里我又想起了一个爷爷讲的故事，说出来给大家听听，可以帮助大家进一步理解什么是"作为老百姓写作"。话说乾隆爷下江南，船过长江，忽然狂风大作，只见江面上一片鳖头，众鳖妖齐声讨封要官。乾隆爷龙心不悦，心想：此等物事，哪能为官？一旦为官，百姓岂不苦也？但又不敢发作（怕翻船），于是灵机一动，说道："尔等皆想为官，朕心甚喜，但时下暂时无缺，待天下的灯头都朝下时，尔等个个皆可为官。"众鳖听了，十分高兴，纷纷下潜游走，龙舟得以顺利过江。乾隆爷时，家家点豆油灯，有钱人家点蜡烛，灯头自然都朝上。哪曾想，后来有了电灯，灯头全都朝了下。这个故事，言外之意，当时的为官者皆鳖也！反映了当时人们对贪官的不满。

　　另外，我们的家乡，地处高密东北隅，过去称高密东北乡。那里地广人稀，是高密、胶县、平度三县交界处。旧社会土匪横行，拉驴的、绑票的、游击队、黄皮子都有，乱世英雄起四方，有枪就是草头王。夏秋两季青纱帐无边无际，冬春两季，荒草连片。在这里，上演了多少惊天地、泣鬼神的故事，流传着多少引人入胜的传奇故事！这里是滋生文学的土壤，是莫言"高密东北乡"文学王国诞生的地方，是《红高粱》、《丰乳肥臀》故事的背景。

　　以上是从正面的解读。从反面讲，新中国成立前后，高密大地上，阶级斗争十分尖锐。土改时，我们家乡那一片属于胶高县。据党史县志记载，当时执行了华东局（康生）的极左政策，搞了扩大化，乱斗乱杀，地富扫地出门，还侵犯了中农的利益，时间长达四十多天。事后虽然纠偏，但人头不像韭菜，割掉的长不出了，扫出去的人也回不来了。我们那儿解放军和国民党搞拉锯战，小小高密城就解放了三次，可见斗争之残酷。所以还乡团这一特别产物只在山东、苏北一带出现。解放军撤走了，还乡团回来后就反攻倒算，杀害了跟着共产党走的农会干部和贫下中农，共产党队伍回来后就镇压了还乡团。由于战争，我们那儿的一切古旧建筑毁灭殆尽，高密仅存的一座宝塔也在上世纪70年代初的"文革"中被拆除，与南方对比差别很大。土改中，我家是中农，也被分了粮食，成了"被斗户"，虽然后来纠偏了，但在村里人眼中我们还是成分高。贫下中农掌了权，中农只是团结对象，说话没底气，处处低人一等，呼吸不畅。环境对人的影响是潜移默化的，对人性格的形成影响是巨大的，莫言感到孤独，这种感觉我也有过。

莫言在高密大地上生活了20年，20年中，他念了5年书，干了十几年农活，当兵前还在高密第五棉油加工厂当了2年临时工。在这20年里，莫言是在饥饿、孤独中度过的。有人说，饥饿和孤独的童年是作家的一笔财富。我不太同意这种说法。我认为，幸福的童年也是一笔财富，吃好穿好，起码可以使身体、大脑发育得更加好啊！应该说，坎坷的经历，吃过苦头，受过挫折是一笔财富，但幸福的童年也是一笔财富。此有先例。曹雪芹的童年是幸福的，他生于诗礼簪缨之族，长于鼎鸣钟食之家，穿的是绫罗绸缎，吃的是山珍海味，衣来伸手，饭来张口，出门有健仆小厮跟随，回家有丫环美女侍候，够幸福的。他家后来败落了，最后穷困潦倒了，他才写出了《红楼梦》。我想如果没有他童年时的幸福生活和他后来的悲惨经历，他是写不出这部名著的。鲁迅也是这样，家道败落了，吃了苦头，才参透了人生，要以文救国。如果家道不败，很可能就是一个公子哥儿到老。

莫言的童年，为什么会是饥饿和孤独的？现在的青年同学是很难理解的。对此，我在前边已经提到了一些，不想展开来讲了。

大家都读过莫言的小说《枯河》和《透明的红萝卜》，其中的黑孩子为偷队里的萝卜挨打是莫言的经历。那是莫言失学之后，与队里的大人一起到滞洪闸工地干活，那滞洪闸就在我们村西胶河北堤之上，大家如果去高密东

莫言旧居北的滞洪闸

北乡，此闸是必经之地。莫言因为饥饿，去生产队的萝卜地里拔了一个小萝卜，被人发现揪到毛主席像前（那时社员干活都带一块有毛主席像的牌子，插在地头）请罪。莫言说："毛主席，我有罪，我不该偷队里的萝卜……"放工了，同在工地劳动的二哥感到莫言给家里丢了脸，一路上不断用脚踢他，数落他。回到家一说，气得母亲也从草垛上抽了一根棉柴抽他。父亲回到家，更是火冒三丈，用鞋底打，用绳子抽，直抽得小莫言躺在地上，一声不吭。六婶见事不好，就跑去把我爷爷请了来，爷爷一见，说："不就是一个狗屁萝卜吗？值得这样！要他死还不容易？还用费这么多事？"父亲一听这话，知道爷爷生了他的气，这才罢手。

当时，我们家是一个大家庭，父亲和叔叔不分家，一共七个孩子，再加上爷爷奶奶，全家十三口人一起生活，物质是那么匮乏，有时面朝黄土背朝天干了一年，年终结算，还倒欠队里的钱。日子过得很艰难，很窘迫。母亲为了顾大局，自己舍不得吃，舍不得穿，要让给别人，任劳任怨，忍辱负重，孩子们享受不到父母的爱，要细心去体会。莫言辍学后，小伙伴们都去上学，自己却去割草放牛，父母又没有好脸色，父亲又特别严厉，他能不孤独吗？他只好眼望天上的白云，对牛羊说话。随着年龄的增长，青年期的到来，这种孤独感越来越强烈。正因为生活苦，无人关注，无人理睬，才特别地想改变环境，跳出农门。这一强烈愿望几乎是与生俱来的。记得莫言出生那天，我正上小学五年级，中午放学回家，帮忙的大奶奶对我说，你娘又生了一个给你拉小车的！"拉小车的"是指男孩，但也说明我们俩一个拉一个推，都当农民。听了这话，我是很生气的，感到晦气，心里想：你怎么知道我们要当农民？我才不干呢，所以至今记得。说明我们要跳出农门愿望之强烈，从小就有。

农村、农民、农业生产，现在叫"三农"，这些年来，中央已经十分关注。连续多年，每年的一号文件都是谈"三农"的。为什么？因为长期以来，我们的政策是对不起农民的。我们共产党是靠农村包围城市，靠农民子弟当兵，靠农民支前夺得天下的。新中国成立后，又是靠农民种地，满足人们的吃穿的。当时，一斤小麦才一毛钱，买块手表要一百二十元。巨大的剪刀差，使农民活得够苦。尤其是统购统销之后，农民不但要交公粮（农业税），还要卖余粮，留的口粮只够"糠菜半年粮"地维持生命，根本谈不上温饱，农民根本没有生产积极性。1958 年公社化后，干活大呼隆。出工前，队长敲了半天钟，人到齐了，分了任务，再回家取工具，到了地头，先吸一袋烟，然后才干活，上午还得休息两次，下午也休息两次，一天下来干不了多少活。再加上上世纪六七十年代，我们家乡十年有九年涝，人们对此束手无策，有好多年头颗粒无收，靠国家的一点救济粮。这就是为什么那时地比现在多，人比现在少，却没有粮食吃的原因。一个农村户口，把人牢牢钉在土地上，连赶集都要向生产队长请假，更不要说迁居移民，经商打工。农村青年要想跳出农门，过上城里人的日子，只有考大学和当兵。后来"文革"了，大学多年不招生，招生了也是靠推荐，对莫言来说，那就只剩下当兵这一条路了。莫言能当上兵，也是钻了生产队的空子，他是在棉油加工厂报的名，当时生产队的干部上了胶莱河工地，他才终于如愿以偿。

当兵后，他进了机关，是个技术部门，他只能站站岗，眼看着站满三年岗就得复员，回家还是当农民，要想不回农村，只有提干才行。1978 年后部队已不从战士中直接提干了，怎么办呢？ 1979 年，对越自卫反击战打响了，莫言写了血书要上前线，他想：在战斗中牺牲了，给家里挣个烈士家属待遇，让父母好挺胸抬头做人；没牺牲，肯定能够立功提干。但领导没批准他上前线。

过了不久，领导让他考大学（军内院校，在郑州），他苦苦准备了半年，全家总动员，全力帮助他。谁知在考前不久的一天，领导对他说，不要去考了，名额没有了。这事对莫言也是一个打击。怎么办呢？ 他爱好写作，只剩下写小说、当作家这一条路了。

"当作家一天能吃三顿饺子"的故事，确有其事。我们有一邻居，新中国成立前是村里最大的地主。土改时被扫地出门，逃亡青岛。这家有一子，他从青岛考入山东师院中文系，1957 年被打成右派，"文革"中被开除公职，发配至老家当农民，管制改造。农闲时，他对莫言说，济南有一个作家，一本小说得了七八千元稿费，一天吃三顿饺子。在北方人的理念里"舒服不如倒着，好吃不如饺子"，饺子是最好吃的东西。十一二岁的莫言自然信以为真，立志当一名作家，过上一天吃三顿饺子的日子。这目的并不高尚，但与他后来的创作理念"作为老百姓写作"也是一脉相承的。莫言虽说成了世界名人，当了作协副主席，但他仍是一个老百姓，用他自己的话说，他只不过"是一个会写小说的农民"。此话不应单单理解为谦虚。

莫言从事文学创作之初，我是反对的。反对的原因并不是小瞧他水平不够，而是觉得这条路充满艰辛与风险。特别是在"文革"中，一篇文章、一句话，只言片语，断章取义，就可以罗织罪名，无限上纲……此时"文革"刚结束，我还是心有余悸。

后来莫言自己坚持走这条路，我也只有同意。我确实为他改过稿子，但仅有几篇。我告诉他要形成自己的风格，不要跟风随大流，要特立独行，板凳坐得十年冷，才能有朝一日上青云。

　　罗嗦至此，我讲的第一个大问题就结束了。由于时间关系，具体到每部小说"背后"的故事，今天就来不及讲了。

（本文系作者于 2012 年 11 月 9 日在山东大学文学院的演讲稿）

莫言家书

哥：

　　寄的材料收到，多谢！

　　现将我所需书目列于下，您手边有的，可借我阅，手边没有的，能否想法替我买？购书所需款项后寄。

　　一、《辞海》或《辞源》的关于政治、经济、哲学、历史、文学的各分册。

　　二、大学的政治经济学教材（您以前在校时学没学？）。

　　三、您认为有参考价值的各类书籍。

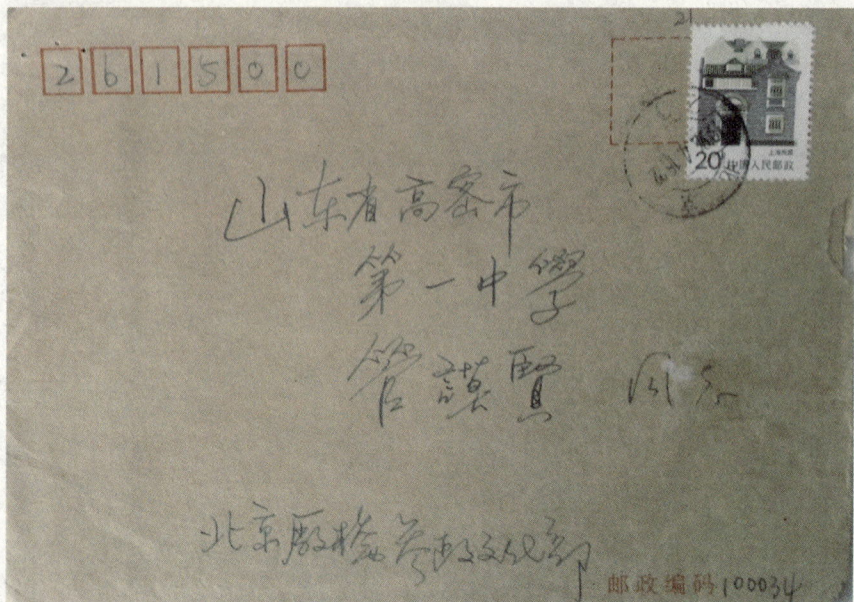

山东省高密市
第一中学
管谟业 凤石

北京厂桥...文化部
邮政编码100034

261500

这是我能否达到目标的最后一次"垂死挣扎",是破釜沉舟的背水一战,成败在此一举,希望您能给予我支持。

　　祝

好!

弟:谟业
80.5.4

所谓的"公元"是怎么一回事?我们训练队的好多大学毕业生们都不知道。

谟业弟:

　　"五·四"来信收到,所要书籍,我去常德新华书店看了一下,《辞海》、《辞源》无货,分册已经不出,只好待日后再说。

　　现寄上苏联列昂节夫《政治经济学》一册,于光远的一册,是我们在大学里的课本。另有《刘禹锡诗文选注》一册,是在评法批儒时我参与编写的,虽然略有"文革"遗色,大内容是不错的,起码没有知识性错误。

你目前工作甚忙，提干压力大，教学任务重，还要写小说。人的精力是有限的，因此要注意身体，如果身体搞垮了，其他东西还有什么意义？

在文学创作上，我提不出什么意见。现在时代正在转变。我在大学里学的都是毛主席延安文艺座谈会上的一套，虽不能说过时，但也陈旧了些。依我看，作品要发表，总要有自己的特色。以前你寄来的几篇，我感到很有点孙犁的味道，你在保定离白洋淀近吗？有机会可以去看看。

不要灰心丧气，一切都会好起来。

前天收到了父亲来信，说家中一切都好。我想，再好，辛苦劳累是免不了的。

我们都挺好，勿念。

祝

进步！

大哥大嫂
80.5.15

关于公元

所谓"公元"即公历纪元，也叫基督纪元。以传说中的耶稣基督的诞生年为公元元年。常以 AD（Aanno Dominl 之缩写，即主的生年之意）表示之，始创于公元六世纪，今为世界上多数国家所采用，故称"公元"。

又，公元前则以 BC（英文 Before Christ 之缩写，即"基督以前"之意）表示之。

信是我自己封好又拆开过的，为了解答"公元"。书又加了两册《哲学名词解释》，捆作一包，收到请来信。

大哥又及。

哥、嫂：

久没去信，还望见谅。

我的提干问题，局党委已通过，因情况特殊，转报部党委审批。近日又闻，部里也不能批，又转报总参。这真是小题大做。按说战士提干，局里即可批，没想竟搞得如此麻烦。总参是审批师级干部晋升事宜的，竟把我也划拉了进去，令人感慨不已！此事成败与否很难预料，谋事在人，成事在天。我是不敢抱过大希望的。老天爷，人生多歧路，坎坷何时平。

前些时患痢疾，折腾了十几天，现已痊愈。每年夏秋之交总要闹几天肚子，成了惯例。

暑假里，我写了一篇小说，已在保定《莲池》发了首篇，这是瞎猫碰了死耗子。这篇东西费力最少，一上午写成，竟成功了，有好多"呕心沥血"之作竟篇篇流产，不知是何道理。

据父亲来信讲，家乡大旱，种麦困难，十分忧虑，然也爱莫能助。芹兰分娩之期日近，我竟也要替人做父亲了，这简直不可想象。往事不堪回首，几十年，一场梦幻。我马上也要卅岁了，再不努力真的就完了。

祝福我吧，你们！

即颂

平安！

弟：谟业
10.7

谟业弟：

你好！

得知提干有望并处女作发表，又兼芹兰分娩在即，你马上要做父亲，三喜临门，让我们万分高兴！

请马上把刊登你作品的《莲池》寄给我，让我们分享你成功的快乐！这真是"皇天不负有心人"啊！万事开头难，希望继续努力！

痢疾要抓紧根治，否则，弄成习惯性的就麻烦了。

我这里一切都好。只是冬天，死冷（无取暖设备），夏天酷热。从来此报到第一天起我就想调走。前些年知识分子"臭老九"，哪里也不欢迎。现在知识分子又要"吃香"了，厂里又不肯放人了。真是世事无常，三十年河东，三十年河西，捉弄死人！

家里来过信了，都好！

我准备明年暑假回家探亲，希望能见到你。

祝

不断进步！

大哥、大嫂

81.10.18

谟业弟：

好久没有给你写信了，主要是有点忙。（两个人带两个小孩，下班比上班忙，星期天比平时更忙。）忙而没有名堂是很可悲的。调到北方的事难度十分大，关键是此处不放人。厂里分管学校的头儿说：你若前些年调走也就罢了，现在粉碎"四人帮"，人才难得，你往哪里走？要走可以，你找两个华东师大毕业的来替换你！这话简直是放屁！气煞我也。

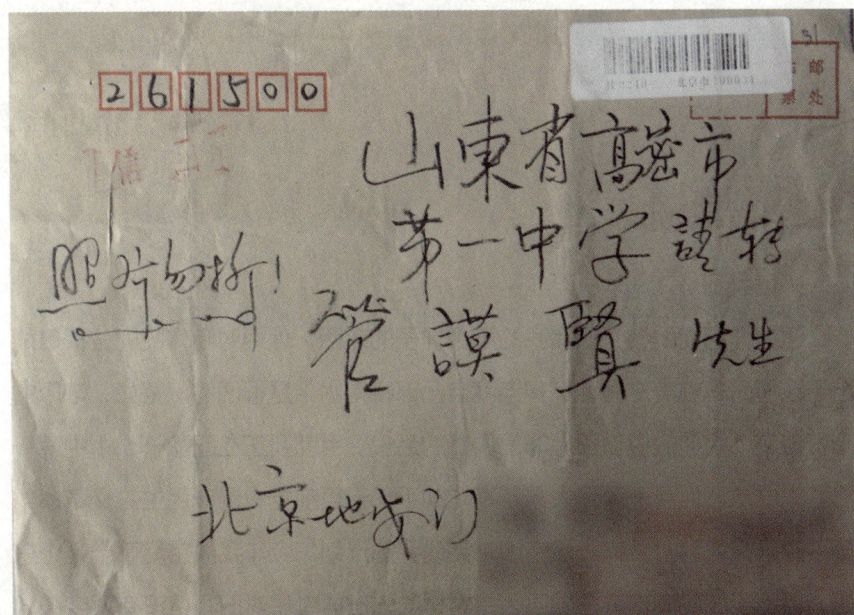

　　我祝贺你不断有作品发表，这是你奋斗的结果。我看你的作品虽然还幼稚，但十分亲切；虽然还没有形成自己的风格，但已经开始探索。尤其是在心理描写和景物描写上已有相当高的水平，但我觉得，你应该在文史方面狠狠地下点工夫补补课，尤其是古典文学方面。从《诗经》、《楚辞》一直到明清小说，要通览一遍；《左传》、《史记》等史书也要读几部。尤其是《史记》，郭沫若称其为"无韵之离骚，史家之绝唱"，读过你就知其中之妙。再说，你毕竟不是科班出身，在这方面是欠缺的。鲁、茅、郭等老一代作家可都是博古通今底蕴深厚的，就连钱学森、华罗庚、杨振宁这些搞自然科学的，国学功底也是十分了得的！所以希望你永远不满足。学习、学习、再学习！进步、进步、再进步！

　　我弄了一套胡绳的《从鸦片战争到五四运动》，你要不要，要的话给你寄来。这是官方认可的。

　　我们都好，勿念。

　　即祝

永远进步！

大哥、大嫂

82.10.24

哥、嫂：

　　来信收到。

　　谢谢你们能耐着心看完我的不像样子的东西。信中对我作品的分析可能出于亲情而多溢美之词，其实连我自己都晓得水平是很凹的。譬如，浓厚的小资情调，明显的模仿都是非常露骨的毛病。目前我正在酝酿一个小中篇，已基本成熟。但苦于课程太累，不能动手。元旦前党史课新民主主义革命部分可望赶完，到时又有一段空闲来完成我的计划。今年我偷空写了十几个东西，但都不能发表，其主要原因是题材的陈旧或者是对旧题材没有新突破，至于语言文字当然也不足，但都是次要的。

　　胡绳的《从鸦片战争到五四运动》我已有一套，不需寄了。襄华、襄明还好吗？需要我帮他们办什么事吗？这儿去北京的人还是经常有的，买东西较方便。

　　虽已是严冬，但并不甚冷（与去年相比），但愿这样下去才好。

　　即祝

安好！

弟：谟业
11.12

我们哥仨的当兵梦

　　上世纪六七十年代，我和二弟谟欣、三弟谟业（莫言）渐次长大成人，当兵成了我们共同的梦想。尤其是我，因为从小爱好文学，听书看戏读小说，满脑子是投笔从戎、报效祖国、驰骋疆场、马革裹尸的故事，把运筹帷幄之内、决胜千里之外的能臣良将作为自己学习的榜样，很想做一名职业军人，永远身穿绿军装，为人民放哨站岗。

　　机会终于来临了。

　　那是1961年7月底8月初。当时我正忍着饥饿坚持在高密二中读高一，听说部队要从学校招兵，就迫不及待地报了名，经过反复体检、政审，7 月底，我从学校领导手里接过了入伍通知书。同时接到通知书的还有邻村大栏的一个比我高一级的同学。

这张入伍通知书父母竟然为我保存了四十多年，至今完好无损。它长 20 厘米，宽 12 厘米，粉红色带小白花的道林纸，内容是预先印好的，字是大红色的，单位名称及姓名等是用毛笔写的，邹体。据我揣摩，很可能还是邹龙友先生的亲笔。但是拿到了入伍通知书的我却没能入伍当兵。

别提当时是多么激动和兴奋了，只记得眼泪淌着，手哆嗦着，话也说不清了。能当一名解放军，是我从小的愿望，电影里小说里的战斗英雄一直是我崇拜的偶像，现在就要穿上军装，手持钢枪，保卫祖国，多么神气！多么光荣！尤其听说是当海军，我的那份高兴更是难以形容了。我想象着自己穿上了水兵服，乘上军舰，航行在波涛汹涌的大海上，去参加解放台湾的战斗，大有壮怀激烈凭栏处的气概。更何况，当了兵就可以吃饱饭。到了部队一定好好干，少说话，多干活，经常写写稿，怎么也得入党提干，再也不回农村了。再说给家里挂上一个"军属光荣"的牌子，就是牺牲了，也能给家里挣一个烈属待遇，让父母在人面前能够抬头挺胸做人，也不枉父母生养我一番。这么想着盼着，只恨时间过得太慢。

终于盼到了 8 月 5 日。一大早吃了饭，去大栏叫上了同伴，他的哥哥当时在羊口盐场当保卫科长，专门请了假回来送他，于是我们三人一起赶往县城。

由于心情激动急切，一路小跑，四十多里路走下来也不觉得累。时近中午，我们找到了县人民武装部。听说我们来报到，当时的人武部部长史得同志亲自出来接待我们。史部长细高个子，戴一副近视眼镜，像一个大学教授，一见到我们，开口就说："你们俩回去吧，今年别去了！"我一听，真如掉到冰窟里一般，眼泪"刷"地流出来了。史部长说："小伙子，别难过了，你们俩是甲等体格，留下来等明年招飞时去验飞行员，当空军！回去好好学习，锻炼身体。部队欢迎有文化的年轻人，只要想当兵，肯定能当上！"我们听了史部长的话，而且知道我们俩的名额已由两个乙等体格的同学顶替，事情已无挽回的余地，只好吃了午饭回家。

回家的路上，我们三人谁都不说话，垂头丧气，没精打采，慢腾腾一步一步往家挪。回到家里已是黄昏时分。全家人见我回来，一惊，问："怎么回来了？"我把情况一说，母亲第一个哭起来。我说："娘，我走的时候你有说有笑，家里连送都不送。我回来了，你怎么反倒哭起来了？"母亲说："傻孩子，你还不懂世事，也不懂娘的心啊！"我心里想：我懂，我什么都懂。实际上，当时的我真的还不懂世事，也不懂娘的心。真的弄懂了，已经是若干年之后的事了。

第二年，我和我的同伴真的都参加了飞行员的体检。在县里初检复检，三番五次，过关斩将，沙里淘金，整个高密县只剩下我们七八个人到潍坊去做进一步体检，住在当时还是市郊田野里的结核病医院，晚上在军分区大院看了一场电影，吃饭不要钱，窝窝头管饱，心里很高兴。但这次体检要求更高，仪器更先进，到了五官科，我们俩就被淘汰了，当天就回了高密，心里十分丧气和绝望。那一年，我的同伴考上了山东农学院，只上了四十几天就退了学，非要考北京大学物理系，否则，宁肯去当兵。于是，我们又一同上了高三。高三毕业前，我们又一起报名应征，身体也都合格。当时政策规定，凡体检合格者，如考上大学则优先上大学，考不上大学就当兵。结果我考上了华东师大，去上海上学，我的同学没考上北大，就去当了兵。

直到大学毕业那年，父亲才告诉我，当年我考上大学，村里竟有人以"贫下中农"的名义写信到县里告我，说我出身中农，还有一个二叔在台湾（其实当时我这个堂叔生死未卜），为什么能上大学？信转回了大队。幸亏支书在这件事上还明白，骂骂咧咧地说："人家上大学是考的，你他娘的有本事，自己考去，真他娘的没事找事！"说着就把信撕了。听了这事，我心里不寒而栗。联想到当年当兵没走成，又想到1962年暑假前我已填了入团志愿书，支部大会已通过，就差团委批准了，但暑假后，开学了，竟然没了下文。通过这件事，我对当时的社会才有了深刻的认识，对母亲的哭才有了真正理解。就这样，拿到入伍通知书的我，竟然没有捞到当兵。

我虽然上了大学，但心里对当兵仍然十分向往，对部队、对解放军十分崇敬、热爱。记得在大学三年级的时候，我曾有幸与同学们一起以华东局"四清"工作队队员的身份赴安徽省定远县参加了两期"四清"工作。尤其令人难忘的是第二期在三和公社的时候，我被调到公社队党委对敌斗争组担任秘书工作，那些与解放军朝夕相处的日子。组里的田廷连、王汉卿都是陆军179师即"光荣的临汾旅"的排级干部，年轻热情，活泼幽默，工作认真，很对我的脾气，不几天我们就成了无话不说的好朋友。当时定远总团党委书记是时任滁县地委书记军分区第一政委的山东老乡李彬（直到1987年我调回高密，才知道他是高密康庄人），虽然只听过他一次报告，但其雄辩的口才亦足以令人折服。平日，经常见到的是三和公社工作队党委书记、时任滁县军分区副司令的丁亚同志（原陆军81师副长），党委副书记、陆军179师副政委王积德，党委委员中有该师参谋长、全国战斗模范、著名侦察英雄李来龙，该师炮团政委王耀炳等同志。其中丁亚同志是老红军，参加过潍县战役、济南战役、淮海战役、渡江战役及抗美援朝，战功累累，身上的伤疤有十几处。据说在打潍县时，担任连长的他身先士卒第一批攻上城墙，为了追击敌人扩大战果，抱着一挺轻机枪从数丈高的城墙跳下来。抗美援朝时，已是团长的他，还荣立过三等功。他对部下生活上十分关心，工作上要求严格，尤其反对形式主义。他自己做报告，曾不要秘书写稿子，只在香烟盒上写几个字，一讲就是大半天，幽默风趣，逻辑严密。因此，也反对开会发言读讲稿。当时盛行学毛著讲用会，不管是谁，上去念讲稿，他就说："假的，把讲稿丢了讲！"弄得好多人当场下不了台。王积德是标准的山东大汉，个头足有一米九〇标准的军人，剑眉虎额，庄重严肃，立如松，坐如钟，走路一阵风，小伙子都追不上，冬天再冷不烤火，夏天再热不打扇。李来龙在解放临汾时，化装成国民党军官，进城侦察，机智勇敢，屡立奇功，参加过1950年全国战斗英模大会。如此传奇人物却淳朴如老农，机警诙谐，平易近人。王耀柄，山东老乡，性格直爽，一言九鼎，可亲可敬。他们都是我崇敬的对象。不管是开会研究各大队上报的对敌斗争的材料还是他们给我们做指示的时候，我都十分谦敬虚心地聆听他们的发言，虚心向他们学习。他们的一言一行，都使我获益匪浅。所以，当"文化大革命"爆发，工作队中我系个别师生在别人暗中指使下，把斗争矛头指向解放军，无限上纲攻击丁亚同志时，我冒着回校挨整的危险，毅然决然地站在了解放军一边。因此，我与解放军建立了深厚的友谊。回校后，我与他们保持通信联系多年，王积德副政委还专门给我寄过一本毛主席著作选读精装本。到了 1967 年 1 月，上海因造反派夺权，局势大乱。学校内两派内战，混乱无序，眼看毕业无期，深感前途黯淡。于是想当兵的念头更加强烈了。为此，我特地坐火车到了安徽滁县当时 179 师的师部大院找王政委。但当时中央军委还未下达"支左"命令，对地方事宜一概不能介入，王政委不能接见我（事后曾亲自写信向我致歉意）。我便到军分区去找丁亚副司令，表达自己悲观的心情，提出想退学当兵的要求。丁副司令留我吃饭。他的夫人于华是我们山东老乡，亲自下厨做了一条大鲤鱼招待我。丁副司令说，在校大学生当兵，上边没有政策，你先回校，等到毕业时再说。如果因在三和时和解放军站在一起的事影响了分配，我们不会不管的！王政委在后来给我的信中也表达了同样的意思。告别了丁副司令，连夜到了南京，想去找在三和认识的南京军区政治部的何居岩同志。到了军区接待处，除了站岗的，一个解放军也见不到。只见满屋子红卫兵，闹闹嚷嚷，墙上大大小小密密麻麻地写满了"我要当兵"。我一时热血沸腾，拔出笔来，在一张宣传画上写下了几个大字："许司令，我也要当兵！"旁边又加了一行小字："华东师大中文系一个红卫兵"。然后出挹江门，来到长江边上，用江水洗了一把脸，对着江面大喊："投笔从戎，保卫祖国！毛主席万岁！"发泄完毕，坐上火车，黯然回沪。争取当兵的最后一搏到此结束，我当兵的梦想至此彻底破灭。

谁想大学毕业后，我却有过在部队生活了一年的经历。当时我被分配到一机部所属的一个内迁厂，先要到部队锻炼一年，于是我到了沈阳军区旅大警备区守备三师师直学生连，从辽宁庄河转战黑龙江勃利县七台河特区宝山农场，再到乌兰浩特（当时划归吉林省）。虽然和解放军朝夕相处，自己也

1971年2月作者在乌兰浩特

当了班长（排长以上的均为解放军），但当时知识分子已沦为"臭老九"，成了"再教育"的对象。尽管我锄地一个能顶一个排，杀猪打铁这些许多战士干不了的活，自己都抢着干，为此也受过表彰，得过嘉奖，但心情始终是郁闷的，情绪是低沉的，情感上是对立的，只是敢怒而不敢言罢了。当兵的自豪感是一点也没有的，有的只是屈辱和消极。想起我的那些当了兵的同伴和同学，他们早已提干，拿着比我高的工资，而且成了全国人民学习的榜样，而有的同学还正当着"军宣队"改造着像我一样的"臭老九"时，真是后悔考上了大学而没去当兵。

为了表达当时的心情，我曾偷偷地写过这样一首诗：

北大荒里气萧森，歌声唱处是青衿。

斫木烧草开荒地，种豆割麦炼红心。

一日三餐吃冷饭，四时八节住野村。

来此接受"再教育"，"老九"不是解放军。

在部队窝窝囊囊地干了一年多，然后回到远在湖南的工厂。直至粉碎了"四人帮"，才算甩掉了"臭老九"的帽子，入了党，提了干，算是工人阶级的一员了，但从心底里还是对解放军十分羡慕和崇敬。有时候回首往事，总觉得没捞到当兵是今生最大的憾事。如果人生真有来世，让我重活一回，我最大的心愿还是当兵。

就在我大学毕业后的那几年，我的二弟谟欣也高中毕业了。当时正是"文革"时期，大学不招生，农村青年要想离开农村就只有当兵一条路。因此他与其他的农村青年一样，也是做梦都想当兵。从18岁那年开始，年年报名年年体检合格，但年年都走不成。有两年来带兵的解放军都看中了他，上门做过家访，也还是没有用。有多少干部子弟亲戚、贫下中农的后代在等着，哪里轮到我们中农子弟啊！中农仅仅是团结对象，在那极左的年代，连三岁的小孩都心知肚明，对你冷眼相对。所以老二也没有当上兵。虽然高中毕了业，学习也不错，别说当兵，连当一名民办教师或赤脚医生都没有他的分。

转眼间，三弟谟业（莫言）也长大了，虽然他连小学没捞到上完就辍了学，但由于天资聪颖，刻苦好学，文化水平早已比当时农村联中的中学生还高了。当时的农村连温饱都没有解决，大学又不招生，所以当兵就更加成了农村青年梦寐以求的事。莫言也是从18岁开始年年报名，年年体检合格，年年都参不成军，入不了伍。转眼到了1976年，莫言已经21岁，如果这一年再走不成，第二年就超龄了。

当时，莫言正在县第五棉花加工厂（河崖）当临时工，工作认真负责，开会积极发言，工余时间写表扬稿、办黑板报，还为职工上课，帮大家学文化，干活又卖力，因此受到领导表扬。年初征兵工作开始，上级说符合条件的临时工可以在厂里报名，莫言马上第一个报了名。事先，他和有关领导的孩子交了朋友，报名后，他托这朋友给有关领导捎去了自己迫切当兵表决心的信。厂里领导也帮了忙，部队上来带兵的领导也喜欢他。此时，因为全公社的劳

1999年10月10日莫言重寻当兵时故地黄县唐家泊。离开此地已23年，昔日营房已成民舍，但当年莫言写在墙上的数学公式犹在。旧地重游，感慨万千。

动力都去了离家百多里地的胶莱河工地，大队支书、大队长、民兵连长全上了工地，没有人出面刁难阻拦。当莫言得知自己已经被批准入伍时，十分高兴，兴奋得恨不能找个地方大哭一场！过了春节，有一天，我们大队的民兵连长从水利工地上回来了，骑着自行车路过棉花加工厂，气呼呼地大喊莫言的名字，见到莫言，把一张应征入伍通知书"唰"地扔在莫言面前，一句话没有说，骑上车子就走了，那意思不言自明。在宣布入伍名单时，有的贫下中农竟然公开骂：为什么不让贫下中农子弟当兵却让中农子弟去当兵？但莫言终于还是拿到了入伍通知书。鉴于我的前车之鉴，全家人提心吊胆、战战兢兢，盼望着莫言早一天走，免得夜长梦多。

到了走的那天，别的大队敲锣打鼓送新兵。我们大队没人送，好歹地让一个小学教师给做了一朵红纸花戴着。到高密集合后，莫言来到了位于黄县的总参某部当兵。这期间，虽然我们大队的贫下中农写信给部队说莫言出身中农，有个叔叔在台湾，但部队没有理睬。这些自然都是后话。

莫言当兵的消息是莫言自己写信告诉我的，这也是我第一次看到莫言写的东西，当时就让我吃惊不小。因为那封信写得太好了，不光是文理通顺，而且文采飞扬。信中把自己当兵的经过，当兵的心情，部队的环境，自己的决心写得生动感人。当时，我正在教一个高中班，学生因受"文革"的影响，作文一律是"碰到困难，学习语录，问题解决"的"三段论"模式，毫无真情实感。为了教学生作文，我在班上把莫言的信读了，然后告诉学生，写信的是一个小学没毕业的人。可见作文不难，关键是要用功。学生一片声地起哄说老师骗人，这封信大学生也写不出来。我说，老师不骗人，写信的人是我弟弟，他只读了五年书。这件事，对学生教育很大。所以事情已过去了三十多年，我至今记忆犹新。

总之，莫言当了兵，圆了我们哥仨的当兵梦。从此，莫言在部队锻炼成长，在领导的关怀和战友的帮助下，莫言入了党，提了干，成了国内外知名的作家。我想，如果当初莫言当不了兵，或者部队领导听信了某些人的"揭发"把莫言从部队上退回来，莫言绝成不了作家！所以，解放军是一所大学校的说法是绝对正确的！

我永远热爱中国人民解放军！

莫言诗序

　　莫言在小说创作之余，练书法，开微博，题字留言，唱和应答，多有诗作。其诗赞家乡，叙友情；议时政，论创作；忆往昔，瞻未来；谈人生，参佛法；内容丰富，内涵深刻；语言生动，形式活泼；冲淡深邃，出于自然；信手拈来，不拘一格。莫言自谦，统称之为"打油诗"。

　　莫言写诗，完全是业余爱好。写旧诗，更是自学成才，无师自通。自称其诗为"打油诗"，我想不外乎三点：其一，莫言于诗词格律，无暇精研，其诗作有些与律未合，故不能称"律"称"绝"；偶有词作，亦于词牌前加一"仿"字。其二，旧诗词格律严谨，须讲平仄，又要对仗，一不小心，什么"失粘"、"犯孤平"等错误就会出现，尤其要让现代词语入诗，是很难的，因此，容易束缚人的思想。莫言或许是有意要冲破这些束缚，率性而为，以表意为要，无暇顾及其他。其三，从诗的内容看，不少篇什是即兴创作，朋友之间搞笑逗乐，故幽默诙谐，滑稽通俗者甚多，是所谓嬉笑怒骂皆成文章也。

众所周知，所谓打油诗，本是一种俳谐体诗。传说是唐人张打油（亦有说是元人者）所创，他最著名的一首诗就是那首尽人皆知的写雪景的："江上一笼统，井上黑窟窿。黑狗身上白，白狗身上肿。"（见明代杨慎《升庵外集》）其诗多用俚俗语，且故作诙谐，有时暗含讥讽，后人便把这种通俗滑稽的诗称为"打油诗"。莫言的诗，从内容到形式，与其暗合，称为"打油诗"，亦甚得之。

当然，莫言之诗，并非一味打油，全是下里巴人，其中并不乏庄重典雅的阳春白雪。既有"大江东去"的豪放，也有"杨柳岸晓风残月"的婉约；既有直追元白的长篇歌吟（如《乌鳢吟》、《林海山庄听贾嬷抚琴》），也有像煞古人的隽永小诗（《衡阳莲湖赏月》、《武夷山诗抄》等）。既有俚俗调皮具稼轩韵味的长短句，也有对仗工整、颇肖义山意境的《无题》。这正如其小说，并非一味的情感的宣泄，语言的狂欢，其主旨还是重在写人，写人性，写历史。隐喻反讽只是技巧，结构创新亦非炫技，写大事件、大主题才是主流。读莫言的诗，虽不须去发掘什么微言大义，但也不要被"打油"二字瞒过。

莫言写诗，是其整个文学创作活动的一部分，是其小说创作的补充，是以诗人之眼观人观物。故其诗作与其小说有异曲同工之妙，是其文学功力和才艺的展现。我们可以说，莫言是文坛的多面手，是全才。因之，我们应该把读莫言的诗作为全面了解莫言的一个窗口，这些诗，应该是全面研究莫言的第一手资料。

余固不敢以言诗自任，然亦自知诗之难言。莫言的"打油诗"，从搜索整理到编辑注释，余皆亲与其事，故得先睹为快。其中真味，余亦略知。故不揣浅陋，勉为之序。

文章千古事　苦乐我自知

从读初中开始偏文科，至高中时尤甚。上大学自然就学了文，这就注定了一生要与文章打交道。然而文章之于我，有苦有乐。其中况味，非今之青年朋友所能理解者。今作此文，略述本人弄文之甘苦，作今昔之对比，庶可使今之文学朋友有所启发。

先说弄文之苦，说两件事。一件是私改毛诗，差点惹下塌天大祸。

那是 1960 年春天，我在高密二中读初三下学期，刚刚 17 岁。当时正值全国大饥荒的年代，虽然人人饿得浮肿，衣服上长满了虱子，体育课都上不动了，只好利用体育课时间去厕所捉虱子，但晚自习还是照上不误。学校规定第一节学数学，第二节学理化，任课教师各班巡视辅导。那时的二中还没有电灯，每到晚自习，前后两排四张课桌拼在一起，中间放两块砖头，砖头上面放一盏用墨水瓶自制的小煤油灯，几个同学围坐在一起，看书学习。整个教室黑烟腾腾，人走在教室里，上半身根本看不清，只能看到桌面之下的两条腿在移动。两节自习上下来，每个人的鼻孔都是黑的。刚开学不久的一天晚上，第一节晚自习，因为作业已经完成，数学书实在看不下去，肚子又饿，就拿了一本小说心不在焉地翻看。不知怎么地，忽然想起了同班同学张湘源，他是张家官庄人氏，多才多艺，吹拉弹唱皆能之，学习也不错，但因他母亲有历史问题，其时尚在东北某地劳改，家中只有老父亲，父子二人相依为命，艰苦度日。张同学是走读生，每天中午带饭来吃，他用一个小瓦罐装一罐野菜或地瓜叶加一点玉米面或地瓜面做的菜团子，让食堂给蒸一下吃。如此条件仍坚持求学，我很为之感动。老想写点东西歌颂他一下。于是鬼使神差，就想到了毛泽东的《长征》诗，略一思索，将毛诗改为：

> 湘源不怕求学难，腹饥路远只等闲。
>
> 春雨何时翻作浪，果腹每日有菜丸。
>
> 厕所扪虱身上暖，陋室思母心中寒。
>
> 更喜冬梅绽如雪，乌云过后尽开颜。

打好腹稿，即抄在一个小本上，准备第二天给张湘源看看，鼓励他一番。刚刚抄好，就觉得教室里忽然特别安静了。抬头一看，只见烟雾中一条黑影矗在面前，有两条大人的腿清晰地贴在我的课桌边上。直觉告诉我，这是班主任数学老师来了。还没等我反应过来，老师已经一把把我的小本子抓去了，凑在灯下一看，十分严肃而又凶狠地叫着我的名字说："跟我到办公室里来！"我立即跟着老师到了办公室，刚想检查自己晚自习不看数学的错误，老师却说："不用你现在检查，你知道你犯的是什么性质的错误吗？让我提醒你：一、毛主席的诗，是能随便改的吗？第二，张湘源是什么人？他的家庭情况你了解吗？你在歌颂什么人？你这是政治问题！立场问题！你回去考虑一下吧。这件事我是要向学校党支部汇报的！"这几句话，真如晴天霹雳，惊得我浑身发抖，说不出一句话，眼泪"哗"地就流下来了。稀里糊涂出了数学组办公室，直接回了宿舍，爬上双层床，放声痛哭起来。一直到第二节自习下课，同学们陆续回了宿舍，我才停止了哭泣。

那年头，大家都穷，被褥少，气候又冷，因此到了冬天，同学们便协商合铺通腿而眠。时值初春，春寒料峭，与我合铺的是蛮子官庄一个姓郭的同学。睡下后，他一会儿就进入了梦乡，而我却怎么也睡不着，禁不住翻来覆去胡思乱想：我想班主任如果将此事向学校党支部汇报，我就可能像1957年反右、1959年反右倾那样被打成反动学生，挨批斗，然后押送回乡劳动改造，什么升高中考大学全会变成泡影，今后的日子就没法过了。不如第二天就跑到东北去，一来可以吃饱肚子，二来可以逃过这场灾难。想到这些，泪水又流下来了，枕头都被打湿了。夜半时分，合铺的同学发现我仍未入睡，问我原因，我只好把班主任的话和自己的打算告诉了他。他帮我分析道：班主任很有可能是吓唬你，因为你偏科，老是在数学课上看小说。他对你有意见。你想啊，班上出了个反动学生，老师自己也不光彩啊，老师才不傻呢！何况单凭这点事，怎么也打不成反动学生啊！听他说得有理，心中略有宽慰，但总是忧心忡忡，一宿没合眼，直到天明。第二天，早上到食堂打饭，看到深入伙房抓生活的学校领导，书记校长的脸依旧平静而慈祥；数学课上，班主任依然侃侃而谈，没有异样；下课后，班上同学照旧和我说说笑笑，没用异样眼光看我。见到张湘源，把昨晚的事告诉了他，他也说：不会出现你所说的情况吧？真要那样，我和你一起去闯关东。一天过去了，平安无事；两天三天过去了，无事平安。事情就这样不了了之。但我再也不敢在数学课上看小说，再也不敢在晚自习时间干别的了，再也不敢舞文弄墨乱写东西了！直到初中毕业，考上高中，班主任再也没找过我的麻烦。但这件事对我的刺激太深刻了，时至今日，事情已过去了近半个世纪，当时的情景仍然历历在目，仍然心有余悸，弄文有风险的阴影几乎伴我一生。所以，当年莫言决定搞文学创作时，鉴于当时的政治气候及极左年代里一句话一本书就可以把人打倒搞臭的现实，鉴于我的这一段经历，我是不赞同他的。支持他，鼓励他，那只是后来的事。现在想来，如果莫言当初听了我的话，就成不了今天的莫言；如果我没有经历过这件事，大胆地搞写作，今生也许走的就是另一条路。

顺便说一下，这位班主任老师后来调高密一中工作，等 1987 年我调回故乡时，他已身染重病。后来老师调回了原籍，不久后去世。在此，我要说：老师，你虽然折腾得我一宿没睡，但是现在我并不恨你。

第二件事是半夜出发采访，差一点丢了一条命。

大学毕业，驻校工宣队把我分配到一机部位于湖南常德的一个三线工厂，先要到部队锻炼一年，我于是来到了旅大警备区守备三师师直学生连。全连二百多人，大都是来自全国各重点大学的理工科毕业生，学中文的就我一个。当时集会较多，不管是师里开大会还是在连里开小会，连长都让我写稿上台发言。连长表扬我，说我写稿子快，念稿子响亮、带劲。因为珍宝岛事件刚发生过，中苏、中蒙关系紧张。为加强战备，我们连随师部由辽宁庄河青堆子移防至内蒙古乌兰浩特（当时划归吉林省），连部设在乌市中学里，连里的战友三两个人组成一组，以"军宣队"的名义下到城里各单位去搞"斗批改"，连长却通知我一个人到师政治部宣传科报到。我去报到的当天下午，宣传科首长即要我当晚出发去索伦公社胜利四队采访，说那里的"斗批改"搞得好，让我写一篇调查报告。要总结出经验，以供在农村"支左"的干部战士参考。我连背包都没解开，开好介绍信，连夜就出发了。火车是从白城子开往中蒙边境的阿尔山的，一天就一班。半夜两点从乌兰浩特上了车，车上空荡荡的，只有师里的两个小战士在啃冻梨。他们见我上了车，十分热情地塞给我一只。我咬了一口，太凉，牙疼，不敢再吃。两个战士见我不吃，说："吃啊！吃着不打瞌睡！"我说："不会。"三个互相交谈了一会，我把我要去的地方告诉了他们。因为白天跑了一整天，特别累，瞌睡还真上来了。我对两个战士说："伙计，要是我睡着了，到索伦叫我啊！"两个战士满口答应说："放心吧！"感觉才一会儿工夫，睡梦中被两个战士摇醒了，其中一个问我："你带边境证没有？"我迷迷糊糊地摇了摇头，他俩就说："对不起，索伦站已经过了，前边是金银沟，停车一分钟，你快下吧！"刚说完，火车就停下了。在我的印象中，不管是北京、上海，还是高密、蔡站，凡称得上火车站的，总有一个长长的月台，有一座票房。所以我背上背包就从火车上跳下去了，只觉得一脚踏空，随即昏了过去。

　　不知过了多久，零下三十多度的严寒和灌进脖子里的雪把我冻醒了。睁眼抬头一看，我才发现，这里根本没有什么月台和票房，只是一个岔路口而已。我是摔落到铁路旁边将近两米深的沟里了，沟里是齐腰深的雪。我站起来向上爬，因为脚着军用大头毛皮鞋，头戴大皮帽，身穿军大衣，又背着笨重的背包和挎包，人已冻得半僵，所以爬了半天也爬不上去，最后还是拽着沟边的荒草和树枝才爬了上去。定睛一看，不远处有一间小屋，就一头钻了进去。这大概就是站房吧！没有门窗，没有桌椅，更没有灯光。我独自一人，半夜三更，面对着室外黑黢黢的群山和凛冽的寒风，耳边传来令人毛骨悚然的狼嗥。我心想：完了！今夜非死在这里不可了！不是被冻死，就是被狼吃掉！我多冤啊！死在这里有谁知道？最多算个因公牺牲，连个烈士也算不上吧？我感到无助、绝望和孤独，真想放声大哭一场！但冷静下来一想，总不能在此等死，此刻哭是没有用的。这里既然是个小站，总会有住户或铁路工人吧？想到此处，便出了小屋，沿着一条山间小路走去。走了大概有里把路，忽然看到山脚下似乎有灯光！我大喜过望，小跑起来，心想：这下死不了啦！一口气跑到山脚下，果然看见两间小房子，里面有火光，门没关。轻轻推门进去，看到外间一个大炉子，炉火熊熊，里边一间是铺炕，炕上睡着一个人，正打着呼噜。我放下背包，坐在炉子边上，幸福的泪水禁不住往下流。真有死而复生的感觉啊！大概是在外边受了凉吧，我咳嗽了一声，里间炕上的人"呼"地一下坐起来，摸起一把大扳手，问："谁？"我赶紧站起来，拿出介绍信，向他说明了自己的身份和遭遇。他松了一口气，放下扳手，说："我还以为是苏修特务呢！原来是部队上的！上炕吧。"我爬上他的炕，交谈了几句，认了山东老乡。老乡更热情了，披衣下炕，从一只竹壳热水瓶里倒了一杯水给我。我喝了几口，倒下身子就睡着了。第二天上午，我告别了老乡，沿着铁路往回走了两个多小时，到了索伦，去公社找到了科里的黄干事，转了介绍信，步行近二十里，独自去了胜利四队。到那里一看，完全不是那么一回事。社员们还沉浸在挖"内人党"的阴影里，连饭都吃不饱，哪里搞过什么斗批改？我在那里召集了几次社员大会，走访了几户贫下中农（牧），胡编乱造地写了一篇三千字左右的调查报告，五天之后，回到师里交了差。此后再没有写作任务。过了不久，师直学生连宣布解散，我们各自回到了预先分配的单位。临走前，我把这事告诉了连长。连长说：谁叫你会写文章呢！不过算你运气好，捡了一条命。这一番经历过去整整四十年了，什么时候想起来，什么时候后怕。想想连长的话也没错：谁让我是学文的，偏偏又会写点东西呢？

二

再说弄文之乐。也说两件事。一件是当了大学校报主编，"骗"到一个老婆。

因为酷爱文学，喜欢写写弄弄，虽然有了一次因文罹祸的经历，总还是难免有技痒难耐的时候。记得是高一下学期，有一次学校去胶河农场北分场开荒，搞生产自救。当晚回家，就着母亲纳鞋底的小煤油灯，趴在一个小板凳上写了一篇不足千字的稿子，名曰"开荒记"，寄给《大众日报》。不久，竟在该报"学校生活"专栏上登出，挣了几元钱稿费，一连高兴了好几天。1963 年，考上华东师大中文系。报到的第二天，校报的编辑向新生约稿，当天我就交了一篇。几天后，我的稿子被抄成大字，贴在学校办公楼前的橱窗里，令同学们刮目相看了一番。平常上写作课，老师出了题目，一般来说我都是当堂交卷。所以到了 1967 年，学校革委会成立，校报改名为《新师大战报》，宣传部要中文系出一名笔头快、写作能力强的人任主编，系里便推荐了我。正好，系里班里两派斗争激烈，我乐得出去躲清闲，便愉快地赴任了，直到毕业。其间不但工作得心应手，而且成了师大红卫兵的代言人，每逢碰到毛主席的最新指示发表或重大事件，如打下美国U-2飞机之类，《文汇报》的记者张自强或中央人民广播电台对台广播部的一个军队记者，就来约稿，有时是当场要拿走，有时甚至就在电话里跟他们说，这种任务都是我来完成。那时已没有稿费，但是得了一些《毛主席语录》和毛主席像章，自己很以为荣。更重要的是在这段时间里，我认识了一位同在校革委会宣传部工作的化学系女生，她就是我现在的老伴。我们二人由相识到结婚，都与我弄文有关。四十年来，我们一起走南闯北，同甘共苦，教书育人，教子成才，如今已年过花甲，安度晚年。时下政治清明，文化繁荣，我有时高兴，也动笔写点东西自娱。衣食不愁，老有所为，其乐也融融矣。

第二件事是发表了一篇文章，调回了故乡。

1970年3月，部队锻炼结束，我到远在湖南常德的工厂报到。常德，湘西重镇，鱼米之乡。汉时称武陵，唐时称朗州，历来还是朝廷流放犯人的地方。大诗人刘禹锡就曾因参与"永贞革新"被流放至此，一住十年。我到常德时，时值春末，因为 是夜间从长沙坐卡车进来，所以当天就迷了向！厂门明明是朝东，我却以为是朝北。看着太阳每天从"北"边升起，到"南"边落下，心里甭提有多别扭！一年之后，经历了夏天和冬天，愈加觉得常德不是我待的地方。这里夏季酷热，冬天死冷。热起来气温高达四十度。尤其是夜间，一丝风没有，天地间像个大蒸笼，人们浑身粘汗，如同刷了一层浆糊，无法入睡。冷起来潮湿阴森，又无取暖设施，手脚长满冻疮。早晨起床，被头上结满了白霜！加上离家乡太远，交通不便，所以我就动了调离的念头。随着年龄的增长，这念头越来越强烈。但在那种"我是党的一块砖，任党挪来任党搬"的年代，调动工作谈何容易！1979年，我打了第一份请调报告。按当时的规定，要调走，必须本单位同意，先发商调函至接受单位才行。记得第一次交请调报告时，分管学校工作的党委副书记说："老管啊，你若前几年调走倒也罢了。现在粉碎了'四人帮'，知识分子又吃香了，放你走是不可能的了。要走可以，你去找两个华东师大毕业的来换你。"我一听心里那个气呀！心想：我又不是教育部长，上哪儿去弄两个华东师大毕业生呢！这不明明是刁难吗？心里虽然不高兴，但工作还得照干。这之后，我入了党，提了干，先是教导主任、副校长，而后是校长，但我仍然年年上交一份请调报告，以至于在入党审批会上以及每年的年终总结里，我都要就此事做自我批评。好歹熬到了1984年，厂里原来的老领导都退了休，上来一批大学生当领导，平时都比较了解，关系较好，我有空就到他们办公室去谈调动的事，他们表示理解，但也没有马上答应我。转眼就是1986年，政治氛围更加宽松，我们的学校也在升学率等方面上升到常德地区前列。我觉得腰杆硬了一些，就写了一篇文章，发表在厂报上，题目是：曹操、人才及其他。文章不长，转录如下：

前些时候，《光明日报》就常德纺织机械厂总工程师兼副厂长谢中秋擅自离职出走并被湖北省某县聘用的消息，展开了关于人才交流的讨论。

于是，我想了很多——我想到了曹操在搜罗人才方面的气度和教训。

那曹操处于群雄割据的年代。他怀抱雄才大略，用人唯才是举，思贤若渴，手下谋士成群，猛将如云。这是他与群雄逐鹿的资本。所以，当关羽被围困土山之时，他采纳张辽的建议，决定收买软化关羽。他把关羽待为上宾："三日小宴，五日大宴"（开小灶），"拨给府第"（解决住房），"上马一提金，下马一提银"（增加工资），"美女十人"（解决婚姻问题？），赠锦袍、髯囊、赤兔马（生活上关心，工作上给方便），初封为"偏将军"，继封为"汉寿亭侯"（解决了职务、职称），条件可谓优厚之至矣！但尽管这样，关羽仍说出"但知刘皇叔去向，不管千里万里，便当辞去"的话，乃至最后过五关斩六将，那曹操也不追究，随他去了。关羽一去，无疑是加强了曹操的敌对力量，这是何等气概！

那徐庶也算得上是个人才，帮刘备立足新野，取了樊城。此事被曹操得知，于是便动了挖墙脚的念头。他用了程昱的计策，骗来了徐母，伪造了徐母亲笔信，把徐庶挖了来。谁知徐母竟因此愤而自杀。徐庶虽然留了下来，但"徐庶进曹营——一言不发"，终生不为曹操出谋划策。相反，在赤壁鏖战之际，还充当了一次内奸。可见留人没留住心，曹操白白养活了他。这又是多么沉痛的教训！

于是我又想到了当今。

当今，知识重要，恐怕已没有什么人公开表示异议了。知识分子由"臭老九"变成了"抢手货"，这无疑是中华民族的一大进步。在经历了十年动乱，彻底否定了极左路线之后，人们终于发现，在人类之中，头脑被知识武装着的那一部分也是工人阶级的一部分，是重要的一部分，而且是与祖国命运、人类的前途生死攸关的一部分。一些有了自主权互相竞争着的企业，当家人痛感吸收人才，挽留人才是决定企业生死存亡的关键，于是到处发生了或发生着类似谢中秋出走的事件。

于是我想，我们是社会主义国家，人才是国家的人才，"铁打的营盘，流水的兵"，人才应该流动，只要不是流向国外，（即是流到国外，学了本领再流回来也未必就是坏事）都是为社会主义服务。专业不对口者，家庭有本单位无法解决之困难者，不妨放之；虽不安心，但本单位可以在职称、待遇、生活等方面予以解决困难者，不妨挽留之；确有真才实学，本单位无此不可者，不妨优厚聘请之。该归山的归山，该归庙的归庙，人人心情舒畅，各得其所，不愁企业（单位）不活；企业（单位）搞活了，发达了，不愁人才不来。

我希望，在人才交流上，我们不妨像曹操那样有点大家气派。

1986.11.18

文章中提到的谢中秋事件，是指当时的常德纺织机械厂工程师谢中秋辞职受聘于乡镇企业的事，在当时湖南省内影响很大。《光明日报》专门为此开展了人才交流话题的讨论。我的文章一出，厂里领导就找我谈话了。他半开玩笑地说："老管，想不到你还有这一手啊！怪不得毛主席说搞革命要靠两杆子呢，你这笔杆子可派上用场了。我们研究过了，同意放你走。但是你要培养好接班人，保证学校工作不受影响。"我当场答应："没问题。"

之后，我与组织部门协商，调整好学校领导班子，第二年就调回了故乡。

我想，我能调回故乡，虽然有很多同学朋友帮忙，但我的这篇文章还是起了不小的作用，这也算是弄文之乐吧。

大江健三郎的高密之行

2002 年 1 月，莫言给我打电话说，日本的 NHK 电视台要派人来中国采访他，有可能要到老家来，而且要活动几天，大江健三郎先生要全程陪同。

对于大江健三郎，我过去缺乏了解，只是到了 1994 年他获得诺贝尔文学奖之后，才在《世界文学》等杂志上读了他的作品，并对他的身世有了些了解。

大江健三郎于 1935 年 1 月 31 日生于日本南方四国岛上的爱媛县一个掩藏在崇山峻岭中的小山村——喜多郡大濑村（现名内子町大濑村）。村子周围是遮天蔽日的森林,村子下面的山谷里有河水流过。大江在此长到15岁,他经常把自己的故乡称作"峡谷里的山庄"。

1954年,大江健三郎考入了东京大学文科,专修法国文学。从"峡谷里的山庄"一下子来到繁华的大都市,生活空间和时代风潮发生了很大变化,但故乡的记忆并没有从他的心里淡漠。特别是面对复杂的现实时,故乡世界就成了他思考的原点和有力的参照。

1955年,他的最初试笔之作《火山》获得了校园内的"银杏并木文学奖"。

1957年5月,又以《奇妙的工作》获《东京大学新闻》设立的"五月祭奖"。

1957年8月,他的小说《死者的奢华》得到川端康成的赞许,被推举为当年度"芥川文学奖"候选作品。

1958年,大江在大学里写的中篇小说《饲育》荣获日本文学界声誉最高的"芥川文学奖"。这是他的成名作。故乡的风景也就在这时进入了他虚构的世界,构成了其作品情节展开的空间。

大江在东京大学求学期间,就接触了萨特、加缪、福克纳、梅勒等人的作品并受到影响。他曾说:"我青春的前半是在萨特的影子下度过的。"因此,他在上个世纪50~60年代的小说,大都在诉说人生的荒谬和无奈。

1963年6月,他的长子出生,因为头盖骨异常动了手术,术后智力发育不好,成为弱智人。这件事对大江打击很大,此事在他的几部作品中,都有所反映。

1964年,他的长篇小说《个人的体验》获"新潮文学奖"。

1967年,他又以"峡谷里的山庄"为背景,创作了长篇小说《万延元年的足球》。

1994年,大江健三郎成为日本继川端康成之后又一名诺贝尔文学奖获得者。

大江健三郎在上世纪60年代初和80年代曾多次来华访问,受到过毛泽东、周恩来、胡耀邦等人的接见。他对中国人民有着深厚的感情,对莫言

作者（抱大孙子者）、莫言与大江健三郎

十分赞赏。就在他出席诺贝尔文学奖授奖典礼时所致的演讲中，也没忘记对中国的莫言称赞一番。正因为如此，大江先生以67岁的高龄，为了莫言，为了世界文学事业，不远万里又一次来到了中国。

大江先生是2月9日到北京的。江泽民主席因有重要外事活动，无暇接见他。李铁映先生宴请了他。莫言陪同大江先生会见了著名导演张艺谋，日本NHK电视台进行了采访。2月11日，就是阴历大年除夕那天，听说大江先生一行要来，我和老伴带着回家休假的长子、长媳、次子和小孙子一早就赶了回去。上午十时许，大江先生、NHK电视台的制片、导演（二者均为日本人）以及摄像、翻译等一行九人在莫言陪同下来到了我们的老家——高密市河崖镇平安庄。他们一行人一踏进我家大门，我一眼就认出了大江先生：中等偏下的个子，满头白发，面孔白皙，皱纹很深，戴一副深度近视镜，看上去人比较弱，一副饱经沧桑的样子。（后来听莫言说，大江一到北京就感冒了。）我上前握住了大江的手，翻译毛丹青先生（旅日华人作家，

2002 年莫言陪大江健三郎到旧居

1999 年曾陪东京佛教大学副校长福田富夫先生来过，所以也算是老熟人）
马上进行了介绍。我们互相对视良久，我说："大江先生，你很像中国的一
位文学巨人。"他笑着说："是鲁迅，对吗？不过要除去我这对招风的耳朵。"
于是众人大笑。落座后，翻译毛丹青介绍说，莫言大哥 60 年代毕业于上海
华东师范大学中文系，对莫言走上文学道路影响甚大。大江先生立即说："我
也有一个大哥，喜欢写诗，对我帮助也很大，可惜现在已经不在了。他在世
时，也没有完全看到我的文学发展。看到莫言大哥的慈祥面容和对莫言的关
爱，我很羡慕。我觉得我的大哥在天之灵正在为我们的相会而感到快慰，他
在向我们微笑。"这时莫言的二哥走进来倒水，莫言说："这是我二哥，他
小时候很调皮，老打我。"大江笑着说："我也有一个二哥，小时候也很顽
皮。"大家一起大笑。翻译毛丹青说，您二位相似的地方太多了。言谈间，

大江先生知道我一直在中学从事语文教学工作，便问中国的高中语文课本中哪几位现代作家的作品最多。我说，第一是鲁迅，郭沫若、曹禺、茅盾、老舍的作品也有。大江先生说："除了鲁迅，你说的几位我都见过。有一年曹禺先生和女儿万方一起访日，我在日本见过。我的母亲对鲁迅的作品很热爱，可惜我的母亲也去世了。"看到大江先生神情有些黯然，我赶紧说："大江先生是诺贝尔文学奖获得者，是世界级的文学家，作为一位文学前辈，又是日本人，为了莫言，不远万里来到高密。我作为莫言大哥，代表全家人向大江先生表示感谢。"大江先生神情庄重地说："1994年，当我获得诺贝尔文学奖的时候，我的母亲对我说，这个奖应该是中国人的。中国的文化源远流长，有那么多的好作家。我这次来，就是为完成母亲的遗愿。我热爱莫言的作品和为人，我们俩共同之处甚多，我想莫言也应该得这个奖。"

大江转过头来问我们的老父亲，什么时候发现莫言有文学天才的。父亲说，天才谈不上，只发现他小时候作文写得好。大江又问我，我说："莫言比我小12岁，等到他上了小学，我发现他非常喜欢听故事，爱看小说，作文写得也好，会编顺口溜。但等他进了部队，要走文学创作这条路时，鉴于当时的政治形势和我对新中国成立后文坛的了解，我是坚决反对的。"大江表示理解。他说，自己上小学的时候，曾因为写作文挨过老师的批评。原因是他写到自己村子里有一个大湾，事实上是没有的，老师说他撒谎。可见大江先生从小就富有想象力。

这时，我的大儿子拿出了三本他从市新华书店买的大江先生的书《个人的体验》请大江先生题字。大江先生看到这三本两种不同版本的书，很激动地说，在这偏僻的县城里能买到我的书，而且是两种版本，感到很幸福。于是分别为我的大儿子、小儿子和我题了字。在我的一本上，大江写着："管谟贤先生正。二〇〇二·二·十一·敬爱的莫言先生令兄·高密·先生故居·大江健三郎。"

转眼到了吃午饭的时候，高密市密水街道办事处的单际庆书记特地赶来拜访大江先生。席间，单书记用国酒茅台向大江敬酒，令大江先生十分感动。

下午稍事休息，大江一行来到当年拍摄电影《红高粱》的地方，两人站在小石桥上合影留念。桥的后边，一片空旷的田野，电影中那茂密狂野的高粱早没影了，但我不禁联想到，莫言的"高密东北乡"，大江的"峡谷里的山庄"，加西亚·马尔克斯的"马孔多镇"，威廉·福克纳的"约克纳帕塔法县"，都是作家们自己创造的"文学王国"，都在世界文学的版图上占有一席之地。

按家乡的风俗，除夕的下午，要去给死去的长辈亲人上坟。农家街院里，田野里青烟袅袅，鞭炮声声，家家贴对联，包饺子，"年味"弥漫了整个村庄。莫言的二哥已在堂屋墙壁上挂好了写有祖宗名讳的"轴子"，摆起了供品。天黑下来了，接财神，放鞭炮，吃年夜饭，看电视。到了"一夜连双岁，五更分二年"的时分，忽然鞭炮大作，纸烧的火光冲天，香烟缭绕。人们起来过年了，整个村庄，整个世界都沉浸在一种既喧闹又神秘的气氛中。大江先生不顾一天的疲劳，饶有兴趣地看着这一切，体验着这一切，不时陷入沉思中。下饺子时，看到莫言的媳妇拉着风箱烧火，大江说："看到这样的情景，我的心里很温暖。"灶膛里的火光映红了大江的脸，这一切都被摄像师摄入了镜头。此时我忽然发现，大江先生的双眼在镜片后闪着慈祥的光，是忠厚长者眼里的那种光。为了莫言，为了文学，大江先生能从日本来到中国的农村，过一个中国年，实在令我敬佩。我在心里想了一句话，想写一个条幅送给他，可惜老家没有宣纸，笔墨也不方便。这句话是："中日间友好使者，国际级文学大师。"

正月初一上午，是专门拍摄大江与莫言对话的时间，地点就在我们家的院子里。下午又转移到我们家的旧房子里，那是莫言出生的地方，真正的"莫言旧居"。低矮破烂的五间屋，已经濒临倒塌，十几个人在里边折腾了大半天。大江先生爬上了房后的胶河河堤向远处眺望，我想此时他一定想起了自己村子里的那条河。初二，大江先生一行移师县城，参观了博物馆，观看了市容，高密市委有关领导和莫言的朋友在招待所设宴招待他们。席间，大江先生说："五年之后，让我们在这里重新设宴，庆贺莫言获得诺贝尔文学奖"！大家不禁热烈鼓掌。下午，大江先生在翻译毛丹青和制片的陪同下先行离开

2002 年春节莫言与大江健三郎在老家

2002 年莫言与大江健三郎一起过年

高密去了青岛，飞往北京，接着转机飞回日本。其他人仍留在高密，又忙活了整整两天。期间，在河崖镇拍了高密市茂腔剧团唱戏的镜头。

　　大江先生已平安回到了日本，NHK 电视台新拍的片子将于 4 月初在日本播放，之后要推向欧洲。我们暂时还看不到，但是我们希望大江的预言能够早日成为现实。

与藤田玲女士网上谈莫言

　　藤田玲女士，日本国东京大学人文社会系研究科研究生，一个温文尔雅，秀丽单纯，约二十出头的日本姑娘。去年 8 月 24 日，为了准备写自己的毕业论文《莫言文学与故乡》，她带着其导师日本东京大学人文社会系教授，《酒国》的日文版翻译者藤井省三的介绍信，由其父亲日本国香川县观音寺市议会议员藤田芳穰先生陪同，来到高密考察莫言的故乡，访问莫言的亲友，参观了刚刚开馆的莫言文学馆。我在馆里接待了他们父女。其实，他们已经去过我们的老家，见过我们的老父亲和我的二弟，并去过旧居和孙家口当年

作者陪日本留学生藤田玲参观莫言文学馆

作者为来访的日文版《酒国》翻译者藤井省三题词

游击队打日本的小石桥。采访中，藤田女士操着半生不熟的汉语和我交谈。采访的题目大都是由其父用日语在纸上写出来（其父不会汉语），藤田女士译成汉语再向我提问。我回答时，她一边录音一边记录。问了大约有二十几个问题，之后，直到实在暂时想不出什么问题的时候，才意犹未尽地和我告辞。当时我很自然地想起了当年藤井先生来高密采访的情景，心里想：真是有其师必有其徒啊！为了文学，为了学问，不远万里来到中国，来到高密，其执著的精神，"打破砂锅问到底"的劲头，让我十分感动。

藤田女士回日本后不断给我发来"伊妹儿"，表示谢意或谈其论文写作的情况。年底，竟连发三四次"伊妹儿"，又提问了十几个问题。我都一一进行了回答。有些回答不了的，我又打电话问了莫言，然后再转告她。现将藤田提问的主要问题和我的回答整理如下，供莫言作品的爱好者和研究者参考。

1 问：莫言过去和现在住在什么地方？住房情况是什么样子？

答：莫言 1979 年结婚后，其妻女一直与父母住在老家平安村（现属高密市胶河疏港物流园区）。当时的房子除了你们看到的五间正房外，还有两间东厢房，再早，还有两间西厢房。莫言于 1989 年在县城南关买了一处老旧民房，经过重新翻建，改为正房四间，东西厢房各两间（都是平房）的一个小院落，大门口朝东，现为密水街道天坛路 26 号。莫言把妻女迁往北京时，已将此处住宅转卖他人。

莫言是 1995 年将妻女迁往北京的，开始住在小西天，后迁到平安里现在的住处，都是总参的干部宿舍，都是楼房。另外，莫言在我所住的楼上（第 5 层）购置了一套住房，离南湖植物园很近，环境较好，莫言回高密时就住在这里。

2 问：莫言对住楼房和平房有什么想法？

答：这个问题我没有问过莫言，但我觉得莫言作为一个在农村长大的人，总是住惯了平房的。几间平房，带上一个小院，小院里种上点蔬菜花草，有点田园风味。但现在人在城市，就只有住楼，住楼卫生，安全，也有比平房好的地方。

3 问：莫言出生农家，喜欢干活吗？

答：当年在农村长大的孩子，喜欢干农活的恐怕不多。但那个年代，不干农活就没有工分，没有工分就分不到粮食柴草，就没有饭吃。现在莫言从事脑力劳动，经常失眠，如果能干一点小农活，对身体会有好处，但人已过五十，农活也干不动了。别说住在城里，就是住在乡下，农村已经实现了机械化，即使想干农活也不多了。

4 问：莫言爱吃什么？

答：当然最爱吃饺子了。高密有一句俗话："舒服莫如倒着（睡觉），好吃莫如饺子。"北方人改善生活总要吃饺子，莫言也不例外。其他像馒头、火烧、小米粥、家常小菜如大蒜拌黄瓜油条等都是他爱吃的。

5 问：莫言喝酒吗？酒量大不大？

莫言旧居

答：原先莫言还是能喝一点白酒的，酒量还可以。但现在也上年纪了，有胃病、高血压，所以基本上是滴酒不沾了。

6 问：你和莫言之间在衣食住行方面有什么值得回忆的事？

答：我比莫言大了 12 岁，是一个大哥哥。在我眼里，他始终还是个小弟弟，小孩子。在住的方面，因为我在莫言两岁时就外出求学了，所以真正住在一起就是寒暑假期间，有时带他出去玩。在穿的方面，那时家里穷，孩子又多，小孩的衣裳都是"老大穿了老二穿，缝缝补补又三年"。莫言的衣裳一般都是哥哥姐姐穿过的，很少给他做新衣裳。至于吃的方面，印象最深的就是 1960 年前后挨饿的年月，饭桌上只有野菜粥，他吃不饱，围着饭桌转，哭闹，十分可怜。有一年大年夜吃饺子，当地风俗，过年的饺子里包着硬币，传说吃出硬币的人来年会发财，莫言连吃两大碗，吃撑了，拉肚子。这些回忆都是辛酸的，不堪回首。因为我俩年龄差距大，他又很尊重我，所以我们之间从未发生过吵嘴打架的事。

7问：我看到旧居院子里种着萝卜，那是谁种的？

答：那是我们的老父亲种的，在他们那一代的农民眼中，土地就是生命，就是财富，让土地荒芜哪怕只有一点点，就是罪过，所以我们的老父亲在旧居院子里种萝卜或豆子。现在，市里决定要对旧居进行修整，所以今后可能就不能再种东西了。

8问：你和莫言互相怎么称呼？

答：我叫他原来的名字"谟业"，他叫我"大哥"。

9问：莫言想不想到外国去生活？

答：中国有句古老的俗语："儿不嫌母丑，狗不嫌家贫。"莫言的根在这里，读者在这里，我想莫言没有到国外的打算。再说，他又不懂外语，到国外生活也不方便啊！

10问：莫言下辈子打算干什么？

答：这问题还真不好回答，人有下辈子吗？（这问题后来与莫言通电话时说起过，莫言说，如果有下辈子的话，想当音乐家，搞作曲。）

11问：莫言除了写作之外还干什么别的工作？

答：除了写作之外，莫言现在还做不少别的工作，参加了不少社会活动、外事活动等。

12问：我来高密后，已经爱上了高密。莫言作为高密人，打算如何向世人推荐高密？

答：莫言作为一个作家，已经和正在通过他的作品向外界推荐高密。另外还参加不少外事活动，到全国各地和全世界宣传中国，宣传高密。今后他仍然会这样做。高密的父老乡亲们也会把高密建设得更好，让更多的朋友爱上高密。

2010年1月2日

莫言获诺奖后我的随想……

　　莫言得了 2012 年度诺贝尔文学奖。

　　百年诺奖，中国本土第一人。消息传来，举国上下话诺奖，街头巷尾说莫言，不只是高密人高兴。10 月 13 日，我到杭州参加大学同学聚会，在杭州南站（萧山）一下火车，见马路两边的电子广告牌上不断地滚动播出"庆祝中国作家莫言荣获诺贝尔文学奖"以及介绍莫言生平、作品的内容。远在湖南澧县的同学给我打电话，说在澧县的大街小巷挂满了横幅和标语，写着"庆祝中国作家莫言获得诺贝尔文学奖，中国加油"之类的口号。福州的同

2012 年 12 月 10 日莫言在斯德哥尔摩领取诺贝尔文学奖

学说，福州的街道上也是如此。我从杭州到千岛湖，一路上有的游客竟把我当做莫言。当知道我是莫言的大哥时，游客们争相与我合影留念。我们下榻的杭州"新年禧酒店"的老板娘蒋海菜女士竟让我为她的餐厅命名。可见。全中国人民都为莫言得奖高兴。莫言为家乡争了光，为中国人争了光。我作为兄长，当然为之高兴，不禁写下如下杂感。

一、 天上掉下个林妹妹。

前几年就有预感，觉得莫言有得诺奖的希望，但没有想到来得这么快。当莫言提前 20 分钟告诉我瑞典有关方面已来电话告知他得奖时，还是免不了喜出望外。晚上 7 时前，莫言一家就来到我家和我们一起收看凤凰资讯台的节目。

7 时整，电视台准时转播了斯德哥尔摩的现场。主持人话语一落，我们全家人高兴得站起来鼓掌。我当时真有"天下掉下个林妹妹"的感觉。诺奖对我们来说，是那么陌生，又那么熟悉，那么令人企盼。现在，她就来到了我们面前。

二、平静后的思考

很快，我心中的热潮就平静了下来。首先，我觉得，这个奖虽然是莫言多年勤奋努力得来的，但从文学的角度来说，并不能说明莫言的作品就是最优秀的。只能说，中国文学得到了世界的承认，这是中国当代文学的进步，这是中国改革开放的成果。这说明中国在进步，世界在进步，人类在进步。这个奖是颁给莫言的，也是奖给中国文学的，她属于整个中国作家，属于中国人！

其次，莫言获了诺奖，也就是得了一个文学奖而已。只不过这个奖影响大一些，奖金多一些。诺奖设立百多年来没有中国本土人的分，莫言是中国的第一个。作为莫言的亲人，莫言的乡亲，特别高兴也是理所当然的。这些天来高密的人处于高度兴奋之中。感到莫言为高密带来了声誉，带来了机遇，个别同志做出了各种发展高密文化经济的设想，这也无可厚非，不能看作在"消费莫言"。莫言生于斯，长于斯，喝胶河水、吃红高粱长大，没有高密这方水土的养育，没有齐文化的熏陶，没有高密师友长辈们的教诲，就没有今天的莫言。如今他为家乡争光，为家乡做事，是应当的。我希望大家赶快冷静下来，以平常心对待莫言得奖这件事，认真研究，少说空话，多做实事，多做对高密老百姓有益的实事。

三、 不存在中日 PK

在一片喧嚣声中，有人说莫言 PK 掉了小日本，要庆祝"抗日胜利"。我要告诉大家，尽管事先有的博彩公司把莫言放在第一位，有的把日本的村上春树放在第一位，而最终莫言得了奖，这其中并不存在二人 PK 的问题。人家瑞典皇家文学院的院士们一向是只看作品不看人的，是从纯文学的角度出发的。当此日本将中国的钓鱼岛"收归国有"激起中国人民的民族义愤，中日两国关系降到建交四十年来的低谷之时，人家瑞典皇家文学院决不会介入其中。更何况，日本的村上春树与大江健三郎一样，一直公开认为钓鱼岛是中国领土。村上春树甚至认为，日本的野田首相玩弄钓鱼岛"国有化"的把戏是在玩火，好像一个人喝醉了酒，酒醒之后，会只剩下头疼。当然，莫言获奖，长了咱们中国人的志气是真的。愿中国的作家们继续努力，愿莫言继续努力，写出更多的有世界影响的好作品。

四、 莫言的作品不是"魔幻现实主义"

自莫言登上文坛之后，不少评论者把莫言的作品说成是"魔幻现实主义"，我认为这是不正确的。不错，莫言写作之初是受过拉美魔幻现实主义的影响，但据我所知，莫言连马尔克斯的《百年孤独》都没有读完。早在1986年，莫言即曾在《世界文学》上发表过一篇文章《两座灼热的高炉》。文中说："我对自己说，逃离这两座高炉（指马尔克斯和福克纳），去开辟自己的世界。""我如果继续迷恋长翅膀的老头，坐床单升天之类鬼奇细节，我就死了。"事实证明，莫言在此后的写作实践中，树立起自己对人生的看法，开辟了一个属于自己领域的阵地——高密东北乡文学王国，建立了一个属于自己的人物体系，形成了一套属于自己的叙述风格。这是独一无二的。这才是莫言获奖的真谛。

不错，在媒体报道的瑞典文学院的颁奖词中，确实提到了"魔幻现实主义"，但据诺贝尔文学奖评委前主席谢尔·埃斯普马克说：那是中国人翻译错了。他们说的是"hallucinationary realism"，应译为"幻觉的现实主义"，而不是"magic realism"（魔幻现实主义）。这就对了，因为"魔幻现实主义"是拉美的，而"幻觉的现实主义"是从中国古老的叙事艺术中来的，这是莫言对中国神话、民间传说尤其是齐文化的传承和创新。莫言崇拜蒲松龄，喜爱《聊斋》，自幼听了爷爷们无数的民间故事，有些在作品中引用过。于此亦足见古典民间传说的世界意义。所以我一向认为，研究莫言，应该从齐文化里寻根。

五、"无冕之王"真厉害

从 10 月 9 日开始，国内外上百家媒体的数百名记者，开始云集高密，背着"短枪长炮"（摄像工具）满大街乱窜。我们家的所有电话几乎被打爆，莫言只好关闭了手机，躲在家中不敢出门。记者们发挥"牛皮糖"精神，连我也粘住不放，围追堵截不放松。老家的老父亲已经 90 岁，也成了记者追寻的对象。莫言二哥更成了莫言的"代言人"，半个月下来，口干舌燥，嘴起燎泡。连住在沙口子村的小姑家也每天都有记者登门。有时候，记者们半夜三更敲门。一清早，单元门口就聚满了记者。老家的老房子来了一批又一批的参观者，老父亲种的胡萝卜已经被参观者拔光。我们老两口外出六七天，刚到家，就被记者堵在了单元门口！我不禁感叹，无冕之王——记者，真厉害啊！令人可笑的是，在网上，在报刊上，有的记者竟然捕风捉影，道听途说，连我们老父亲都改姓了"莫"，大哥也变成了二哥！还有更可怕的，有的记者竟张冠李戴，移花接木，断章取义，无事生非，发了一些莫名其妙的消息。还有的记者，根本没有读过或没有读懂莫言的作品，把莫言散文里的一些情节当做事实写进了报道文章，闹了一些笑话。我在这里要说，莫言的散文也是小说，不能当真的。散文是创作，允许虚构，这也是传统。容我在下段多说几句。

五、 莫言的散文也是小说

散文可以虚构，这是中国散文的传统。范仲淹没到过岳阳，写出来的《岳阳楼记》脍炙人口，流传千古。杨朔的散文《雪浪花》里的老泰山，《秋色赋》里坐火车大发诗兴的老农民，一定是虚构的。莫言的散文也一样。莫言在到俄罗斯之前就写过《俄罗斯散记》。平安庄虽有基督徒，却没有带着"高高十字架"的教堂，大栏一带更不存在什么"雪集"。村里有一个门老头，是一个老党员、老光棍、老五保户，他没有能力搞到几十万只酒瓶子，即使搞到了，也早就当废品卖了换了酒喝，绝舍不得用来砌墙（见《会唱歌的墙》）。而在《第一次去青岛》一文里，说他背了二十斤花生米、二十斤绿豆、二十斤年糕，到青岛去送我。送我去青岛，确有其事，他在青岛迷了路也是真的，但背的东西纯属虚构。那还是 1973 年春节的事。那时还是计划经济，花生是油料作物，禁止买卖流通，绿豆和蒸年糕的粟子，都是小杂粮。这三种作物，当时生产队里种得极少，家里到哪里去搞这么多稀有珍品？即使搞到了，上火车也会被查出来，把我们当粮贩子抓起来。再说，三样东西重达六十斤，我还抱着一个不足三岁的孩子，穿了一身厚重的棉衣，送行的人又不能送进码头，我一个人哪来的神力把这么重的东西背上轮船？这些事，莫言只是从写文章的需要出发，他姑妄言之，我们姑妄听之可也。万不可当真，更不能将其引入自己的文章，当做实事进行宣传。

六、 莫言作品进教材

早在 1989 年，潍坊市教研室有关同志就通过我将莫言的短篇小说《大风》编入了主要供中学生阅读的《潍坊古今诗文选》（郑华主编）。后来，人教社又把莫言的散文《小说的气味》编入了中学阅读教材。我认为，把作家的作品编入中学教材，这算不上一种奖赏。但莫言作为诺贝尔奖获得者，其作品编入中学及高校文科教材，应该是题中应有之义。我认为，莫言的中短篇小说，有些写得比其长篇还要好，如果要选的话，《大风》、《枯河》、《断手》、《透明的红萝卜》应该是首选。

总之，借莫言得诺奖之机，让我们多读一点他的作品，多读一点好书，才是正理。

莫言获诺奖是中国社会的进步，是人类的进步

——在山东大学"莫言文学创作学术研讨会"上的发言

首先感谢山大宣传部李部长、文学院郑院长、贺立华教授对我的邀请，使我有机会出席这个座谈会，让我聆听了各位专家教授的发言，真是获益匪浅。另外，作为莫言的长兄，我代表我们全家对各位专家教授长期以来对莫言的支持、关心和厚爱表示衷心的感谢。

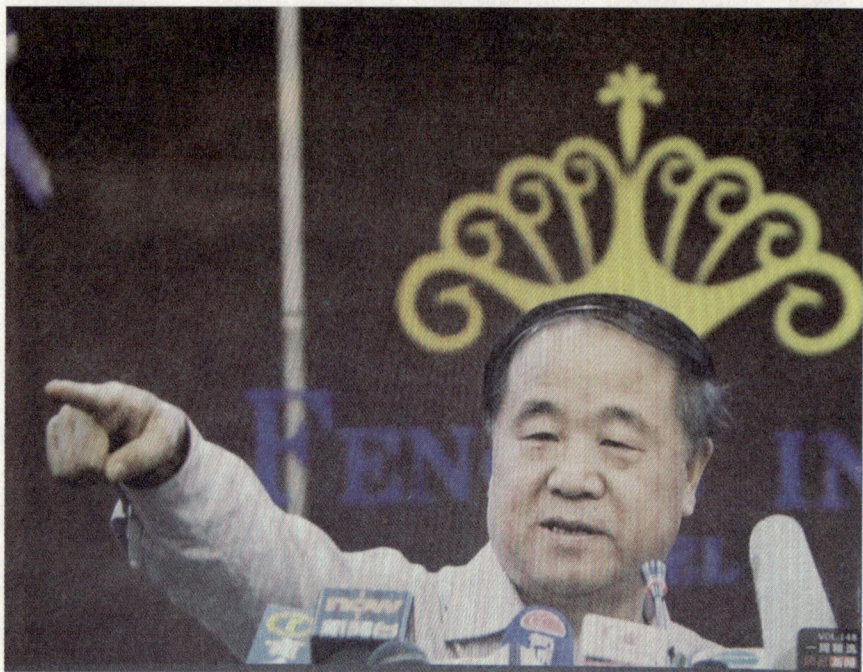

2012 年 10 月 11 日晚莫言得诺奖后在高密新闻发布会上接受采访

　　我谈的第一个问题是对莫言获奖的感想。我觉得莫言能获得诺奖，是中国文学的进步，是中国社会的进步，是人类的进步。下边分别进行阐述。

　　中国文学的进步。改革开放以来，国外各种文学流派的理论及著作纷纷进入中国，大批中国作家得到了更多的借鉴和学习的文本，冲破了文艺"双为"方针的局限，站在纯文学的角度写出了大量好作品，得到了世人的承认。莫言在这些作家中不能说是最好的，但绝对是一流的，是他们的代表。在这些作家中，铁凝、贾平凹、刘震云、阎连科、毕飞宇、余华、苏童等，我都很喜欢。因为他们的作品都写得很好，不再是为配合合作化运动，也不再是歌颂反右、大跃进、人民公社，甚至歌颂"文革"的那种为中心服务的令人生厌的作品。

　　中国社会的进步。回顾莫言的创作道路，那真是充满风险的，一路走来，无限坎坷。想当初《金发婴儿》被说成是精神污染；《红高粱》被无限上纲；

《丰乳肥臀》被大批判，被告发到解放军总政总参首长面前，甚至还遭到人身攻击。为了怕有人对号入座，莫言有时不得不特地在作品发表时于文末加上"高密东北乡不是地理名词，是文学背景，请勿对号入座"之类的话。

现在，莫言终于得到了理解，得到了包容，去年得了"茅盾文学奖"，当选了中国作协副主席；今年得了诺奖，李长春同志、中国作协都发来了贺信。这说明中国在进步。当然，也还有杂音，"左"的嫌莫言太右，右的说莫言太左，指指点点，说三道四。但这终归无关大局。

人类的进步。瑞典文学院把文学奖发给了一个曾经是中国军人，现在是中共党员、中国作协副主席的"体制"内的人，说明西方人逐渐摆脱了冷战思维（起码是诺奖评委们），从纯文学的角度出发，从人的角度出发来审视中国文学，审视莫言的作品，这不能不说是一大进步。当然这与中国的国际地位的提高大有关系。

我谈的第二个问题是莫言作品的定位问题。我认为，莫言不属于魔幻现实主义，而属于中国本土的、传统的现实主义。至于叫什么名词，我不会说。现在文学理论的名词太多，有的文章我也看不懂。其实叫什么并不重要，关键是要能概括地表述其实质。理由如下：

1. 诺贝尔文学奖评委会前主席谢尔·埃斯普马克说，给莫言的诺奖颁奖辞里说的不是"魔幻现实主义"而是"幻觉的现实主义"。我不懂英文，如果真是如此，那就对了。众所周知，魔幻现实主义是拉美的，代表人物是马尔克斯，代表作是《百年孤独》。莫言自己说，这部名著他并没有读完。而且莫言早在1986年就曾在《世界文学》上发表过一篇题为《两座灼热的高炉》的文章。文章中说："我如果继续迷恋于长翅膀的老头，坐床单升天之类的鬼奇细节，我就死了。"这说明，莫言确实受过拉美魔幻现实主义的影响，但早就有意识地进行了逃离。事实证明，在此后的写作实践中，莫言树立起了自己对人生的看法，开辟了一个属于自己的文学领地——高密东北乡文学王国，建立起了属于自己的人物体系，形成了一套自己的叙述风格。一句话，形成了自己独特的莫言风格。

2012 年 10 月 13 日上午，莫言在高密家中接受部分媒体采访，他说："一人（提）一个问题"
（《中国新闻周刊》记者陈涛摄）

2. 莫言的幻觉的现实主义，是从中国古老的叙事艺术中来的，这是莫言对中国神话、民间传说，尤其是齐文化的传承和创新。莫言崇奉蒲松龄，喜爱《聊斋》，在小说中多次直接引用爷爷们讲的民间故事。行文风格大有庄子之风，汪洋恣肆，如行云流水，一泻千里；如楚辞汉赋，状物叙事，极尽铺陈宣泄之能事。美在民间，民间有"宝"，莫言对民间的东西所进行的挖掘和继承，具有世界意义。所以我一再说，研究莫言应该从齐文化里寻根。

3. 莫言作品中几乎所有的人物或事件，在现实生活中都有原型或事实，有的甚至是其亲身经历的事件，只不过进行了文学的演绎而已。莫言坚持写人，写人性，他宣称自己是在"作为老百姓写作"，是"把好人当坏人写，把坏人当好人写，把自己当罪人写"，总之不离一个"人"字，直刺人性的深处，既弘扬人的大善，也挖掘人的大恶。这使我想起了我的老师钱谷融先生，他老人家早在上世纪 50 年代末 60 年代初就发表了著名的《论文学即人学》的文章。当时受到了文痞姚文元的批判，也得到了周扬的支持。人的丑恶的一面，如果被诱导出来是很可怕的。现实生活中，尤其是"文化大革命"中，人们暴露出来的"恶"（举例略），是不亚于《红高粱》里的剥人皮和赵甲的"檀香刑"的！长期的阶级斗争对人性的戕害，是无法估量的。揭露它，就是希望不要再发生这种事情。

时间关系，发言至此，谢谢大家！

2012 年 11 月 10 日

二 莫言与故乡

《 身居平安里心忧天下；神游东北乡笔写华章。

唯有根植故乡，莫言问鼎诺贝尔；

只管潜心写作，且说学习高尔基。

如椽笔笔写天下事；且寻根根植东北乡。

高密大栏东北乡乃莫言之文学王国；

棉花萝卜红高粱须记取非种树之书。

且揽密邑胜景，看凤凰名园，南湖风月；

若论古今人物，有三贤事迹，莫言文章。

莫言作品中的高密方言土语例释

　　作家在写作时，为了塑造人物，叙述情节，会不经意地或特意根据需要使用自己所熟悉的方言土语。在老一辈当代作家，周立波即是使用方言土语的高手。其代表作《暴风骤雨》满篇都是东北话，而《山乡巨变》中则都是其家乡话——湖南益阳方言。现今走红的作家中，贾平凹的作品中，不时地会出现陕西方言。而莫言的作品中，也经常出现高密的方言土语，方言土语的使用，使其营造的"高密东北乡"文学王国更加真实，使人物更加生动，栩栩如生，读来倍觉亲切，有普通话词汇所不能替代的趣味，可意会而不可言传。但方言土语亦有其局限。因为它只流行于某一个地方，到了其他不是该方言区的地方，则很可能读不懂，往往要加以注释。莫言所使用的高密方言土语也如此。现举例解释之，供读者参考。

1. 棉花地去年秋天就耕过了，冻了一冬，现在很暄。

——《白棉花》

暄：（xuān）松软。

2. 嗤哼鼻子。

——《野种》

原指很响地哼鼻子或喘粗气，形容一个人很骄傲，自命不凡的神态，并不一定是鼻子发出的声音。

3. 老余我口才天生强。

——（同上）

强：读如二声，比××好，厉害的意思。

4. 与哪个放牛的小觅汉同吃同住同劳动。

——《红耳朵》

觅汉：长工，雇工。

5. 支使你的狗咬了我。

——《怀抱鲜花的女人》

支使：一般写作"指使"，唆使、指派之意，一般用作让某人去干一件坏事。受指派者是被动的。

6. 紫荆是一溜十八村的"茶壶盖子"。

——《金发婴儿》

茶壶盖子：是指某一处妇女中最漂亮的一个。

7. ……是男人的耍物。

——（同上）

耍物：玩具。

8. 听烟头灼烧皮肤的欻啦声。

——（同上）

欻（chuā）啦：也写作"欸啦"，象声词。

9. 养了这个膘儿子。

——《模式与原型》

膘：也写作"彪"，是傻、呆、憨的意思。

10. 你考不上大学我反倒欢气。

——《球状闪电》

反倒：反而；欢气：高兴，开心。

11. 别扯着不圆圆，拽着不长长。

——（同上）

与"不争气"、"朽木不可雕"、"烂泥糊不上墙"、"扶不起来的刘阿斗"等俗语同意。长读 cháng

12. 把你姐姐带赖丑了。

——《从照相说起》

带赖：一般写作"带累"，连累。由于甲的出现或言行，使乙变坏，或受累不利。

13. 我自己不赚人喜。

——（同上）

不赚人喜：不讨人喜欢。

14. 是你哥上大学，又不是你上，烧包什么

——《我的大学》

烧包：因某事而沾沾自喜，得意忘形，到处卖弄，统称为烧包，烧的。

15. 你这一疤棍子把你爹擂倒了。

——《美丽的自杀》

疤棍子：木棍子，木头棒子。

16. 又给我折腾了一腔饥荒。

——（同上）

一腚肌荒：很多债务。

17. 你不就是闯好了吗？

——《也许是因为当过财神爷》

闯：指在外工作，闯荡世界。

18. 你别用这样的话来嗝应俺了。

——（同上）

嗝应：使人恶心、呕吐，让人难堪。

19. 立正站在湾崖上

——《欢乐》

湾：池塘。

20. 给全村人服脾寒药。

——（同上）

脾寒：疟疾。

21. 把个脑子硬给踢蹬了

——（同上）

踢蹬：弄坏，完蛋。

22. 一个小，一个嫚。

——（同上）

小：男孩；嫚：女孩。

23. 她吃着我送的糖，恣得格格笑。

——（同上）

恣：高兴，舒服，开心，愉快，舒坦。

24. 鳞刀鱼

——《牛》

鳞刀鱼："刀"读如 dāng，即带鱼，又称刀鱼。

25. 你以为老子善吗？老子不善

——《战友重逢》

善：简单、平常、一般；不善则是不简单，不平常，不一般，很厉害。

26. 心脏却焦躁得仿佛皴皮的碱嘎渣。

——《筑路》

嘎渣：干结的硬皮。碱嘎渣即因流汗多在衣物上结的白色硬皮，或指盐碱地上干结的硬皮，人体上伤口处的硬皮，煮米饭的锅底，馒头等食品上的焦皮，都可称为"嘎渣"。

27. 不是丫头谁家割舍得扔？

——《弃婴》

割舍：读如"gǎ shī"，舍，舍弃。

28. 不是你太嘎咕，戗上我的火，我也不会揍你。

——《三匹马》

嘎咕：不讲理，胡搅蛮缠，难对付的怪脾气。

29. 腰卡卡的，膀乍乍的

——（同上）

卡（qiā）卡：细。乍乍：宽。形容男子腰细肩宽，身材健美，有力气。

30. 您听到了吧，杀倒秫黍闪出狼来了

——《丰乳肥臀》

杀：砍；秫黍：高粱；闪：闪现，空出，露出。

31. 司马库赤裸着躺在材天上

——（同上）

材：棺材；材天：棺材盖。

32. 都在笑张扣因歌唱而咧得极大的嘴，能楦进个饽饽去。

——《天堂蒜薹之歌》

楦：原意是做鞋用的模子，此处用作动词，填、塞之意；饽饽：圆形馒头。

33. 把手里的麦子分成两撮，拧成一个要子——（同上）

要子：亦写作"腰子"，收获作物时，以作物秸秆为之，用来捆扎。

34. 给你戳弄坏了，俺可赔不起

——（同上）

戳弄：瞎鼓捣，乱动。

35. 你愿意嫁给个"棺材瓢子"

——（同上）

棺材瓢子：形容一个人身体极差，长年生病，时刻都有进棺材的可能。

36. 你这个"劈叉子"，年纪轻轻就这么狠！

——（同上）

劈叉子：对小姑娘的污辱性称呼。

37. 爹说，只要我喘着一口气，就撇不了大把。

——（同上）

撇不了大把：指办事牢靠，不会太偏离了原则和规矩。

38. 也有懒月的，老婆说。

——（同上）

懒月：指女人生孩子超过了预产期。

39. 这小子真顶打。

——（同上）

顶打：抗打，耐打，打不死，不讨饶。

40. 实在活不下去了，寻思个方方死。

——（同上）

寻思：想；方方：方法，办法，手段。

41. 杏花爹爹煞着胳膊。

——（同上）

爹煞：（zhā shā）张开，多指横向里张开。有时也用以讽刺某人骄傲自满，自我膨胀，如"爹煞"得你不轻。"爹煞"得奇厉害。

42. 狼也不喜得吃。

——《酒国》

不喜得：喜读如"xī"；得，读如"dài"。不喜欢，懒得，讨厌。

43. 用 70℃的水，屠戮掉他的毛发。

——（同上）

屠戮：杀猪或鸡鸭时，用开水烫后褪毛。

44. 舒服到云彩眼里去了。

——（同上）

这句话的意思是舒服到极点，欲仙欲死。

45. 爹不是个善茬子。

——《檀香刑》

不是个善茬子：不是个简单的一般人物，是个大有来头，心狠手辣，非同一般的厉害角色。

46. 才刚拉过啦！

——《食草家族》

才刚："刚"读如 jiāng，即刚才。

47. 那匹马奇俊

——（同上）

奇：副词，很，挺，非常。

48. 听到他在院子里整夜出溜。

——（同上）

出溜：动作轻盈地走来走去。

49. 心急喝不到热粘粥。

——《红高粱》

粘粥：以大米、小米、面粉做成的粥，稀饭统称之为粘粥。

50. 她打的什么谱？

——（同上）

谱：计划，安排，盘算，主意，也叫"谱气"。

51. 你不用拿煞着眼翅毛跟我装聋作哑。

——（同上）

眼翅毛："翅"读如 zhī，即眼睫毛。

52. 你茂不茂，吕不吕，什么歪腔邪调。

——（同上）

茂不茂，吕不吕：茂腔不像茂腔，吕剧不像吕剧。茂腔，吕剧都是山东的地方戏。其中茂腔多流行于青岛、高密、胶县、诸城一带。

53. 小黑马挓挲着尾巴。

——（同上）

挓挲：同奓煞。

54. 穿着一身洗得板板铮铮的白洋布裤褂。

——（同上）

板板铮铮：一般写作"板板正正"或"板板整整"，亦说成"板整""板正"。即整洁、漂亮之意。

55. 他知道我奶奶年纪虽小，但肚里长牙……

——（同上）

肚里长牙：形容一个人工于心计，胆子大，点子多，有城府，不简单。

56. 你挤圪着尿罐眼淌臊水就能让我不杀你吗？

——（同上）

挤圪着尿罐眼："圪"读如"gā"，是骂人爱哭之意。

57. 俺村来"倒地瓜"的不光我一个。

——（同上）

倒地瓜：原意是指在收获过的地瓜（红薯）地里再用铁锨翻一遍，寻找落在地里的地瓜，进行第二次收获。此处指到受过战火灾难的村子里捡洋捞、抢东西。

58. 都是那个小娼妇调弄的。

——（同上）

调弄：教唆、调唆、指使、唆使，搬弄是非。

59,"洪书记，俺血里有毒，别沾了您啊。"（《生死疲劳》）

沾（zhān）：弄脏。

我的高密东北乡的四季田园

　　我在很小的时候，大概长得又黑又胖，有点可爱。常到我们家找酒喝的村干部杜大爷，给我起了个外号叫"小黑牛"。"小黑牛"大概也不笨，三四岁的时候，就能把家里门上的对联读出来。大门上是："忠厚传家久，诗书继世长。"堂屋门上是："向阳门第春常在，积善人家庆有余。"爷爷房门上是："寿似南山不老松，福如北海水长流。"《千家诗》上的"春眠不觉晓"之类的诗也能背几首，所以很得长辈们的宠爱。爷爷每逢去赶集，总要怀揣一个热火烧回来给我，我舍不得独吞，总要让奶奶先吃。大姑因为没有孩子，一直拿我当亲儿看待，不但帮母亲给我做衣裳，而且每逢大栏集，往往要给我买火烧，买花生。冬季的集日上，吃着火烧，就着花生，钻到人堆里，听说书人说山东快书"武老二"（武松），是我童年的最大幸福。那说快书的找一个避风向阳的地方，把手中的鸳鸯板一打，走着圆场。人们就凑过来，或坐或站，成一个圆圈，然后他就开说。说书人往往是先说一个开篇，人到得差不多了，才正式说书。记得有一个开篇是："天怕乌云地怕荒，当官的就怕民不顺，民人就怕官贪赃，小学生就怕考大考，老师就怕整思想。"句句是至理名言。书说到紧要处，说书人就卖关子："要知后事如何，且听下回分解。"或是："说到此处算一段，润润嗓子咱再谈。"然后端着帽子（或盆）转圈要钱。有人此时想开溜，说书人就变着法儿编故事骂他，那想溜的人只好交钱。钱不在多，三分五分皆可。小孩子不用交钱，夹在人缝里听就行。

小时候最盼的就是过年。一进腊月，就掐着指头算，心心念念地盼。那时的冬天冷啊，交了九之后，冰封大地，地都冻裂了。雪大得封住了门，屋檐上挂着长长的冰凌。胶河里结了冰，冻透了，我们在冰面上溜冰，打陀螺。青年人聚在一起"打尖儿"，谁输了就"摸乎"。一群人跟着闹闹嚷嚷。好热闹，好开心。所谓"打尖儿"，是用一块圆木，两头削尖，即是"尖儿"，然后用一根木棒打击"捡儿"的一头，当它弹起时，再拦腰一击，视"捡儿"落点决定打几棒，预先要好距离，几棒子打下去，然后像跳三级跳一样用大步去量，如果达不到所要的距离就被淘汰，达到距离可接着打，谁打得远，谁赢，输了的就要"摸乎。"摸乎"也是预先讲好的，比如说，摸村东头的大槐树。去摸的人要用布把眼睛蒙上，自己凭感觉走去摸。最搞笑的是，蒙住眼睛的人要被赢家抬起来转三转，摔三摔，推推搡搡十几圈，再捣几拳，直到把他闹得晕头转向，然后再让他去摸。大家就跟在他后边看笑话。那个疯啊，真是既锻炼了身体又开心。到了晚上，村子就成了孩子们的天下，大家一起在街上疯玩，躲猫猫，挤大个，满街乱窜，直到家长喊回家才散伙。

腊八到了。早上，母亲用八种粮食及干果熬了满满一锅"腊八粥"。大家喝了，就开始扫屋除尘，屋里屋外，犄角旮旯都扫得干干净净，准备过年。孩子们唱着："喝了腊八粥，就把年来数；辞了灶，年来到。"腊月二十三，是辞灶日。爷爷早就买好了"灶马"。所谓的"灶马"，实际上就是一张木版年画，大部分是公婆庙（今东风村）印的。"灶马"共分三部分。最上边的是一长条，上印一个戴官帽的人骑在飞奔的马上。那戴官帽的人就是灶王，正骑马上天去述职。中间一部分是"灶马头"，就是一张表格状的年历，每月的大小，每月的农事都列在上面。还有关于旱涝、收成等的预测，如"九龙治水"、"三人四饼"、"三姑看蚕"之类。农村人平常说的"人多乱，龙多旱，老婆多了晚了饭"就是从这里来的。如果"灶马头"上说，今年"九龙治水"，则今年将干旱，反之则涝。"灶马"最下边一部分最大，画着一张供桌，供桌上摆着供品，后边坐着一个老头，蟒袍玉带乌纱帽，这就是灶王。他身边坐着两个太太，也都是凤冠霞帔，十分慈祥。关于灶王爷，潍坊地区传说他姓张，有一出戏叫《张郎休妻》就是说他没有福气，休了贤妻，讨饭来到前妻灶前，冻饿而死，死后成了灶王。所谓"辞灶"，就是灶王要暂时告辞，上天去述职，报告户主一家的凶吉祸福，然后在除夕夜再回来继续任职。为了防止灶王上天胡说八道，人们除了要包饺子上供贿赂他之外，还要供一种麦芽糖做的"糖瓜"。"糖瓜"是粘的，灶王吃了"糖瓜"就把嘴粘住了。我心里想：把灶王的嘴粘住了，坏话自然不能讲了，但好话不是也讲不成了吗？拿这话去问母亲，挨了母亲的骂。灶王虽然官小，但也是神啊，神是不能亵渎的啊！"灶马"的三部分是这样处理的：最上边的一条，辞灶时放在纸钱里烧掉，意味着灶王上天；中间的"灶马头"贴在炕头墙上或房门后，作日历用；最下边那张灶王画像，辞灶那天晚上把它贴在锅灶旁边的墙上，以暂时代替离职的灶王，除夕夜过年烧纸时把它揭下来烧掉，因为此时灶王已经从天上回来复职，这张画像就失去了作用。

过年还要买年画，尽管墙已被熏黑，但贴上几张年画，也能增加几分喜气。先前的年画都是木版年画，什么"麒麟送子"、"连年有余"之类。后来新年画出来了，印张大，画面新，画的人或物十分逼真，木版年画买的人就少了。有一年，爷爷买了一张"梁山一百零八将"，足有一张纸那么大，画上一百零八名梁山好汉栩栩如生，贴在墙上占了半边墙。没事我就凑在画上看。爷爷就讲什么"梁山一百单八将，九十六名在山东，领头的好汉是宋江，有个军师叫吴用"，什么"武松单臂擒方腊，灭了梁山一盏灯"，讲得让我入了迷。有一年，叔叔买回了一张"西厢记"，画面上是张生爬墙会莺莺。我看不懂，母亲就给我讲红娘撮合张生和莺莺的故事，听得我十分神往。贴了年画，还要封窗，买来新的白纸，把窗户重新糊过，四角贴上奶奶或母亲剪的窗花，两边贴上"窗旁"，上方贴上"窗仰视"。"窗旁"和"窗仰视"都是木版年画，上边印着花瓶，花瓶里插着鲜花，大红大绿，十分喜庆。

然后就是买鞭炮了。那时候，有一种"沙沟"爆仗，虽然不大，但特别响。这种爆仗用白纸卷成，中间一圈红纸，点着之后，先喷火花，然后是一声巨响，震耳欲聋。还有"二踢脚"，拿在手里放，一声在下边响，还有一声窜到天空去炸响。这些都是爷爷年前到各集市卖木货时顺便带回来的。看看年货办齐了，我们心里就忍不住激动起来。特别是看到母亲为自己缝制的新衣服时，尽管年关已到，还是有些急不可耐起来。

过年是隆重而神秘的。除夕（大月腊月三十，小月廿九）那天下午，一个家族的男人们，成群结队去野外死去的先辈坟墓前上坟，烧纸，放鞭炮，磕头。这次上坟是请先辈们回家过年的意思。回家后，挂起"轴子"（一张写有祖宗名讳的扑灰年画），摆起了供。供桌上有摞在一起的五个大饽饽和鸡鸭鱼肉做的菜，一般是八大碗，菜肴上都插有一棵碧绿的菠菜，青翠可爱。除香炉蜡烛之外，还要蒸一碗小米饭，饭里插上一根桃枝，枝上挂满铜钱，叫"摇钱树"，旁边还摆上一把斧头，预示来年有钱有福。对联也贴起来了。除门上之外，供桌上方要贴一大"福"字，供桌旁要贴"新年大吉"，炕头上要贴"新春如意"，箱柜上要贴"金银满箱"、"彩彩衣裳"，圈里要贴"六畜兴旺"，石磨上要贴"一心主正"，大门口要贴"出门见喜"，门上方要贴五张"过门钱"。所谓"过门钱"是用五张彩纸刻出来的吉祥图案，中间是一铜钱状的圆，圆上有字，分别是"天、官、常、赐、福"。厢房里供着财神，一般都是供文财神，也有供武财神的。财神也是一张扑灰年画，文财神是一头戴王冠、身穿蟒袍玉带的长髯老者，旁边是招财童子。武财神就是关羽，一边是周仓，一边是关平。供桌上也是香炉蜡烛饽饽点心之类，有时还会放上一把算盘，大概是给财神算账用的。

爷爷说，文财神是比干。比干是商纣王的叔叔，宰相，因为给商纣王提意见，被纣王扒了心。没有心也就没有偏私厚薄，所以让他当财神，最公平。武财神为什么是关羽呢？因为关羽降了曹操，曹操对他"上马金，下马银，美女十群"，关羽却不动心，一听到刘备消息，就离了曹营。关羽不爱财，不贪色，所以让他当财神，最无私。财神是要接的。接财神的时间有的人家是在天黑之后，有的人家是半夜时分。我们家就是半夜时分接财神。接的时候要先看"灶马头"，那上边有今年财神所在的方位。如果"灶马头"上印着今年"财神正南"，那么父亲就会用一个木盘端着一碗刚出锅的饺子和一杯酒走到胡同里，放下盘子，烧一卷纸，然后用酒奠过，向正南方磕头，磕完头回家，财神就接到了。小时候，我心里就想：财神只有一个，家家都接，肯定早接比晚接好啊！我们家何必要等到半夜呢？拿这个问题向爷爷请教，爷爷说，接财神不在早晚，关键看接的人是不是诚心诚意，还要看这家人家是不是积德行善，和睦团结——家和万事兴，和气才生财呢！接来财神就过年了，菜肴早已摆上了炕桌，还有黄年糕。饺子下出来了，爷爷率领我们在院子里设的天地诸神供桌前烧纸、磕头、放鞭炮，然后回到屋里，在供桌前面向"轴子"依次磕头。爷爷只给祖宗磕一个就上炕吃饺子了。然后是父亲，他除了给祖宗磕一个之外，要给爷爷奶奶磕。一边磕嘴里还要说："给大磕头，给娘磕头。"再依次排下去是叔叔，我，弟弟们，只要比自己大的，都要磕到。磕的时候，给祖宗磕的一个不用说话，给长辈磕的，一边磕，一边要说出来。长辈们会说："不用磕了，上炕吃饺子吧。"女人们似乎是不跪下磕头的，有时候是行电视剧里清宫里的那种"万福"礼，双手放在腰间，略一下蹲而已。磕完头就上炕吃饺子了。吃饺子之前先吃年糕。年糕放上了很多红糖，又香又甜。饺子一般是素馅的，有的里边放进了一枚铜钱（硬币），

莫言和母亲、文学评论家朱珩青、记者陈雷

那铜钱（硬币）都事先用碱水煮过，擦得锃亮。如果谁吃到了包有铜钱（硬币）的饺子，预示来年有钱花。这对小孩子最有吸引力，为了能吃到一枚铜钱（硬币），往往会吃撑着了。

除夕晚上，大人白天忙了一整天之后，吃了晚饭是可以抓紧时间睡一觉的。但好容易盼来一个年，睡觉似乎太可惜。小时候很愿意和只比自己大五岁的六叔一起"守岁"，不睡觉，看供桌，防猫来偷吃。此时蜡烛、灯笼都已点上，照得屋里屋外一片通明，院子里铺上了一层干草，意思是给骑马回家过年的先辈喂马。我发现，这样做大概还有防盗的作用，因为人走在干草上会发出"咯吱咯吱"的声响。我们俩兴奋地跑进跑出，把爷爷给买的鞭炮拿出来看了又看，单等半夜时分燃放。"一夜连双岁，五更分二年。"夜半子时一到，奶奶和母亲、婶婶先起床，叫醒弟弟妹妹们。平时长辈对孩子们都是直呼其名的，唯独此时，不能叫孩子们的乳名，因为先辈们都回来过年了，万一哪一个先辈和孩子重名呢？毕竟年代久远了，列祖列宗大名是知道的，乳名却无从查考了。孩子们起床后，换上新衣新帽新鞋子，心中高兴。感受到满堂生辉，鸡不叫狗不咬，神圣而庄严的气氛，自然兴奋莫名。母亲们下饺子，一般都是烧豆秸，因为"烧豆秸，出秀才"；或者烧芝麻秸，寓意是"芝麻开花节节高"，日子越过越好。吃完饺子就放鞭炮。小时候，放鞭炮的活都是叔叔干，叔叔胆子特别小，半天点不着一个，后来我就夺了权，点得比他快多了。但胆子大就有吃亏的时候。有一年正月到外婆家去，舅舅给了两个大炮仗，放了一个，还有一个引信不好，没响。带回家之后，把炮仗的头上剥开，露出了火药，用香去点，老也点不着，就凑上去用嘴吹，"轰"的一声，炮仗是点着了，但我的脸却成了张飞，眉毛和前额上的头发都烧了。还好，炮仗没爆炸，眼睛没伤着。我被父亲一顿臭骂，一连几天都没有出门。

那时候穷人多，一到冬天要饭的就多起来了。奶奶和母亲每天都给要饭的人准备一点干粮，有来要的就给。要饭的人穿得都很破，蓬头垢面，看了让人怕。小时候我最怕沙口子村一个叫"大老刘婆子"的老女人，再就是广饶、安丘一带的女人。大人开玩笑说，她们是我的"西奶子娘"。只要我调皮，他们就吓唬我："你'西奶子娘'来了。"我就提心吊胆。有要饭的上门，我就呵斥她们，这时，母亲就让我拿块干粮打发她们走。然后告诉我：要饭的也不容易，不是饿极了，谁肯拉下脸皮走几百里路赶着来要饭啊！大年夜里，要饭的也不闲着，他们会在人家刚过完年不久，站在大门口唱："财神正北坐，金子银子两大垛。""快拿快拿，金子银子往家爬。""快抢快抢，金子银子往家淌"，人们称他们是"送财神的"。送财神的人站在门口一吆喝，母亲就让我拿几个饺子给他们，往往是这个走，那个来，多达七八个。天亮了，有时会在街上碰到他们，一个个要得篮满罐满。他们满口吉利话给你送来财神，谁还会得罪财神啊！

初一早上是上庙拜年的时间。所谓"上庙"，是到村头上的土地庙去烧纸，放鞭炮；拜年则是给邻居长辈拜年。到了初二，就要"发马子"送年了。一般都是在傍晚，下了饺子供上，烧香烧纸之后，就把"轴子"卷起来，意思是过完年了。那么先辈们到哪里去了呢？去祠堂了。所以初三那天，一个家族的男人都要集中到祠堂里，烧纸烧香磕头，然后吃宴席，把供品都做着吃了，这就叫"乐永"（落影？）。"乐永"的开支是年前由族长挨家挨户收取的。我们家"乐永"是到王家屋子去。那村里有几家管姓人家，也是从管家苓芝搬下来的，他们辈分高，所以"乐永"的事，每年都由他们操办。我们家一般都是大爷爷和爷爷带着我去参加。"乐永"之后，先辈们就该归山者归山，该归庙者归庙了，年也就真过完了。

小时候，因为家里开着木匠铺，所以过年后要挑一个好日子（一般是正月初八）开市。开市那天，找一张红纸写上"开市大吉"四个字贴在大门外，然后烧香烧纸放鞭炮，中午吃饺子。如果有活的话，爷爷就开始干活了；如果没有活，爷爷也要找一块木头来砍上几斧子，以示开工。那时正月里，各村都有戏班子唱戏。每逢这时候，最高兴的是妇女和儿童，可以到处玩。戏台子前，有卖糖的，卖花生的，卖糖球的，卖泥老虎等玩具的，又便宜又实惠。跟着大人走亲戚也是一件乐事。小时候常跟奶奶一起到东王家苓芝父亲的外婆家去。那时父亲的外公外婆都还在，八十多岁了。老外婆个子很高，老外公的白眉毛长得盖住了双眼，聋得什么也听不见。父亲的二舅有两个妻子，吃饭时，都是那个小舅妈在忙，给全家人盛了饭自己才能吃。后来，老人们都去世了，奶奶也就不去了。跟母亲一起到外婆家去也很高兴。外婆和姨性格开朗，还没有进他们家的大门口，就可以听到她们在家里说笑。外公是干农活的行家里手，家里拾掇得干干净净，有条不紊。舅舅是小学教师，很会说笑话，所以我愿意去。姑家就在谭家荒，很近。他们村的戏班子戏唱得好，姑又喜欢我，所以有空就想往姑家跑。

转眼就是元宵节了，从正月十四开始就上灯。奶奶让我提上灯笼到处照，重点是照仓库、牛栏、水井、厕所，一连三天。小孩子们就放"花"，放"滴滴金"。"花"，又叫"锅子花"，是用泥巴做成各种动物的形状，里边装上黑火药，点着引信后，喷出红白色的焰火。"滴滴金"一般都是用宣纸、毛边纸等旧书卷成的，里边也是黑火药，点着后可以拿在手里，"啪啦啪啦"

地冒火花，很好玩，但无数的旧书古籍也就这样化为了灰烬。元宵节一般是吃饺子，只有丰收的年头，特别是粟米丰收的年头才能吃到元宵。

正月十五过了，孩子们就盼天暖和了。"一九二九不出手，三九四九冻死狗，五九六九沿河看柳，七九河开，八九雁来，九九加一九，耕牛遍地走。"一出正月，柳条变绿了，河里冰化了，地暄了。"二月二，龙抬头。"过了二月初二，下雨就打雷了。二月二那天，爷爷和父亲早早起来，用草木灰在院子里画上一个个大圆圈，圈旁边还画上梯子。那圆圈就是粮囤，意思是打的粮食满了囤，要踩着梯子才能够得着呢！有童谣曰："二月二打囤子，你舅背着你妗子……"奶奶和母亲她们早就炒好了糕豆、黄豆。吃了炒豆牙齿好，牙好胃口就好，吃嘛嘛香。

清明佳节三月三，小伙伴们提篮背筐，来到田野里挖苦菜、曲曲芽、齐齐毛、"酸拌酒"、野蒜，回家做菜充饥。空闲时间，在旷野坟地间埋好夹子捉鸟。嘴里学着鸟叫，骗那鸟儿来上当，什么斑鸠、窜窜鸡、蘑菇油（鸟名），夹住了就是一顿美餐。天空飘着孩子们放飞的风筝，上有八卦、孙悟空、老鹰、燕子。有的风筝上挂了风铃，呜呜地叫着，引得行人们驻足观看。再下去，阳光和煦，野马奔腾，大地松软，草色遥青，青草发芽了，长高了。小燕子从南方飞回来了，修补着堂屋梁上去年的旧巢，准备着产卵孵雏。爷爷奶奶说，谁家的日子过得兴旺，燕子就到谁家做窝；家里不团结，日子过差了，燕子明年就不来了。燕子有两种，一种红脖梗的是游燕，它不爱卫生，把屎拉在家里；一种白脖梗的是家燕，它讲卫生，把屎拉在外边。不管哪种燕子，到谁家谁家都欢迎。看它们成双成对飞进飞出，人们脸上泛着关爱之情。特别是当小燕子孵出之后，老燕子忙着捉虫哺雏，小燕儿呢呢喃喃，给家里添了许多情趣。

清明节的早上，家家都吃单饼卷鸡蛋。人们会折一点松枝戴在衣襟上，如果家里养了狗，连狗脖子上也要带上，寓意是在这一年里清清朗朗。庄上好事的人架起了秋千，秋千上也插着松枝，男男女女争着抢着打秋千。有一种转秋千，是平地竖起一根大木头，木头顶部拴几根长绳，长绳末端绑一个牛索头当座位，共两组或四组，大木头下边绑上推杆。好多人跑上前去推着转圈，牛索头上坐着的两个或四个人，就被甩起来，下边的人越推越快，人就会平着飞起来。坐在上边的人就惊叫起来，十分惊险，小孩子是不敢玩的。

　　夏天转眼就到了。先是洋槐花开了，空气中弥漫着槐花的甜香。铁匠们来了，小响锤一敲，人们围上来，请铁匠给打把新工具。更多的是修理旧工具，磨秃了的，加一加钢，用短了的，接一接长。那铁匠姓牛，是爷儿仨。红炉盘起来，大风箱摆开来，老牛掌钳，大牛大锤，二牛二锤兼拉风箱。老牛的小响锤打哪，大牛打哪。有时二牛也参加进来，那声音是"当、当、当叮当，当叮当叮当叮当"，像锣鼓点，好听极了。孩子们围过来看，只见炉火通红，那钢块从火里钳出来，红得发白，似晶莹透明，一锤下去，钢花四溅，美极了。铁匠常吃的饭是小米干饭，就在红炉上自己做，香极了。爷爷说，铁匠的活儿重，小米营养好，干饭抗饿，做起来方便，这是他们祖辈流传的经验。正因为这样，乡里人骂那些光能吃不能干的人是"让你拉风箱你拉不动，让你上门要钱你怕狗咬，让你吃干饭你哧溜哧溜一碗一碗又一碗"，说的就是铁匠。赊小鸡的也来了，挑着两个特制的平底大箩筐，小鸡儿在里边拥拥挤挤，唧唧地叫成一片。一进村子，赊小鸡的就吆喝："赊——小鸡儿！"声音婉转嘹亮，如唱歌一样。大娘婶子们围上来，你十个，她二十，挑挑拣拣，选了又选。令人惊奇的是，小鸡儿难分公母，赊小鸡的人却能保证你赊的小鸡当中出的母鸡不少于多少只。更令人惊奇的是，不见赊小鸡的人记账。他一路走来，多少村子，赊鸡的妇女住在哪里，赊了几只，他都记在心里，秋后来收钱，从来不会搞错。还有那收废品的，也吆喝。你听："拿麻绳子换针来！""拿头发换针来！"这是收废品的。你把那些断了的旧麻绳子，妇女梳头攒下的头发交给他，上秤称了，他就给你几根或几包缝衣针。还有货郎，摇着货郎鼓，"拨隆咚，拨隆咚"，引得孩子们跟着跑。货郎担上吃的用的全都有。有一年，从南方来了一个卖梳子篦子的，吆喝起来声音很怪："刮子刮子卖刮子！"一个劲地喊。人们出来一看，原来刮子就是梳子和篦子，觉得很好玩。后来，村村有了供销社，这些手艺人，买卖人也不来了，乡村里也少了不少乡野的歌唱和情趣。

端午节到了，家家门口插上了艾草。丰收的年头，人们也包粽子。那粽子是用芦苇叶包上粟米和红枣，味道自然不地道，还不如饺子好吃呢。小麦要收割了。这是农家最重要的农事活动，也是农家的盛大节日。"麦从西来，谷从东来。"小麦是从西边先成熟的，所以，爷爷他们就穿戴一新，拿上镰刀到西边（县城附近）去"典功夫"（打短工），帮人家割麦子。一来挣几顿好饭吃，二来挣几块钱买几斤肉、几斤鱼回家"犒劳镰"，改善一下生活，接着割自家的麦子。割麦子可是技术活，镰刀要磨得风快。一般人是用短柄镰，蹲着割，爷爷是用长柄镰，弯着腰割。割麦子讲究速度快，麦茬低，捆得结实。如果领头的本领高强，后边的人赶不上，那这领头的就会远近闻名。如果领头的没本事，被后边的人赶上了，那他就脸上无光，再不敢领头割了。所以我们家割麦子，总是爷爷领头，父亲、三叔、四叔们在后边跟。我们小孩子就跟在大人后边拾麦穗。爷爷割过的地方，落下的麦穗最少。午饭是送到地里吃的。大家把几个麦个子丛起来，遮一下火辣辣的太阳，吃着大馍馍，就着咸鱼，特别香。麦子割倒，当天就得运回家，一般都是爷爷和父亲用小车往家推，我在前边牵牲口。有一年，在王家屋子前割小麦，用驴子往家驮，这赶驴的活就交给了我。我感到很自豪，觉得自己长大了，能单独执行劳动任务了。麦子运回家，先要用铡刀铡下麦穗，然后晾晒在场上，晒好了，套上牲口，拉着石磙，转着圈子脱粒。旁边的人一看到牲口翘尾巴，就赶紧端着一个大瓢跑过去接牲口的粪便。不然，牲口的粪就和麦子碾在一起了。这端粪瓢的活有时就是我来干。六月天，孩儿脸，说变就变。一会儿烈日当空，天气晴好，忽然一阵风，云飘过来了，倾盆大雨下起来。有时候，街西有雨，街东无雨。所以，一看天要变，赶紧抢场，把麦子垛起来盖好，否则被雨打湿，被水冲走可不得了。那时没有天气预报，是否摊场晒麦，往往凭经验。经常会有人来问爷爷："二爷，今天这天不要紧吧？"得到爷爷的答复后，他们再决定今天的行动。麦子打了，晒干了，入仓了，男人们锄豆子，女人们选草（从铡下的麦根子里挑选麦穗）。这些活都干完了，就该挂锄歇伏了。

妇女们可带上针线活，带上小孩子回娘家住个十天半月。小时候，我每年都跟母亲去外婆家住几天。外婆家的地种得好，庄稼一行行都是笔直的，大概播种时事先划上线了吧。场上也收拾得特别干净。菜园里有桃树、李子、木瓜，篱笆边上还种着百合。最有意思的是外婆家的那头黑叫驴，喂得油光水滑，力气大似牛马，干活卖力，竟然欺女怕男。女人一碰它，它又踢又咬，只有男人可以使唤它。所以，每逢外婆、姅子要推磨，就把一上午要磨的粮食准备好，然后由外公或舅舅把它的双眼蒙上，把它套在磨上，一声断喝，它就小跑起来，一个上午也不会停下。但如果有女人说话的声音或是去吆喝它，坏了，它就停下来了，任女人怎么打骂，它都不走，非得一个男人来大喝一声，打它一棍，它才走。所以，外婆家磨面时，只能悄悄地向磨里加粮食，谁都不敢大声说话。我虽小，但是男人，不受这个拘束。我心里想：这驴真傻，你可以停下来歇歇的，欺负女人要多干多少活啊！

整个夏天，孩子们的乐园就是胶河，但家里大人不放心，不让下河。有一年夏天，河里发大水，水刚退，还挺深，我急不可耐地下了河。走到河中心，一下子没了顶。那时候还没学会游泳，喝了几口水。想叫人，一张嘴又是几口水喝下去了，只听到向上冒的气泡在耳边响。幸亏孙宝义、方延新两个叔叔看见了，他们抓住我的头发，把我救上岸来。事有凑巧，正好父亲扛着锄头回家，看到我蹲在地上吐苦水。他脱下鞋子，对着我的屁股一顿好打，吓得我赶紧跑到场上一个草垛后躲起来，饭也不敢回家吃了。待了很久，才听到奶奶叫我。我跑出来。奶奶说："该打，没淹死还不侥幸？回家吃饭吧，你大睡了。"我这才回家吃饭。之后好多天不敢下河。

夏天的夜晚，爷爷拿着稿荐（麦草编的草席）到河堤上或场上乘凉。一家人坐在一起，我躺在爷爷身边，仰望着遥远而深邃的星空，听爷爷讲那鬼怪神狐及历史故事。我的思绪也随着爷爷的故事在鬼神的世界或历史的时空里游荡徜徉，有时畏惧惊悚，有时仰慕企盼，有时扼腕叹息，有时憎恨愤慨，也有时因白天太累，不知不觉地进入了梦乡。

秋天到了。高粱红了，谷子黄了，棉花白了，芦花放了，大豆摇铃了，地瓜裂岭了，一年中最忙的时候到了。秋收完了，还要种小麦，立秋那天还得种白菜。大人们顾不上管孩子，孩子们能干活的跟着干活，不能干活的在家看门，谁也不闲着。这时候，最好玩的事，莫过于在地里烧豆子吃。把干豆叶集中起来，挑一些好黄豆放在上边，下边用火点着，大火过后，脱下一件上衣把灰扇走，剩下的就是熟黄豆粒。大家抢着吃，吃得嘴巴上、脸上都是黑灰。再就是抓蚂蚱。秋天，蚂蚱肚子里都是卵，烧着吃特别香。有一种叫"稍母甲"的蚂蚱，长长的肚子里满是黄色的卵块，特别好吃。秋天一到，水凉了，鱼香了。人们就想法抓鱼。爷爷有一个旋网，来到河边，看准了，撒下去，网网有鱼。"秋风响，蟹脚痒。"蟹子们要去海口产卵，顺流而下。爷爷就用高粱秸编成"梁子"，拦在河上，一边留一个口子，口子用几块砖头砌好。晚上，点上马灯，守在旁边，那螃蟹就会一个个顺着口子爬过来，一抓一个准。有时一晚上要抓几百只，装满一大缸，自己吃不了，就拴成一串串的到集上卖。那螃蟹脂黄膏满，又鲜又香。最壮观的场面莫过于"翻湾"了。我们村和大栏村中间有一大湾，大湾里有鱼。人们集合起来，脱光衣服，下到湾里。前边的人排成一排用手摸，后边的人架起一张从东到西的大网，跟在摸鱼人的后边缓缓前进。摸到的就往岸上扔，岸上有人专门拾鱼。架网的人到了湾头上，发一声喊，把网抬起，鱼在网中跳，人在岸上叫。人们分了鱼，各自回家，只剩小孩子们还在岸边用扒网子捞那些被呛上来的小鱼小虾。

立冬了，下雪了。穷人家最难过的是冬天。大人孩子只穿件空棉袄，穿条空棉裤，里边连衬衣衬裤都没有。为了暖和些，裤脚处都用带子绑扎起来。脚上没有棉鞋，就穿草鞋。草鞋是在草鞋窨子里编的。草鞋窨子是几家合伙挖的，足有三四间屋大，两米多深，上边用木头架梁，铺上厚厚的高粱秸，外层是厚厚的泥土。窨子顶上留有天窗，装着玻璃，以便采光。人从巷道里进去，里边暖和极了。编草鞋的每人占有一块地方，脱了棉衣干活。编草鞋用的蒲草是秋天从自家湾里割的，也有买来的。编的草鞋有单有棉，单的夏天穿，棉的冬天穿，有大人的，有小孩的，还有小脚女人的，式样很多。有的为了耐穿，鞋底上加了布条和麻；有的为了好看，鞋帮上编了花纹。编多了，就挑到集上去卖，一个冬天也能挣几元钱。钱不多，但比闲着好。草鞋窨子是孩子们的乐园。这里暖洋洋的，人们说笑话，讲故事。还有那卖包子的、卖花生的来挣编草鞋的人的钱。有那仗义疏财的人就买了请客，自然也有小孩子们的分儿。一直到夜深了，人们才回家，也有不愿回家的，就在草鞋窨子里睡了。小孩子想在窨子里睡，大人不允许，说窨子里潮湿，容易落下病呢。

初冬时分，野鸭大雁都来了。爷爷有时扛起土枪去打猎，经常打回来的是几只野鸭，有一次打回了一只大雁，比鹅还大。爷爷用大雁的毛做了一柄像诸葛亮用的那种鹅毛扇，用了好多年都没有坏。小雪收白菜。那时候，冬天没有什么菜吃，有萝卜白菜吃就不错了。收的白菜，要挖一个很大的窨子存放。萝卜收了，在地下挖一个大坑用土埋上。白菜要经常取出来晾晒，下窨子取放白菜往往是我们小孩子的事。而挖萝卜的活，就难多了，冰冻三尺，要用铁镐刨半天，震得虎口疼。还有地瓜也是放在窨子里，窨口狭小，要下去取地瓜，也是小孩子干的活。还有一个活是小时候最不愿意干的，那就是打扫牛栏。家里在东厢房养着一牛一驴。一宿下来，又拉又尿，粪便一大堆，要一筐一筐扛到圈里，然后再用干净土垫好，又脏又累，不如搂草拾柴火痛快。几个小伙伴背上篓子，扛上耙子，到田野里搂草，疯跑打闹也没人管，可以挖老鼠洞，掏狐狸窝，都有无穷的乐趣。

下大雪了。我们堆雪人，打雪仗，天虽冷，但也闹得满身大汗。"瑞雪兆丰年。""雪是麦子的被，明年枕着馒头睡。"人们期待着，盼望着：冬天到了，春天还会远吗？古往今来，祖祖辈辈，就这么期待着，盼望着，承受着，传承着，发展着……

莫言文学馆创建回想

莫言文学馆落成开馆，为高密文化建设一大盛事。自 2006 年筹划落成，历时三年，余皆参与其事。回想其中艰辛波折，不胜感慨。适逢《莫言研究》专刊征稿，草此拙文。

一、 父亲的告诫

早在筹划之初，80 多岁的老父亲就知道了。他对我说："我的意见最好别建什么文学馆。你看人家日本的大江健三郎，世界上的什么大奖都拿了，

莫言文学馆外景

还那么谦虚，七十多岁了还到咱这么穷的地方来过年，也没听说人家建什么文学馆啊！告诉谟业，千万要谦虚谨慎。"我点头唯唯，告诉他建文学馆不是我们的意见，是政府行为，就像要修复旧居一样。其实，我对建文学馆和修旧居也有想法。我知道陕西的贾平凹，浙江的余秋雨，家乡人为他们建文学馆，修旧居，网上都有人反对。我们何必因此招惹是非？我总觉得这两件事莫言都担当不起，我们家担当不起，不禁惶恐万分。谈到修旧居，父亲也说过不要修。他说："修了让人笑话。听说周恩来总理在世时，家乡人要给他修旧居，他都反对。我们这些小人物修什么旧居？"一开始，我就是带着父亲的告诫和一份惶恐之心参与了文学馆的创建。

二、 会长的批评

因为有老父亲的告诫和自己心中的一份惶恐和半分疑虑，在工作上总是

莫言与莫言研究会会长孙惠斌、副会长柴修森

放不开，无论是开会发言还是改稿，总是人云亦云，很少提个人意见；在起草有关文稿时，凡是牵扯到本人及家人的，我是尽量避开或简略言之；凡涉及对莫言的评价的，则尽量就低不就高。为此，会长孙惠斌同志对我提出了批评。他不止一次说："谟贤啊，建文学馆不是为你们老管家修家庙，这是高密文化建设的大事。莫言是高密的，莫言是世界的！你不要把它看做是你自己的私事。莫言走上文学创作道路，怎么也少不了你这个大哥的影响和帮助，这一点你要加上，不能客气！我们干的这个事是要留给后人的，要对莫言负责，更要对历史负责。"听了会长的一番话，我才意识到自己肩上的责任，全身心地投入了文学馆的文字写作和图片实物的收集工作。其中序言部分我自己三易其稿，魏修良同志三易其稿，后取两者之长，字斟句酌，经孙惠斌同志修改才定了稿。在"成长道路"这一部分中也增加了我对莫言的"影响"和"帮助"的内容，比较客观地反映了当年的事实。

莫言文学馆开馆仪式上，时任文化部副部长王文章致贺词

三、 四上北京

为了筹建莫言文学馆，研究会秘书长毛维杰同志曾六上北京，每次都是收获丰厚，满载而归。其中我陪维杰同志就去了四次。第一次去是 2006 年 5 月中旬，坐火车去的。这次主要是征求莫言对我市成立莫言研究会的意见，莫言自然不赞成，一再表示自己只是一个普通的作家，写了几本小说，不值得研究。在我们一再坚持之下，莫言为研究会题了词，表达了自己的惶恐之意（见《莫言研究》第一期毛维杰同志文章《大音希声》）。我们在北京只待了一天，就匆匆赶回来了。在我们离开时，莫言将包括自己作品在内的近百册书籍送给研究会，并亲自将两个大包推车送到旅馆。这两大包书可把维杰同志累苦了，上下火车只好扛在肩上，提在手里，书又重，一会儿就大汗淋漓了。

第二次赴北京是 2007 年秋天，其时莫言文学馆已经动工。馆内设计已出初稿，研究会派我和维杰同志进京征求莫言和李希贵同志的意见，同时向

莫言文学馆开馆仪式合影

莫言征集展品和商量找人题写馆名的问题。我们又一次来到莫言家里，莫言已经将几百册书籍、手稿及获奖证书若干件准备好。恰好中国现代文学馆的人也来征集此类物品，莫言只好说："对不起，我大哥和家乡人来了，这次不能给你们了。"这次我们的收获极大，装了满满一车。至于馆名的题写，莫言感到为难，我们不约而同地想到李希贵同志。李希贵同志早在 1996 年任高密一中校长时就提出要成立莫言研究室，是莫言研究会最早的发起人之一。我和他共事三年，深知他活动能力强，堪称社会活动家，现在担任北京十一学校校长，国家督学，他肯定有办法。我和维杰同志到了十一学校，受到希贵同志热情接待。当希贵同志听说莫言把许多珍贵的物品献了出来时，一再叮嘱毛维杰同志，回去要买保险柜，把这些珍贵物品保管好。维杰同志回来汇报领导后照办了，这是后话。谈到为莫言文学馆题字的事，希贵同志满口答应。我们一起商量了一会，觉得王蒙较为合适。 来他是国内外著名

莫言在文学馆开馆仪式上发言

的大作家，是莫言的前辈；二来他曾经担任过文化部长，名位都适当。希贵同志说："包在我身上了。"果然，几个月后，王蒙的题字就拿到了。

　　第三次去北京是 2008 年 11 月。这次去主要是到莫言家拉书。莫言在家整理了好几天，上千册书刊堆在家里。车到后，莫言夫妇帮我们装车，装得满满的。这次去，我们还参观了中国现代文学馆和鲁迅博物馆故居。参观之后，更坚定了我们办好文学馆的信心，因为我们拥有的东西比他们多得多。但回来却不顺利。因为走济南方向，一上京沪高速就堵车，早上很早离开北京，

12 点才到天津静海。到达济南时，天已经黑透了，人也极疲劳，只好住下。所幸我的腰椎病没有犯，总算圆满完成了任务。

第四次去北京是 2009 年 8 月 28 日。其时，文学馆已开馆，为报答家乡父老的厚意，莫言要捐献大批书刊和资料。这次也是带车去的。莫言果然送了几百册书刊和一些实物，最宝贵的是香港公开大学发给莫言的博士服和大量光碟、音像资料及荣誉证书等，装了满满的一车。回来时，我和维杰只好坐火车。

四、 一张奖状和一张照片

随着建馆工作的深入，我心中的疑虑也逐渐消除了。我原来想，文学馆至多办成"文革"中那种阶级斗争图片展览就不错了。但事实是，孙惠斌同志凡事都是高标准严要求。这种精神感动了我，所以我把自己珍藏的莫言的书籍、手稿、书法作品、物品等逐步献了出来。为了说明我对莫言的"影响"，我把自己在高密二中读高中时获得的一张奖状和刚上大学的照片拿出来。奖状是 1962 年 5 月 1 日获得的。高密二中一向有重视文体活动的传统。每逢五一，国庆总要举行文艺汇演，每个班级都要出节目，有时老师也出节目，师生同乐，其乐融融。我因为从小爱好文学，所以每次会演都参加。在二中的舞台上，我曾经扮演过吕剧《墙头记》里的二乖，话剧《三世仇》里当了解放军的"虎子"，歌剧《三月三》里的匪兵甲等角色，还登台说过相声。虽然演技拙劣，但大家高兴，自己也高兴。这一年的五一节前，班里准备节目时，大家一致认为下学期即是高三，搞大节目就不可能了，这次一定要搞台大节目，给母校留下点印象。我自告奋勇，用了几天时间把语文课本上峻青的短篇小说《黎明的河边》改编成话剧，然后班上的文艺活动积极分子们争先报名担当角色，就自导自排起来。我自己在其中担任了武工队副队长一角，借了总务主任的驳壳枪（真家伙，那时有的校领导有枪）背着，很是过瘾。演出后，班上得了一等奖，同时发了一张奖状给我，上写："管谟贤同学荣获我校第三届文艺汇演剧本改编奖。高密县第二中学，一九六二年五月一日。"这张奖状，我已珍藏了五十多年，这次拿出来作了我爱好文学的佐证。

我捐的这张那张照片是我刚考上大学时在上海照的。在我保留的青年时期的照片中，这一张是美化了自己形象的。为了说明自己考上大学对莫言的"影响"，让这张照片也出了丑。谈到"影响"，一家子兄弟几个，老大应该是弟兄们的榜样，我考上大学，对弟弟们的"影响"，当时应该是很大的，起码，可以让他们知道，除了当兵之外，通过自己的努力，读好书，考上大学，也可以跳出"农门"！

1964 年作者在大学

五、 三份手稿和三封信

展出的手稿中有几份是我献出来的。其中要说明的是一篇小说《青草湖边的故事·金翅鲤鱼》的初稿。这篇小说是莫言初学写作不久的作品，大概是 1983 年吧。那时我还在湖南工作，莫言写好后寄给我让我修改的。我看过后，认为很好，大有孙犁《荷花淀》的味道，我稍作修改，重抄一份寄给了上海的一家小文学刊物，未被采用。原稿就被留下来，保留至今。这个短篇，后来莫言又重新写了一遍，改动不大，刊登在河北的《无名文学》上，后收入上海文艺出版社出版的莫言精短系列《初恋·神嫖》一书中，标题改为《金鲤》。这份手稿字迹规整漂亮，由此可见莫言写作的态度之认真。另两份手稿是莫言为大栏至诚小学起草的有关碑文、校训等，中间有我用毛笔改动的地方，特此说明。至诚小学是我村台胞单亦诚先生投资建成的，现在已废弃不用。大门上方"至诚小学"四字是莫言请著名作家吴祖光先生题写的。莫言当兵之后，给我写过大量书信，其中绝大多数我还保存着，虽然从南到北地折腾，多次搬家，很多信件书刊都处理或丢失了，唯有莫言的信保存完好。这次展出的三封信件是从莫言在保定当兵时给我的诸多信件中挑出的，主要是反映莫言写作之艰难、学习之刻苦以及我对他的所谓"支持"这个主题的。进入90年代，电话、手机家家有、人人有，信写得少了，但莫言只要寄东西给我，哪怕是只言片语，我都珍藏着，恕我不能捐献。

六、 得意之作

文学馆筹建期间，自己参与写作和修改的文字不计其数，可以说每一个字都有我的心血，但不敢说其中没有缺点和错误，更不敢说没有可以修改的地方。自己最满意的是楹联的创作。尤其大门口的一幅最感满意："身居平安里心忧天下，神游东北乡笔写华章。"现经贾平凹先生书写之后，从内容到形式相得益彰。上联云"身居平安里"，好在"巧"上：因莫言出生在大栏平安庄，北京的家在平安里，县城的新家在翰林苑。查民国《高密县志》，有"城南十里有平安岭"的记载，此正翰林苑所在地也，可谓巧极！居住地不离"平安"二字，愿莫言一生平安！下联云"神游东北乡"，妙在"神游"二字：莫言生在东北乡，想念东北乡，关心东北乡，描写东北乡，创"高密东北乡"文学王国，一回到东北乡就文思泉涌，东北乡将伴其一生。

当时和维杰同志去北京征求意见，李希贵同志一眼就选中了这一幅，说："就用这个吧！"得到同志们的认可，我心中很是得意。

附当时所拟楹联：

身居平安里心忧天下；

神游东北乡笔写华章。

注：对联已由贾平凹书写，挂文学馆大门。莫言生在高密河崖平安庄，高密县城新居在城南平安岭，在京居住在平安里。

唯有根植故乡，莫言问鼎诺贝尔；

只管潜心写作，且说学习高尔基。

如椽笔笔写天下事；

且寻根根植东北乡。

谁敢问鼎诺贝尔；

君已比肩加西亚。

注：加西亚·马尔克斯，哥伦比亚作家，拉美魔幻现实主义的代表，其作品《百年孤独》获 1982 年诺贝尔文学奖。

奇思妙想震文坛；

立异标新领风骚。

问民疾苦莫之与京；

写新小说言妙天下。

注：莫之与京，成语。莫，没有什么；京，大。意为大得没有能跟它相比的，形容极大。《左传·庄公二十二年》："八世之后，莫之与京。"

萝卜透明惊文坛；

高粱火红誉全球。

注：莫言成名作《透明的红萝卜》；代表作《红高粱》。

高密大栏东北乡乃莫言之文学王国；

棉花萝卜红高粱须记取非种树之书。

注：《白棉花》、《透明的红萝卜》、《红高粱》为莫言著名小说。种树书，农业种植方面的书。《史记·始皇本纪》："所不去者，医药、卜筮、种树之书。"辛弃疾《鹧鸪天》词云："却将万字平戎策，换得东家种树书。"

莫言考察晏子冢

　　且揽密邑胜景，看凤凰名园，南湖风月；

　　若论古今人物，有三贤事迹，莫言文章。

注：三贤，晏婴、郑玄、刘墉。

2009 年 9 月 10 日

爷爷讲的故事

　　我爷爷不识字，但很会讲故事。我和弟弟们是听着爷爷的故事长大的。夏天的河堤上、场院里，乘风凉的人多，只要爷爷来了兴致开了讲，总会吸引一大群孩子和邻居大人们来听。有时候听了害怕，吓得不敢一个人回家。冬天，在热炕头上，爷爷也常讲故事。这些故事有的已被莫言写入小说，有些还留在我的记忆里。现将爷爷讲过的故事回忆整理，写下来，一来是对爷爷的纪念，二来可以供研究莫言的同志参考。

一、 陶指挥庄的沉没

大概在元末明初的时候，高密柏城以北、王党以南的胶河东岸有一个陶指挥庄。庄主姓陶，曾是一名武官，担任过指挥一职。这人官做大了，就忘了老百姓的疾苦，也不知道勤俭持家了。他天天花天酒地，家里鸡鸭鱼肉吃不了，放臭了也舍不得给穷人吃，绫罗绸缎穿不了，放烂了，也不肯送给别人。连家里的仆人也不知道珍惜东西，做饭的厨子到胶河里淘米，那米漏到河里一半也不心疼，就这么糟蹋东西。后来，只要他家的厨子到河里淘米，上游就会游来一群鸭子，把漏掉飘走的米都吃了。天长日久，暴殄天物，惹恼了上天。有一年夏天，胶河发大水。一天晚上，整个陶指挥庄全部沉到胶河里，被水冲走了，只有少数吃斋行善的人幸免于难。后来，这些人家就迁到了现在的姚哥庄去了。姚哥庄就是陶家庄，陶姚不分。据说，陶指挥家的金银珠宝有九缸十八坛，全被河水冲走了。

有一年，我的六老爷爷下河打鱼。一网下去，只觉得沉甸甸的，拉上来一看，是一个养鱼的缸。缸底画着两条大鲤鱼，看看没有什么奇特的地方。拿回家后，把缸里装满水。到了晚上，在月光底下，奇事发生了，缸底里的两条大鲤鱼竟然活了，在水里游来游去。此事传出去后，有的人出大价钱要买，我六老爷爷坚决不卖。几年后，一个道士来看了一次，不久缸就破了。接着来了一个外地人把缸的碎片都买走了。据人说，这个缸就是陶指挥家的，是个宝贝，来买碎片的人，是和道士串通一气的。道士先来把缸的精气带走了，他们再把碎片买回去，还可复原。

二、 "火烧"的来历

都说"高密的炉包，夏庄的（抻）面，南曲的火烧不用看"。南曲的"火烧"为什么叫"火烧"不叫烧饼？为什么好吃？这里面有故事。据说早先南曲一带有一座玉皇阁，玉皇阁里有一个牛鼻子老道，带着一帮徒弟。他们不好好修行，专门勾结官府，干些欺男霸女为非作歹的事。老百姓对他们恨之入骨，敢怒而不敢言。这事被天帝知道了，就派八仙中的铁拐李前来收拾这帮坏蛋。铁拐李变成了一个老头，赤着脚，身穿破衣，身上爬满了虱子，散发出一股汗臭气。他手提一个大筐，筐里盛满了圆圆的烧饼，一边走一边吆喝："吃火烧来吃火烧。吃了火烧不火烧，不吃火烧大火烧。"人们听到吆喝声，纷纷跑出家门来看，谁也听不懂他说的话：明明是烧饼，怎么叫火烧？再看他那脏样子，谁也不愿意买他的火烧吃。有的人心好，看到这老头可怜，就花钱买他的火烧吃。还别说，这火烧真香，他们从来没吃过这么好吃的烧饼。村里人听说后，纷纷前来买火烧，拿回家都趁热吃了。听到声音，玉皇阁里的道士也出来看，他们一见这老头肮脏无比，就又打又骂将他赶走了。老头走后不久，天就黑了。当天夜里，天黑得伸手不见五指。玉皇阁忽然起了一把大火，并蔓延到村里。这大火将玉皇阁烧得精光，牛鼻子老道和他的徒弟们都被烧死了。那些吃了铁拐李火烧的村人，当天夜里都闹肚子，睡不着。见起火了，大家互相帮着救火，并没受到多大损失，全部得以活命。事后，人们想起了老头的火烧，那么香，那么好吃，还救了大家的命，就都学着做。那火烧的面经过千锤百揉，做成一面大一面小的坯子，放在炉子里烘得两面发黄，中间还有一个"小舌头"（面饼），香气扑鼻，又好看又好吃，存放好多天都不会坏。这"火烧"就一直传承下来了。

三、 雷电劈人（二则）

为人在世，千万不能做坏事，尤其不能做伤天害理之事。人在干，天在看，做了坏事，要遭天谴。特别是夏天打雷时，做了坏事的人，往往会被劈死，死时一般都是趴在地上，背上会写着他的罪行。这些字，只能被第一个发现的人看见，然后就没有了，看不见了。

（一）

有一年，一个大姑娘未婚先孕，生了一个私孩子。这是一个男孩，长得又白又胖，但也不敢留在家里，留在家里太丢人，这姑娘就再也嫁不出去了。这姑娘的父母很有钱，他们就把孩子用一条新被子包好，里边放上一丈多红布、二十块大洋——这在当时已是一笔不小的钱财。还写了一张字条，字条上写着："爹十八，娘十七，月亮正晌参正西，生了个孩子叫路喜。爹娶了西村大脚张二姐，娘要嫁东庄疤眼子。忍痛抛却亲骨肉，爹哭儿娘哭儿，只怕路上行人知。路喜路喜路上喜，谁家捡着谁家的。包上红绫一丈一，送上大洋整二十，求告好心行路人，救条性命积阴骘。"就趁天黑叫家里的仆人把孩子放在村外大路边的草棵里。一般人碰到这种事，都是把孩子抱回家养着，自己不愿养的就送给熟人或亲戚。但路喜却碰到了坏人。这人还是本庄的，是个混混，心狠手毒，一辈子不干好事。他一看小被里包着这么多好东西，就把红布和大洋都拿走了。这还不算，他还把孩子从路边抱到路中间的车辙里，一会儿，正好一辆大车经过，赶车的因为天黑没看到，就把孩子压死了！时值夏天，庄上这人第二天下地干活，本来晴朗的天，一下子乌云翻滚，电闪雷鸣，这人就被雷劈死了。第一个看到尸体的人说，这人背上写着"图财害命，死有余辜"八个大字。

（二）

有八个泥巴瓦匠外出打工，路上碰到大雨，大家一起到土地庙中避雨。只见天空黑云滚滚，雷电大作，云中似有龙吟。一个连一个的大火球围着土地庙乱窜，众人吓得心惊胆战。这时有一个人说："我们之中肯定有人做了伤天害理的事，老天要惩罚他。谁做了坏事，赶快出去，不要连累了大家。"谁都说自己没做坏事，不肯出去。有人出了个主意，说："我看这样吧。大家都把头上的苇笠撒出去，谁的苇笠撒出去再被风吹进来，谁肯定做了坏事，谁就出去受死！"大家一致同意这个办法，先后将自己头上的苇笠摘下来往庙门外撒去。八个人中有七个苇笠撒出去后落在地上不动了，只有一个青年人的苇笠刚撒出庙门，一阵旋风又被刮了进来！其他七人齐声大叫："原来是你！赶快出去！"这青年赶忙跪地求饶，不肯出去。另七个人当然不依不饶，七手八脚把这个青年人抬起来扔出了庙门。就在此时，只见电光一闪，"喀喇"一声响雷，土地庙被劈倒，庙里的七个人都被劈死了，只有庙门外的青年人活了下来。

四、 科考故事（六则）

（一）

过去的科举考试神灵大着呢！祖坟风水不好，祖上不积德，本人干了坏事，学问再好也考不中。你大老老爷爷（我高祖父的兄长）是晚清秀才，到北府（莱州）去参加府试，进了考场，封了门，戒备森严，任何人都不能出入了。半夜时分，监考的军卒会出来敲锣净场。一边敲还一边吆喝："有冤的报冤，有仇的报仇"！叫声十分瘆人。这时候在号子里的考生往往会见神见鬼，胆小的真会被吓死，连考也不敢考啊！

有那么一个秀才去济南府考举人。他骑着骡子出门，才走出了二里地，就看见一个漂漂亮亮的小媳妇挡住了他的去路。他怎么绕也绕不开，这秀才想：这小媳妇一定是家里的仇人。他只好回到家里，对爷爷说了此事，他爷爷仔细地问了这小媳妇的长相，想了一会就说："不要紧，这是我的一个未婚妻，是望门妨（高密方言，指已订婚未能成婚就死去的女人），按理说也是你奶奶，我明天就把她葬入祖坟，你尽管放心大胆地去考。"于是爷爷立即派人找到那女人的埋骨之地，把她迁葬进自家的祖坟。秀才就放心地上了路，一路上平安无事，三场考试完毕，中了副榜。

（二）

有一个举子进京赶考，走到一条河边准备过河时，忽然看到一群蚂蚁漂在水面上，甚是可怜，便动了恻隐之心，他用双手把蚂蚁捧上岸来，救了它们。一路顺利到了京城，进了考场，考得很顺利，自以为必中。但他不知他的一份卷子上有一个字漏了一个点。这可了不得，按规定，你的文章做得再好，写了错字，就算违规，绝不能录取。阅卷的考官在批他卷子时发现了这个错误，就要把他的卷子以违式论，"贴出"作废。这样他就不能被录取了。但奇怪的是，这时有一个蚂蚁爬上了卷子，趴在缺点的地方不动了。考官把蚂蚁赶走，蚂蚁马上又爬过来了，还是趴在老地方不动。这样反反复复好多次。考官就想：这个举子肯定是忠厚行善之辈，做了好事，这蚂蚁是来报恩的。于是就把这份卷子作为好卷子，这个举子就考中了进士。

（三）

清朝乾隆年间，夏庄有一个叫胡万年的，中了进士（作者按：史上确有其人，为乾隆甲戌进士，字大千，见《高密县志》）。胡万年早年丧父，靠寡母和叔父养大成人，自幼聪颖无比。读书后，家里专门为他从平度请了名师，十年寒窗，终于得中。据说，在葬他父亲的时候，家里请了有名的风水先生来寻找风水宝地。墓地选定后，风水先生说："这穴好地，保你家万年千秋出进士！"谁知道，胡万年表字千秋，自他中了进士后，子孙后代再也没有人中过进士，可不是"万年千秋中进士"吗！

（四）

世人传说，中状元的人都是文曲星下凡。清朝时，潍县出了两个状元，一个是曹鸿勋，一个是王寿彭。曹鸿勋是光绪二年中的状元。王寿彭更晚，等他中了状元后，不几年清朝就灭亡了。

曹鸿勋小时候家里很穷，他爹是个卖烤地瓜的，做小买卖，全家人省吃俭用，供他念书。曹鸿勋天资出众，刚发蒙时，什么《三字经》、《百家姓》、《论语》、《孟子》，别的孩子一个月背不了一本，他几天就背熟了。先生见他天分好，与众不同，就对他特别宠爱，让他睡到自己的家里来，管吃管住。到了夏天，先生睡在炕上，撑着蚊帐，还被蚊子咬得浑身是包，痒得睡不着觉。曹鸿勋睡在板凳上，没有蚊帐，每晚都睡得十分香甜。先生感到奇怪，就问："鸿勋，蚊子咬你不？"曹鸿勋回答："没有蚊子啊！"先生觉得不可能，就说："咱们两人换换地方睡吧！"曹鸿勋就和先生换了。先生在凳子上躺下，没有蚊子！而且凉风习习，十分舒服。刚蒙蒙胧胧要入睡时，只听到有人呵斥道："还扇什么扇？文曲星早上了炕了！"话音刚落，就听得蚊子嗡嗡地来了，声音大如雷，无数蚊子朝他身上叮来。这下先生心中有数了，知道曹鸿勋是天上星宿下凡，暗中有神灵护驾呢。从此老师对曹鸿勋更好了，把自己的一肚子学问都教给了他。曹鸿勋也很给老师争光，刻苦学习，终于中了状元。

王寿彭中状元也有天意，那一年正好是慈禧太后七十大寿。考试后，主考官将选中的卷子呈给慈禧定夺。主考官呈上来的试卷当然都是最好的，要等太后钦点状元。太后一看王寿彭的名字，觉得十分吉利——寿彭就是寿限大，万寿无疆的意思，于是就点了王寿彭的状元。

（五）六个"兔子"中了七个

清朝时候，高密夏庄的杜家官庄村有个叫杜延文的，是个举人。他学问很大，又是有名的大孝子，一辈子收了很多学生。据说他死后前来送葬的人排着队足有半里路长。有一年，他到一个村子里去教书。村里一共有六个学生。这六个学生的家长也都是有文化的，对先生的要求颇高。他们感到先生不行就辞退。杜延文来时，这村已先后换过好几位先生了。有的先生来后第一堂课就被学生问倒了，只好卷铺盖走人。对此，杜延文早有耳闻。他初来乍到，第一堂课就教学生开笔写文章，题目是"人之初"三个字。学生文章写好交上来，杜延文看都不看，一概用红笔扛了。接着还是用"人之初"为题让学生重写。文章收上来，还是用红笔扛了。第三次照样。一连三天都是这样。家长们沉不住气了，要与先生理论理论，于是选了一个学问大的来质问先生。杜延文就如此这般，将学生的作文批评了一番。他讲得合情合理。这位家长心服口服，知道这个先生非比寻常，是个有大学问的人。于是回家教育孩子好好尊重先生，认认真真向先生学。有一天，杜延文在村子里闲逛，看到一头小牛犊，胖胖的，很可爱，就随口说了一句："好小牛啊！"正好被一个当天给先生管饭的学生家长听到了。他立刻买下这头小牛，杀了煮给先生吃。吃饭时，杜延文说："这是哪里的牛肉？又鲜又嫩，好香啊！"学生家长说："就是先生夸的那头牛啊！"杜延文听了，深深地被学生家长的尊师举动感动了，从此更加卖力地教书。几年后，他教的六个学生都中了秀才。很快到了去省里会试的那一年。他和学生一起去济南，半路上住店，碰到一个去赶考的平度秀才，那秀才久闻杜延文的大名，见到他就跪下磕头拜师。杜延文就收了他，一路上为他进行辅导。考完揭榜，六个学生和这个平度人都考中了举人。杜延文十分高兴地说："六个徒弟中了七个！"因为他说话舌头有点长，是"吐舌子"，把"徒弟"说成"兔子"，所以，人们听成了"六个兔子中了七个"！这话很快就传开了，人们都说杜延文授徒，六个兔子中了七个！

（作者按：杜延文确有其人，事载《高密县志》。其字寿农，事继母以孝闻。值捻寇，侍母逃，遇贼相失，冒锋镝遍寻，卒得遇，负以归。壬戌举于顺天，乃专力古文，从游者甚众。殁后，门人私谥曰"文介先生"。其子杜金锡，廪贡生，事亲以孝闻。）

（六）翰林只知道吃饼卷葱

古代参加科举考试经过殿试中了进士的，还要参加一次朝考，成绩好的被录取了叫点"翰林"。当了翰林，进了翰林院，在京里做官，可以经常看到皇帝，一旦被皇帝看中了，就有希望做大官。但翰林院当官的生活清苦，除了一点俸禄外，没有什么"外找"，所以大家都盼望着早日外放去地方上当官。地方官级别不高，一个知县才七品，俸禄也少，但"外找"多，油水大。有道是，"三年清知府，十万雪花银"哪！要是再贪点赃，上下打点好了，一任地方官做下来，那银子就多了去了。听老人说，高密城有一个翰林，在翰林院里蹲了好些年，为了节约家里的开支，天天吃饼卷葱，他觉得很好吃。有一年，他终于被外放到地方当知县，出了京，一路走到德州，还是天天吃饼卷葱。下人们都跟着吃够了。一天，一个下人未经请示，去饭馆点了一个菠菜炖豆腐。翰林吃了，觉得美味可口，就问下人："这是什么菜啊？"下人听了，怕说菠菜炖豆腐太土气，会挨骂，就顺口胡编："这绿的是'红嘴绿鹦哥'，这白的是'一品羊脂冻'。"翰林听了这么好的名字，加之菜的味道又好，一连吃了好几天。从这开始，他才知道，世上还有比饼卷葱更好吃的东西，再也不想吃饼卷葱了。

（五）单小进士的故事

早年间，高密城有一个姓单的小孩，才十几岁就考中了进士，因为年纪小，人们都叫他"单小进士"。

单小进士是个极度聪明的孩子，据说不到十岁就中了秀才。考秀才那年，在北府（莱州）里，各县来的童生年龄有大有小，最大的已经五六十岁，小的也有十八九岁。只有他最小，小屁孩一个，大家都欺负他。开考前一天，大家都住在店里，一些大人就想捉弄他。有人吓唬他说："小家伙，来，围着这张桌子转三圈，否则不准你考。"单小进士一看，周围的人都比他高大，一个个凶神恶煞似的，知道不转圈不行。他围着桌子转了一圈，然后停了下来。旁边的人齐声大叫："转啊！才转了一圈！"单小进士说："我来这儿一次就考中了，还用来三次吗？"大家一听，这小家伙口气不小，知道他不是等闲之辈，就再不敢招惹他了。

过了一些年，单小进士真的中了进士。皇上派他到山西洪洞县当知县。山西洪洞县，那可是《苏三起解》里唱的"没有好人"的一个县啊！他的爷爷认为自己的孙子太年轻，坚决不同意他去赴任。单小进士非要去。爷爷没办法，就说："当县官要审案子，不管大案小案都事关百姓的性命财产，马虎不得。你想去可以，我先弄个案子让你审审。你若能破了此案，就去当你的县官；破不了，就在家里待着！"单小进士满口答应。爷爷让人煮了一个鸡蛋，给家里十二名丫头中的一个吃了，然后要单小进士判断哪一个丫头吃了鸡蛋。单小进士想了一下，灵机一动，去水缸里舀了一碗清水，让十二名丫头每人漱漱口，再把水吐在另一个碗里，那吃过鸡蛋的丫头吐出来的水中自然带着很多蛋屑。这案子一下就破了。爷爷虽然心里挺佩服，但还是不放心，不肯松口，说："这个案子太容易破了，不算什么，我们换个办法。这样吧，我爬到屋顶上去，你若能把我叫下来，算你赢，你就去。"爷爷说完，搬了一把梯子就爬到屋顶上去了。那怎么叫啊？爷爷打定主意不下来，肯定没有办法让他下来。单小进士想了一会，就对屋顶上的爷爷说："爷爷，屋顶上风大，别受凉感冒。这样吧，你下来，我上去，我能把你叫上去，算我赢，怎么样？"爷爷一听，心想：叫上来和叫下去是一样的，只要我打定主意不上去，看你怎么办？他爷爷就顺着梯子爬下来了。然后对单小进士说："孙子，你上去吧。"单小进士笑着对爷爷说："我已经把你叫下来了，我赢了。"爷爷听了，心服口服，只好答应孙子去上任。

话说单小进士到洪洞县上了任，那些师爷衙役看他是个小孩，都不把他放在眼里，连抬轿的轿夫都敢欺负他。每逢外出，因为单小进士人小体轻，轿夫们就抬着轿子飞跑乱颠，颠得他五内翻腾，头晕恶心，十分难受。单小进士就想找个办法治治这帮轿夫。有一天，轿夫们抬着他下乡，还是那么折腾他。过了一会他坐在轿上叫："停！"轿夫们停下轿子，问："大老爷何事？"单小进士指着大路旁边一墩墩的草问："这是什么草啊？"轿夫们回答："启禀大老爷，这是油草。""油草可做什么用啊？""油草可以用来打油包豆饼，也可以用来做墙头。"单小进士听了说："那好啊，我看咱们衙门后院的东墙快让雨淋倒了，咱们弄一点回去做墙头。"轿夫们不知是计，就说："启禀大老爷，咱没带镰刀，没法割。"单小进士说："不用割，连根拔就行，赶快！"轿夫们不敢公开顶撞，就下手拔。一拔，连泥也带着了，一墩一墩的，弄了不少。单小进士看看差不多了，就说："差不多了，够了。"轿夫们请示："请问大老爷，怎么弄回去？"单小进士说："真是一群笨蛋！放轿里呀！把轿里的椅子搬出来，装上油草，再把椅子放在上面不就得了！"轿夫们不敢违抗，只好照办。等椅子放好，单小进士还是坐上去，喝令："走，回衙！"轿夫们好歹把轿子抬起来，刚走了不到半里路就草鸡了，一齐跪下来叫道："大老爷饶命，小的以后再也不敢了！"单小进士不睬他们，坐在轿子里还说风凉话："走吧，你们的劲大着呢！"轿夫们苦苦哀求，叩头如捣蒜，有的还拼命打自己的耳光。单小进士这才说："算了吧，油草不要了。看你们这帮狗东西以后还敢欺负老爷不！"从此，衙门里从上到下，都知道这县太爷人虽小，心眼可多着呢，再也没有敢扎挲翅膀的了。

单小进士当了一任县官就回到高密城养老了。据说是因为他恃才傲物，不为同僚所容。有人到上司面前告他的黑状，上司一本奏上去，单小进士就被免职还乡了。

（六）杜解元的故事

过去会试，得了头名举人的叫解元。高密杜家官庄的杜解元是个武举。武举也是要通过考试的。他们在中举前是武生员。武生员要坚持练功习武，然后才能去京城里会试考武进士、中武状元。

杜解元中举后，到他家来拜师访友的人多起来了。有一年麦收后，杜解元正领着伙计们锄豆子，家人跑来相告，说家里来了一个河南人，要来"访友"，一会儿就到，还要帮家里往地头送饭呢。话刚说完，就见大路上有一匹马飞奔而来，马上站着一个人高大威猛，肩上担着一副担子，前边是一个竹筲（水桶），后边是一个大篮子。杜解元一看，顺手就把锄头竖在地上，打了一个飞脚，蹦到锄柄顶上，金鸡独立，手搭凉篷，装做向远方瞭望的样子。那河南人打马来到地头，勒住缰绳，从马上飘然而下，筲里的水一滴不洒，篮子里的饭菜一样没掉出来。杜解元从锄柄顶上跳下来，二人互相作揖见过，连称："佩服！佩服！"当天回家后，二人结为兄弟，互相切磋了武艺，几天后，那河南人才告别回乡。

七、"张大学问"的故事
（一）

从前有一个庄，庄上有户姓张的，兄弟二人。老大常年跟着父亲做小买卖，人称"大掌柜"。大掌柜识字虽不多，但好不懂装懂，卖弄学问，因此人们送他一个外号"张大学问"。时间长了，他的本名倒没人叫了。

大家都知道三国时有个诸葛亮，他是复姓诸葛，名亮，字孔明。可"张大学问"一直认为诸葛亮是姓诸名葛亮，孔明是另有其人。而且还到处说，以炫耀他的学问。有一次，一个青年人指出了他的错误，他恼羞成怒，和人家吵了起来，最后闹到要打赌比输赢。二人公认庄上的私塾先生有学问，就请他来当裁判，谁输了，赔给对方一元钱。"张大学问"先抢着对先生说了自己的看法，私塾先生当然要反驳他。谁知"张大学问"连私塾先生的话也不听，直梗着脖子和私塾先生争吵，非要说诸葛亮姓诸名葛亮，和孔明不是一个人。私塾先生气不过，就说："好，好，好，你说的对。"那青年听了，当时就嫌私塾先生不坚持真理。他怎么也不肯认输，更不肯赔钱。先生说："这一元钱不用你出，我给。"即拿出一元钱给了"张大学问"。"张大学问"高高兴兴地走了。这时私塾先生安慰青年人说："当然是你说的对。我用了一元钱，让他糊涂一辈子，这多么合算啊！"

（二）

还是那个"张大学问"的故事。

这"张大学问"老是以为自己走南闯北，见多识广，很有学问，又不肯虚心学习，难免要闹笑话。

有一年，"张大学问"和他爹一起外出卖货，夜里住进旅店里。旅店老板看来了客人，赶快出来打招呼。这时，"张大学问"的爹已经上了炕，正蹲在炕上整理铺盖。老板问："客官贵姓？""张大学问"回答说："免贵姓张。"老板又问："台甫怎称？""台甫"就是字，"台甫怎称"，人家是问你的字怎么称呼。"张大学问"不懂，听到"台甫"还以为人家是问他的父亲呢，就用手一指火炕，说："炕上猴蹲着的那个老头就是！"闹了一个大笑话。

八、好便宜的"对子"

清朝时，高密城有一个大书法家叫单书田，他毛笔字写得好，九州八县的人都来求墨宝。可单书田此人性格清高孤傲，他的字很难求，不到万不得已不会卖字挣钱。平时有人拿钱来买他的字，出多少银子他也不卖。那些倚官仗势的来要字他更是不理不睬，所以他家的日子过得很穷。他老婆那个气呀，经常和他吵，但一点用也没有。后来他老婆找到了窍门，不和他吵了。原来单书田写字认真，平时练字时，只要自己不满意的，全都揉搓揉搓丢进纸篓里。他老婆发现了这个秘密，就趁他不在家时，偷偷地把这些揉搓过的拿出来，抻平了拿出去卖，以此维持家里的生活。谁知道这个秘密很快被单书田发现了，他把老婆臭骂了一顿，以后再写字时，有不满意的，就一把火烧了。所以，单书田的字流传下来的很少。

有一年春节快到了，家家都在忙着办年货。单书田家里穷啊，连下饺子的柴火都没有。他老婆就让他去买柴火。正好那天逢高密大集，快下集时，他到集上瞎转悠，一抬头看到一个小伙子挑着一担柴火还没卖掉，正要往回走。单书田叫住他，问：这柴火卖不卖？小伙子说："当然卖！卖了好办年货，买爆仗，买对子（对联）……"单书田一听就说："你的柴火我要了，但我没有钱。给你写两副对子抵柴钱行不行？"那青年看看天色已不早，勉强同意了，就挑着柴火跟着来到单书田家。那单书田裁红纸，挥笔蘸墨，一会儿就把对联写好了。青年急着回家，没等字干透，就把对联搭在挑柴火的扁担上往回走。刚走不远，认识单书田字的人，就围上来了，大家抢着要买这两副对子。有人出价二两银子。卖柴的青年一听，二两银子能买一百担柴火，这买卖合算，便毫不犹豫地把对子卖了。然后想：一担柴火换了两副对子，两副对子卖了二两银子，这买卖太合算了。我何不多买几张红纸，让那先生再给我写几幅？于是他又买了四张红纸，回来敲单书田家的门。单书田开门出来问道："你还有何事？"青年说："想让你再给我写几幅对子。"单书田说："我刚才给你写的呢？"青年答："很多人要买，我给卖了。"单书田问："卖了多少钱？"青年说："卖了二两银子。"单书田听后，半晌没吭声，过了一会说："好便宜的对子啊！"接着"呼"的一声把大门关上了。

九、李举人画影壁

清朝时，高密城里有个李举人，不但学问好，琴棋书画样样精通。特别是他的画，画什么像什么，好像真的一样。李举人有个外甥住在乡下，有一年翻盖了房子，院子里新砌了影壁墙。他想请舅舅来给影壁墙画上一幅好看的画，譬如"花开富贵"、"鲤鱼跳龙门"之类的，好图个吉利。一天，他备了礼物，到高密城求舅舅来了。李举人一听，满口答应，对外甥说："回去磨墨吧，磨好了就倒在筲里，等攒够了半筲，我就来了。"外甥听了，回家后天天磨墨，用了三天功夫，总算攒了大半筲，也不见舅舅来。到了第四天中午，天忽然阴上来，眼见得大雨就要落下来。只见李举人骑着毛驴子，用鞭子抽得毛驴子飞跑，一直进了大门。下了毛驴，连声大叫："拿墨来！"外甥赶紧提了筲出来。李举人毛笔也没带，从地上捡了一个破扫帚头子，蘸上墨就往雪白的影壁墙上涂，几下子，就把扫帚头子用散了。他舅舅看到"阳条"（晒衣物的铁丝）上搭着几块小孩的尿布，一把抓在手里，蘸上墨就往影壁墙上抹。此时，天上的乌云翻滚，电闪雷鸣，大雨点子啪啦啪啦往下掉。忽然间，"喀喇"一声巨响，一个落地雷炸下来，恰在此时，李举人用手指蘸了墨，在影壁墙上画上最后两个圆圈。他说了一声："好了！"就在地上的雨水里洗了手，然后进屋上炕向外甥要酒喝。外甥问他："舅舅，半筲墨都用完了，你给俺画的啥呀？"李举人说："你自己去看。"他外甥冒雨出去一看，只见影壁墙上和天上一样，黑云滚滚，电光闪闪，有两条巨龙嘎嘎地叫着，正随着乌云翻腾。两只龙眼就是他舅舅最后画的两个圆圈，这龙眼如同电光，耀人眼睛，吓得这外甥跌跌撞撞跑回了家，不敢再问。李举人吃喝完毕，就骑毛驴回了城。

从此，他外甥家的影壁墙每逢雷雨天气，就会出现天上的光景，龙的叫声吓得小孩子不敢靠前。而晴天的时候，满影壁墙上一片乌黑，什么也看不出来。他外甥很不满意，又不敢用石灰将画刷掉。一天，有一个外地人听说了此事，就买了几丈白布，上边刷上胶，把影壁墙上的画粘走了，还给了李举人的外甥几个钱。看来真是遇到了行家。

十、周官的故事

清朝同治年间，高密县来了一个姓周的县官。这人是个清官。他来到高密后，不辞辛劳，遍访四乡，修水利，办学校，修路建桥，为老百姓办了不少好事。咱东北乡有一条"周官河"，就是他领着修的。（作者按：查民国《高密县志》，确有其人："周麟章，字少绂，闽侯进士，同治七年任。"）周官是福建人，人很随和、滑稽，喜欢微服私访。有一天夜里，周官为了审一个案子，到一个庄上微服私访。正走着，突然，从一条巷子里窜出来一个人，一头把周官撞倒了。周官被吓了一跳。周官的随从马上就把这个人抓住了，一看是个年轻人，就问他慌慌张张跑什么？年轻人说，他爹要打他，他才跑的。随从将此情况报告了周官。周官说："带回去，明天升堂审问。"第二天他们一行回到县里，周官升堂。衙役们一声呐喊，就把这青年带上堂来。

周官一见这青年面目和善，已吓得浑身哆嗦，不像为非作歹之人，就喝道："拉下去打！"衙役们问："启禀老爷，打多少下？"按当时的规矩，公案上有一个签筒，签筒里的签子上都写着数字。打犯人时，要打二十下，县官就抽一支写着二十的签子丢下去，打四十下就抽写着四十的签子丢下去。周官这时也不答话，他把整个签筒子从公案上推了下去，人却"刺溜"一下蹲到公案后面躲了起来，弄得衙役们无所适从，想笑又不敢笑，正糊涂着呢。这时那青年人早吓得趴在地上起不来了，像摊烂泥一样。只见周官从公案后站了起来，走下堂，把吓坏了的青年人扶起来，笑着说："没事了，回去吧。昨天你吓了我一跳，今天我也吓你一跳，咱们两清了。"

还有一次，周官外出私访，回到城里已是半夜时分。他走在大街上，看到一户人家还亮着灯，屋里传出婴儿的哭声。周官就趴在窗外用指头沾上口水弄破了窗户纸向里看。原来是人家才生了孩子，婆婆熬了小米粥侍候儿媳坐月子。只见那儿媳妇端过粥碗，喝了一口，叹口气说："俺那亲娘哎，你熬的这粥，比周官的官还要清啊！"周官听了，知道这家人家穷，连熬粥的小米都很少。第二天，他就派人送了两升小米给这个人家。原来清官也喜欢听好话啊！

十一、福建林家进士多

福建林家，就是林则徐他们家，历史上出了不少进士和大官，还出了一个做了海神的姑妈。（作者按：可能就是妈祖，她也姓林。）凡是靠海的地方都有"姑妈庙"，出海打鱼的，做买卖的，使船的，都要去庙里烧纸上香，求姑妈保佑一路平安。这些庙中，数着福建湄州的大，香火最旺。这庙年代久了，房顶的瓦缝里长出了很多草。他们林家人就准备重新修庙。有一天晚上，林家的族长做了一个奇怪的梦，梦见姑妈对她说："庙不用修，瓦缝里长草不碍事。你别看草多，那一棵草就是一个子孙的功名呢。"族长醒后，觉得奇怪。心想，庙顶上的草，数也数不清，家里怎么会出那么多的功名？就借着维修大庙的机会，把瓦缝里的草隔一棵拔一棵，拔掉了一半。从此，林家中进士的人就少了许多。

十二、赵匡胤的故事

宋太祖赵匡胤没当皇帝时就是一条好汉。他使一条蟠龙大棍，所向无敌，但他也有不走运的时候。有一次他出征打了败仗，人都被打散了，自己孤身跑了回来。一路上又饥又渴，可身上连一文钱也没有，怎么办呢？一天，他走到一片瓜地前，看到一个老太太在瓜屋子里看瓜，就想过去要个瓜吃，又不好意思开口要，就说买。老太太说："看你这个样子也不像个有钱的主。要吃就吃，不用说买的话。"赵匡胤十分感激，就跑到瓜地里专挑大的面瓜吃，一口气吃了仨。吃完了还死要面子，问老太太："三个瓜多少钱？"老太太说："跟你说过不要钱，你要给，就给一文钱吧！"一文钱就是一个小铜钱，赵匡胤摸遍了全身，连半个钱也没有。他走也不是，不走也不是。老太太见他这样，就说："这真是一文钱难倒了英雄汉啊！你走吧。"赵匡胤给老太太磕了一个头，爬起身走了。后来赵匡胤发动陈桥兵变，黄袍加身，当了皇帝。一天，他想起了看瓜的老太太，就叫人把老太太接进东京汴梁享福去了。

赵匡胤当皇帝前，有一年没钱花了，趁天黑去偷了人家一口锅，顶在头上。走了一会儿，眼看着天要亮了，他怕被人看见，就自言自语地说："老天爷，你能再黑一会儿吗？不然叫人看见我偷东西，多丢人啊！"谁知他这话音刚落，那天真的又黑下来了。一直等到赵匡胤走远了，天才大亮。现在每天天亮前天要再黑一阵，即所谓黎明前的黑暗，据说就是赵匡胤闹的。

有一年，赵匡胤来到平度县城。平度县城里有一个卖猪肉的人，他姓郎。不管你买几斤肉，他总是只砍一刀，这一刀下来只少不多。你要嫌少，他就揍你，就这样欺行霸市，蛮不讲理。人送他外号"郎一刀"。赵匡胤听说了，就想要治治他。一天赵匡胤来到郎一刀的肉杆子前，说："买十斤肉！""郎一刀"一刀下去，割了顶多五斤肉，扔给赵匡胤。赵匡胤不说话，用两根指头捏着一个铜钱，说："给你钱！""郎一刀"说："钱不够！"赵匡胤说："那你割的肉也不够秤！""郎一刀"说："谁不知道我是郎一刀！"赵匡胤说："谁不知道我是赵一捏！"两人互不相让，打了起来。赵匡胤的本事多好啊，那"郎一刀"根本不是他的对手。赵匡胤几拳头就把"郎一刀"揍趴下了。从此，郎一刀再也不敢在平度城里卖肉了。

十三、对联不可乱贴

过年家家户户都要贴对联，而且一定要贴吉利的，上下联也不能贴倒了，否则，让人家笑话。过去，高密东北乡沙口子村有一户人家，也是从"上坡"（指夏庄、官庄一带）搬迁过来的。为了卖弄自己的学问，过年写对子时，放着现成的好词不用，偏要自己编一幅。他写的上联是"迁居沙口近胶水"，下联是"不忘故土旧坟茔"。写好后，年除夕下午就贴在大门上了。谁知刚过了年，他爹就得病死了。不出正月，他娘也死了。到了二月二，他老婆又死了。有明白的人就告诉他，是过年的对联不好。吓得他赶紧把对联撕了下来，撕得那是干干净净。以后再过年时，他怎么也不敢乱写乱贴了。

十四、关公显圣

过去的人扶鸾（作者按：一般称作"扶乩"，是一种求神问卜的迷信活动），请的神是关老爷。有一次在请的时候，一个不知深浅的毛头小伙子问："当年关老爷过五关斩六将，感觉如何？"一会儿忽见乩笔乱动，在沙盘上写道："春风得意马蹄疾，所向无敌。"小伙子又问："那夜走麦城感觉如何？"只听得半空中刀环乱响，"扶鸾"的人大叫一声昏倒在地，吓得小伙子撒腿就跑。要知道在关老爷面前，是不能"哪壶不开提哪壶"的呀！

过去唱红净戏，扮关公的演员，化妆前都要去拜关老爷，否则关老爷显了圣，非出事不行。有一年正月里，一个戏班子唱《取长沙》，扮关公的演员忘了去拜关老爷，扮上后，急急忙忙上了台，和黄忠开打，一刀劈下去，就把黄忠劈死了！唱戏的人拿的刀是木头做的，竟然也能杀人，可见是关老爷显了圣。演黄忠的人家告到官府，官府也没法判，只能算是误杀。从此，那个唱关公的再也不敢唱戏了。

十五、关公周仓比胡子

关公是有名的美髯公，周仓是满脸的络腮胡。周仓原是山大王，武艺超群，力大无穷。他降了关公后，天天给关公扛大刀。关公骑着赤兔马，日行千里，周仓跟在马腔后边拼命跑，时间长了，心里就不高兴，言谈举止就露出不服气来。关公早就看出来了。有一天，关公对周仓说："我知道你有本事，不服气，咱俩不妨比试一番。"周仓问："如何比？"关公说："你觉得你力大无穷，我看你连一根鸡毛也丢不过屋脊去！"周仓说："不可能！"就去抓了一只鸡，拔下一根鸡毛，往房顶上用力一抛。只见那鸡毛飘飘摇摇，就落地上了。他连抛三次都没成功。轮到关公扔了，只见他笑了笑，抓过那只鸡，只一甩，鸡就飞过了屋顶。关公说："怎么样？你连一根鸡毛都丢不动，我把一只鸡都丢过去了！你数数，那是多少根鸡毛？"周仓气得干瞪眼，接着说："我的胡子不比你少，为什么人家叫你美髯公？"关公说："我这是真正的胡子。你那不是胡子，是'抢食毛'！吃饭时，嘴巴还没碰到饭，胡子先碰到了，岂不是'抢食毛'！"周仓不服，关公见状，就叫人提了一桶水来。关公低下头去，把胡子往水里一插，只见那胡子一根根像钢针直插水中。然后轮到周仓了。周仓也学关公的样子把胡子向水里插，只见周仓的胡子都漂在水面上，怎么用力也插不到水里去。关公见了，大笑说："怎么样？服了吧？"周仓没话可说，只好认输。从此他死心踏地给关公扛大刀，跟着马腔后面跑。

十六、天意难违

诸葛亮出山，他师傅是不同意的，师傅预料到他非呕心沥血而死不可。诸葛亮也知道，靠刘备统一天下不可能，只能是魏、蜀、吴三分天下。他之所以六出祁山，北伐中原，只是尽人事以听天命而已。所以诸葛亮明知曹操对关羽有大恩，关羽又是一个熟读《春秋》，深明大义，有恩必报之人，还是在火烧赤壁之后，派关羽去守华容道。结果曹操被关羽放走了。虽然关羽立过军令状，诸葛亮还是卖给刘备一个人情，不杀关羽。假如当初派张飞去守华容道，那曹操非死不可。诸葛亮是算就了曹操命不该绝，天意难违，才如此安排的。再如守荆州，假如让赵云守在荆州，肯定会依诸葛亮"东连孙权，北拒曹操"的计策把荆州守好，可他偏让关羽守荆州，结果大意失了荆州。这也是诸葛亮事先就算好了的。还有他自己临死前在五丈原大帐中祭灯，只要过了最后一夜，他就可以活下去，但司马懿夜观天象，知道诸葛亮非死不可。结果正是如此，魏延急急忙忙走进大帐，把神灯给弄灭了，诸葛亮就死了。这都是天意。

十七、都是鳖官

历史上的大人物，多是妖魔转世。话说隋炀帝欺母霸嫂，荒淫无耻。有一次他酒醉之后，宫女发现一头大野猪趴在龙床之上，可见隋炀帝是野猪精转世。袁世凯是个大鳖，来山东当巡抚时，有人在巡抚衙门的影壁墙上画了一个大王八。他在小站练兵时，部下也看到过他醉后变成大王八。每逢末世将临，难免有妖魔鬼怪下凡转世，出来糟践老百姓。据说有一年乾隆爷下江南，一路上游山玩水，封官许愿，不觉来到长江。坐上龙船，驶到江心，只见江面上一片鳖头，有的鳖头上还长着红点，可见都是多年的鳖精。果然，一个老鳖开口说话，向乾隆爷讨封要官。乾隆爷龙心不悦，心想：此等物事，一旦为官，百姓岂不遭殃？但又不敢发作，怕惹恼了老鳖，弄翻了龙舟。乾隆爷灵机一动，发话道："尔等都想为官牧民，朕心甚喜。然而当下无缺，不便封你们。等到天下灯头都朝了下，尔等皆可出来为官。"众老鳖一听，十分高兴，一会儿就隐入水中。乾隆爷的龙舟得以安全过江。乾隆爷心里很得意，因为当时人们都是点豆油灯，有钱人点蜡烛，灯头都朝上，怎么也朝不了下，他想老鳖们永远当不了官。谁料想，过了不到一百年，外国的电灯就传进了中国，灯头竟然朝了下！所以清朝很快就亡了国，因为当官的都是老鳖转世，全是鳖官！

十八、鳖湾的故事

胶河里有多处鳖湾。别处河水清澈见底，鳖湾里的水黑乎乎的，深不见底。就是大旱之年，河床都干出来了，鳖湾里的水也不少。那里边的老鳖都成了精，有的在朝廷里当了大官。有一年，庄上有一个到北京跑买卖的人，住在店里。有一个老头来找他，说他家老爷和他是同乡，听说他不久就要返乡，想托他带点东西回去。这买卖人一口答应。那老头就拿出一个包袱，里面包着一篮子黄豆芽。叮嘱他，只要把这篮子黄豆芽倒进村东头的鳖湾里即可。买卖人接过包袱，心里好笑：千里迢迢带点黄豆芽回家，真没出息。但已经答应了人家，只好照办。回到家，就提上篮子，来到村东头鳖湾边，把篮子里的黄豆芽倒进了鳖湾。刚要转身回家，只见鳖湾里黑水翻腾，飘上来一个木牌，上写："千里捎金，一芽为谢"几个大字。买卖人回到家里，放下篮子，发现还有一根黄豆芽挂在篮子缝里，拿下来一看，这哪里是一根黄豆芽？原来是像黄豆芽一样的金子！怪不得木牌上说"一芽为谢"呢！这根金"黄豆芽"就是给的脚钱。

十九、兔子即"吐子"

兔子即是"吐子"，据说是周文王他大儿伯邑考的肉变的。当时，商纣王已经知道周文王想造反夺他的龙位，就把周文王拘在牢里，把他的大儿子伯邑考也抓来杀了。杀了还不算，还把伯邑考剁成肉酱，包了包子给周文王吃，答应他吃了包子就放他回西岐。周文王知道这包子里有问题，好歹吃了两个，纣王果然把他放了。周文王在回西岐的路上，越走越觉得恶心，肚子里翻肠搅肚，就停下来一阵呕吐，吐出来红色的肉块。肉块就地一滚，变成了两只兔子跑走了。从此，世上才有了兔子。为什么叫它"兔子"呢？兔子就是"吐子"啊。

周文王到了岐山，就想造反夺天下，苦于没有军师，正好碰到姜太公在渭河边上钓鱼。人家钓鱼用弯钩，姜太公钓鱼用直钩，一边钓还一边念叨："愿者上钩，愿者上钩。"周文王早就听说姜太公怀才不遇，本领非凡，就从车上下来，请姜太公出山辅佐自己。姜太公说："出山可以，请大王为我拉车。"周文王痛快地答应了。姜太公爬上车去，让周文王拉。周文王使出了全身力气，拉着姜太公走了一里路，实在拉不动了，就停了下来。姜太公下车对周文王说："你拉我八百单八步，我保你八百单八年。"果然，后来姜太公辅佐周文王坐了天下，过了八百零八年，周朝就灭亡了。

二十、狐狸炼丹

狐狸会炼丹，丹炼成了就成了仙。炼丹的狐狸不是我们常见的那种狐狸，常见的是"草狐狸"，黄毛，像狗。会炼丹的狐狸毛发红，比狗还大。狐狸炼丹都在晚上。每到晚上，你站到南围子墙上往南荒里望，有时会看到一个火球，一会儿向上，一会儿向下。那火球就是狐狸的"丹"，向上是狐狸把"丹"从嘴里吐出来，向下是再咽下去。就这么吐吐咽咽，不被人打扰，到了一定的年头，"丹"就炼成了。这种狐狸一般不做坏事，有的还会帮助人。

早年间在管家苓芝时，大老爷爷当医生，每逢夜间出诊，走到沙窝一带，前边就会出现一只小红灯笼为他带路，人走快它也快，人走慢它也慢。快到苓芝了，那小红灯笼变成一条火线"倏"地就没有了。大老爷爷赶快朝它去的方向作揖感谢。后来人烟越来越多，这种事就没有了。

二十一、"花皮子"

有一种动物，长得和黄鼠狼差不多，年岁久了，也会成精。它会直立行走，学人说话，人们叫它"花皮子"。"花皮子"学人说话，是为了向人讨口彩。人如果顺着它的话讲，它就真的会变化成精，出来害人。有一年一个姓张的人起早拾粪，天还不亮，忽见一个"花皮子"站在墙头上说："我是张老三，我是张老三！""张老三"就是这人的爷爷。这人一看是个"花皮子"，弯腰捡起一块半头砖，朝"花皮子"丢去，还一边骂："你是个屁！""花皮子"变成一道火光不见了。

二十二、蜘蛛精戏女

有姑嫂二人夏天在院子里乘凉，地上铺了草席。二人躺在席上，刚要蒙蒙眬眬睡着时，就听半空中有人说话："下边有两朵好花，下去采了吧。"一个说："等办完事回来再采。"姑嫂二人听了，知道遇上了妖怪，赶紧收拾东西回了屋。第二天早上出来一看，昨晚铺席子的地方有两大滩像浓鼻涕一样的东西，有几个小蜘蛛在里边爬。她们才知道，昨晚上遇上了蜘蛛精，幸亏躲得快，不然就糟了。

二十三、公鸡精作孽

有一家人家，养了一只大公鸡，十几年了，舍不得杀，谁知这公鸡竟然成了精。这家人家有一个闺女，十七八岁，已经许配了人家，就要择日出嫁。有一天晚上，忽然有一个壮小伙跑进了大闺女的房间。房门是从里边关上的，什么动静都没有，小伙子是怎么进来的呢？大闺女不得而知。只见那壮小伙身穿一件金光闪闪五颜六色的衣裳，进门就脱了，要对大闺女行非礼之事。大闺女吓得想叫，可被小伙捂住了嘴，叫不出来，想跑又跑不掉，无奈被那小伙子给糟踏了。一连三晚，闺女的爹娘都听到女儿房里有动静，好像是男女苟且时发出的声音。到了第四天早晨，他们就拷问女儿。闺女知道瞒不过去，就老实交代了夜晚发生的事情。爹娘一听，知道女儿遇见了妖怪，就嘱咐女儿，晚上若那人再来，你就把他的衣裳藏好，不管他怎么要也不能给他，看他怎么办。到了晚上，那小伙子真的又来了。半夜时分，那闺女偷偷爬起来，把那小伙子的衣裳藏到柜子里并上了锁。天亮时分，庄上的公鸡一叫，那小伙子起身就要走，但找不到衣裳，只好赤身裸体地跑走了。天亮后，闺女的爹娘就到处察看，只见鸡窝里那只大公鸡浑身没了毛，趴在那儿一动也不敢动。原来那小伙子就是这公鸡变的，晚上出来作孽祸害人。闺女他爹气得直骂，跑到厨房里拿出刀来，一刀把公鸡的头剁了下来。成了精的鸡肉谁敢吃啊！只好在院子里架起木柴把大公鸡烧成了灰。

二十四、黑鱼精和白鳝精

早年间，高密张鲁集南有一个大湾，多少年也没干过。人们都说这湾里有妖怪，可谁也没见过。有一年夏天，一户人家在湾边的地里种了几亩西瓜。到了瓜熟的季节，为了防备有人偷瓜，这家的男人在地里搭了一个瓜屋子，每天吃过晚饭就带着打鸟的土炮来看瓜。有一天夜里，他刚刚准备睡觉，就听到湾里的水哗啦哗啦地响，吓得他钻到被子里，只露着两只眼往外偷看。月光底下，只见水面上飘着一张八仙桌，两张太师椅。一个书童模样的人打着灯笼从湾南头走到湾北头，来回巡察，一会就不见了。转眼间，水面发出"呼隆隆"一声响，只见一个大黑汉子和一个小媳妇从水里钻了出来。那大黑汉子五大三粗，黑脸膛，黑衣裳，黑鞋子，浑身漆黑；那小媳妇俊白俊白的，穿一身白衣裳，好漂亮。二人入座后，面对面喝酒赏月聊天。看瓜人想：这两个肯定是妖精，不能让他们出来祸害人。他连忙起身摸过打鸟的土炮，装上火药铁砂，瞄准两个妖精扣动了扳机。"呼通"一声炮响，他立刻什么也看不见了。霎时间天昏地暗，飞沙走石，狂风挟着暴雨，把瓜屋子、地里的瓜全部卷上了天，看瓜人被刮出去半里地，好歹搂住了一棵树，才没有被刮走。第二天他跑到湾边上一看，只见湾里飘着一条大黑鱼和一条大白鳝。那条大黑鱼有水筲那么粗，扁担那么长；那条大白鳝也有碗口粗，丈把长。原来晚上他看到的那大黑汉子就是这条黑鱼变的，那小媳妇就是这条白鳝变的。

二十五、铁拐李的腿是怎么"拐"的

八仙中的铁拐李的腿原来不拐，是后来被他嫂子一句话给说拐的。事情的缘由是这样的。铁拐李进山修道多年，道行已经不浅，有一年他回家探望兄嫂。兄嫂家很穷。嫂子见弟弟回家，十分高兴，就忙着烧火做饭招待他。谁知烧着烧着，饭还未做好，柴火没有了，嫂子就起身到外边拿柴火去。铁拐李一看柴火没有了，心想：师父说我已经练成了金刚不败之身，水火不怕，我何不就此试它一试。想到此，就一腚坐在灶前，把一条腿伸进灶里当柴烧。

烧着烧着眼看锅里的饭就要烧好，他很高兴。这时他嫂子抱着柴火走进来，看到如此情景，吓得大叫："兄弟，你的腿烧坏了！"铁拐李一愣怔，赶快把腿抽出来。这下坏了事了，那条腿真的坏了。从此，他只好架着铁拐走路。老人们说：当初，如果他嫂子不叫唤，就不会破了他的功，他的腿就不会拐。

二十六、鲁班的口水

小时候看到爷爷经常在木工房里熬胶。这熬胶是个技术活，火小了不行，火猛了也不行，觉得挺麻烦。就说："要是不用熬胶就好了。"爷爷听了我的话就讲了下面的故事。

木匠的祖师爷是鲁班，鲁班不但发明了锛、凿、斧、锯，而且他的唾沫就是胶。把木板刮平，对准茬口吐一口唾沫在上面，板子就粘住了，万年不破。可惜这本事没能传下来。为什么没传下来呢？原因是他的徒弟不争气，太爱干净，所以没学到这个本事。鲁班教徒弟时，徒弟要他传这唾沫胶。鲁班就叫徒弟张口。徒弟张开了口，鲁班一口浓痰吐到徒弟口里，说；"咽下去！"徒弟好歹把那口痰咽了下去，但越想越恶心，实在是憋不住了想吐，就赶紧跑到院子里，趴在鱼池边上一顿好呕，呕出了那口痰。痰刚掉进鱼池，就被一条大鱼吃了。从此以后直到如今，最好的胶是鱼鳔熬的，比驴皮胶还粘。谁的唾沫也不能当胶使了。

二十七、吃啥有啥的饭店

过去，胶州城里有一个财主，开了一家饭店。为了招徕客人，他在门口挂了一个招牌，上写："吃啥有啥，活人脑子现砸！"这口气可真大。可你仔细想想，你敢吃吗？就算敢吃活人脑子，他要价十万两金子，你也吃不起啊！他店里的菜名起得也特别。

有一天，一个来吃饭的人，看到他店里的菜单上有一道菜是"猴子爬杆"，一看价钱很便宜，就点了这个菜，想尝尝猴子肉的味道。一会儿，菜端上来了，原来是一盘菠菜梗，每根菠菜梗上趴着一两只小虾，这就是"猴子爬杆"。

仔细想想，这菜的做法大概是烧开了锅，把菠菜梗和小活虾丢下去，虾子烫得不好受，就去抓住菠菜梗，然后加佐料而成，如此而已。所以下饭店吃饭，有时候就是吃个名堂。

这财主的儿媳妇娘家的爹是个土财主。有一年冬天想吃田鸡（青蛙），就对闺女说："都说你公爹在胶州城开着大饭店，吃啥有啥，活人脑子现砸。活人脑子我不敢吃，吃个田鸡总可以吧？"儿媳妇回来向公爹一说，公爹真的叫大厨做了一道田鸡菜。做好后一看，只见盘子里有一只青蛙像活的一样，趴在碧绿的荷叶上。儿媳赶紧让人把它装进食盒里，骑上牲口就往娘家赶。到家后，呈上这道田鸡菜。开始他爹还不敢吃，后来大着胆子咬了一口。那田鸡真是入口即化，想什么滋味，嘴里就有什么滋味，无论什么山珍海味都没有这只青蛙好吃。不一会，一只青蛙全下了肚，他意犹未尽地对闺女说："回去让你公爹再做几只！"闺女只好领命，回来对公爹说了。公爹说："这一只'田鸡'足足费了我十两银子。回去问问你爹，他的家产能值几只田鸡！"

二十八、馋媳妇吃狗肝

有一个媳妇嘴好馋，总想偷着做点好东西吃。有一回，她公公和丈夫下地干活去了。她做饭时，偷偷煮了一个鸡蛋。煮好，正扒着鸡蛋皮准备吃呢，不想公公和丈夫下地回来了。馋媳妇情急之下，就一口把整个鸡蛋吞了，谁知鸡蛋卡在喉咙里上不去下不来，差点噎死。好歹在地上又蹦又跳，她终于把它咽下去了，什么滋味也没吃出来。又有一回，家里打死了一条狗，媳妇在家把狗煮熟了，看看公公和丈夫还没回来，馋得她等不及了，就把狗肝偷吃了。到了吃饭时，她公公在锅里翻来覆去地找，就是找不到狗肝，就问儿媳妇狗肝哪去了。馋媳妇这回变聪明了，就说："爹啊爹，你没听人说吗？河没有头，海没有边，牛没有上牙，狗没有肝。狗天生没有肝啊！"她公爹一想，也是啊，这辈子没见过河的头，更没见过海的边。跑到牛栏里，扒开牛嘴一看，牛确实没有上牙，就信了馋媳妇的话。谁知没过几天，馋媳妇的公爹看人杀狗，明明看到狗肚子里有肝，知道自己上了当，回来把馋媳妇臭骂了一顿。

二十九、南方人会看地

古人说，南方人会看地，北方人会看天。只要天气变化，北方上了年纪的人都能预测个差不多；南方人因为他们那地方阴天多，又潮湿多雨，适合种稻子，所以他们不大关心天气，（那儿天气变化也不大，所以不用看）。但南方人会看地、看风水，北京城的建造，看地形、定地方的大部分是南方人。

有一年两个南方人，到咱们高密东北乡一带来看风水，说："如果有好地，我们就会把自家死去的父母的骨灰装在灰火（骨灰）罐子里，拿来埋上，我们家的人就会发科得功名，做大官。"两人走到南荒地里，其中一个说："这块地是宝地，能出状元！"另一个不同意。两人互不服气，那个说是宝地的就去桑古墩砍了一根桑树枝子，对另一个说道："我把树枝插在这里，明天早上它就会发芽！"时值初春，天气还很冷，连柳树都没发芽呢，桑树枝怎么可能发芽呢？他们的话被两个搂草的小孩听见了。第二天一大早，其中一个搂草的小孩就跑来看。哎呀！那桑树枝真的发了芽。小孩回家将此怪事告诉了大人，正好被他家来走亲戚的舅舅听见了。他舅舅是即墨人，刚没有了爹（小孩的外公）。听到外甥的话，他马上就托人买了这穴地，把他爹葬在这里。等到那看风水的南方蛮子带着自己父母的骨灰来埋时，已经晚了。过了些年，小孩的舅家表哥真的中了状元，名字叫蓝田。

那两个南方蛮子还不放弃。过了几年，已经是民国3年了，又来到高密东北乡看地。刚走到大栏桥头，其中一个口渴了，就到胶河里去喝水，上来后对另一个说："不得了，黄河水已经到了这里，快走吧。"两个人立即就走了。果不其然，到了夏天，高密发生了大水灾，平地水深三尺，连梓潼庙顶上都挂满了浮柴。一直到秋末冬初，水才退净。要不是黄河里的水来了，光凭胶河，哪来这么多的水啊！

三十、起尸鬼

"诈尸"，高密人叫"起尸"。"起尸"就是死了的人因各种原因没有及时殡葬，尸体又爬起来害人，成了"起尸鬼"。传说"起尸鬼"只会跑直路，不会转圈，所以一旦碰上了"起尸鬼"，你就转圈跑，他就抓不着你。

咱庄上门星五他爹有一年去淄川贩瓷器，刚走到青州一带，因急着赶路，天黑了才投宿。旅店掌柜的说："没有房间了，只有一间不太干净的。"门星五他爹说："不要紧，庄户人不讲究。"掌柜的就打开了东厢房的门。只见进门就是一铺炕，靠窗的地方放着一口棺材，没看出有什么不干净的地方，他就住了进去。因为走了一天的路，上炕倒头就睡着了。半夜时分，他忽然被一阵"吱格吱格"的声音吵醒了睁眼一看，只见月光清冷透进窗户，朦朦胧胧看见那棺材盖好像在动。吓得他赶紧起来，穿好衣裳。就在他穿衣裳的功夫，棺材盖打开了，一个女人从棺材里爬出来，穿着送老的衣裳，戴着满头的花，擦着满脸的粉，伸着舌头要来抓他。门星五他爹一看大事不好，大喊救命，可没有一个人起来救他。他打开房门撒腿就跑，那"起尸鬼"就在后边追，像个影子甩也甩不掉。门星五他爹听人说过"起尸鬼"不会转圈，就跑啊跑，跑进一个小树林，绕着树转圈跑。那"起尸鬼"一进树林，搂住一棵树就不动了。门星五他爹也又怕又累地瘫倒在地上了。直到天亮鸡叫了，门星五他爹才敢爬起来回旅店，拿上自己的东西准备结账走人。掌柜的走出来，问："客，昨夜没事吧？"门星五他爹说："没有小事！"就把昨夜的事说了。他领着掌柜的来到小树林，只见那具女尸还搂在树上，指甲都戳进树皮里了，拔都拔不出来，好歹才把她弄下来抬回去。原来，这个死去的女人是旅店掌柜的儿媳妇，因为家庭琐事和丈夫吵架，一气之下上了吊。儿媳妇娘家不让埋葬，告了官。女方家里觉得官府判得不公正，就不让下葬，棺材只好一直搁在东厢房里。不过从这天之后，女鬼再也不出来闹了。门星五他爹经过这一吓，淄川也不去了，回到家失魂落魄了好多天。

还有一件事是发生在前清同治年间。苓芝村有一个习武的人，去济南府考武举。走到离济南府不远的王舍人庄，天晚了，就去一家客店投宿。此时店里已经住满客人，只有一间西厢房因停放着一具死尸没人住。这死者是店主人刚死了不几天的小老婆，正等着捡个黄道吉日入殓埋葬呢。这习武之人自恃武艺高强，无所畏惧，就住了进去。夜里，他正点着灯看书，温习功课（考武举的人也要考文章），忽然，看到盖在死尸脸上的黄表纸在动，好像是气吹的，一忽闪一忽闪的。刚忽闪了几下，那女尸就坐起来了。这习武之人胆子大，照样看他的书。一会儿，那女尸竟站起来了，一步一步往他跟前靠，嘴里呼呼地往外吹气。那气冰凉阴森，直吹到人骨头缝里。眼看来到了他跟前，女尸张开两只胳膊要来抓他。那习武之人一把就把女尸抓住了，拿过随身带的弓，一下子把女尸别在弓弦上，丢在地上熄灯睡觉了。一夜无事。第二天早上店主人来送洗脸水，见了地上的女尸，什么都明白了，就连声道歉，连房钱都没要。

三十一、六十装窑

不知道是哪朝哪代，出了一个昏君。他嫌人老了没有用，光吃粮干不动活，就下了一道圣旨："天下子民凡年到六十者，一律装进窑里烧死。"圣旨一下，年纪大的人宁愿自己上吊跳井，也不愿装进窑里烧死。家有老人的人家，想方设法给老人改户口瞒年龄或者带着老人东躲西藏。贪官污吏借此机会徇私枉法，大捞银钱。一时间闹得鸡飞狗跳，民怨沸腾。

有一个在京做大官的高密人，他爷爷已经九十多岁了，自然早该装窑。只是因为孙子是大官，爷爷又住在京里孙子家，地方上不敢找事，所以爷爷还能活在世上。

不久，金銮殿里闹起了耗子。那耗子都有千年道行，不但大如狸猫，而且能变化成人，公耗子变成俊小伙去奸污宫女皇娘，母耗子变成美女去勾引皇子皇叔。它们有时候还冒充大臣，与文武百官一起上朝站班议论朝政呢！都说猫拿耗子，但皇宫里的猫一见这些大耗子，都吓得浑身打战，根本不敢拿，有的猫甚至叫耗子吃了！这一闹，连皇上也害了怕。就颁旨招贤，说有能治了皇宫里的耗子的，官升三级。这个当官的退朝回家对爷爷说起这事。

爷爷说："千年的耗子怕九斤的猫。咱们家养的猫足有九斤了。明天早起上朝，你把它带上，肯定能治了皇宫里的耗子。"第二天，孙子去上朝，就把家里的猫藏在袖筒里带进了金銮殿。当官的官服宽袍大袖，装一只猫绰绰有余。一进金銮殿，就见一只耗子精变成了一个文官装模作样地站在那里。孙子就把袖子里的猫放出来了。那猫一出来，"喵呜"一叫，那老鼠精就浑身发抖。再叫一声，那老鼠精就现了原形。猫就扑了上去，一口咬住老鼠精的脖子，把老鼠精咬死了。皇上一看，龙心大悦，立刻让太监带上这只猫到各宫里去灭耗子，很快就把耗子都灭了。皇上就问这个高密人，这办法是怎么想出来的。孙子只好先向皇上请罪，说不该违抗旨意藏了爷爷，皇上说："赦你无罪。"高密人就说："这主意是我九十多岁的爷爷出的。我爷爷早就该装窑了。"皇上一听，心想：原来老人自有老人的用处！就下旨不再六十装窑了，还把这高密人升了官。

三十二、蛮子官庄的接骨秘方

蛮子官庄有一家姓郭的老太太是远近闻名的接骨大夫，治疗跌打损伤那真是药到病除，十分灵验。她有一个秘方，只要是伤了骨头，贴上她的膏药，立马就不痛了。可都说跌打损伤一百天，到了一百天才好呀！这个秘方传子（媳）不传女，他们家人丁不旺，就靠这招过日子。她的这个秘方是怎么来的呢？传说是有一年，高密城有人劫了狱，监狱里的犯人逃了出来。其中有一个江洋大盗被砍断了胳膊，跑到蛮子官庄这个姓郭的家里。这家人把他藏在家里，好吃好喝地招待着。几天后，那人自己用一种药粉治好了伤，要走。到了夜里，姓郭的当家的就去送他，送了好远。那人说："送君千里，终有一别。这几天，让你们受了累。我无以为报，把我治伤的秘方送给你吧，包你子孙后代吃穿不愁。"说着跑到高粱地里，拿出一把匕首，砍断了一棵高粱，从腰里掏出了一个小壶，把里面的药粉倒在砍断的高粱秸上，再把两截高粱秸接在一起，用手攥了有吃袋烟的功夫。然后松开手，那两截高粱秸就重新长在了一起。那药就这么灵。姓郭的得了这个秘方，按方炮制出了跌打损伤药，就不再种地，专门靠治伤过日子了。

1958 年，政府动员他们家老太太献出秘方。老太太是献出来一个方子，但听人说，那是假的。所以，至今有受伤的，仍然还是去找老太太治疗。

三十三、卖菜的遇到了鬼

高密城西北角有一个地方叫"老木天"，其实应该叫"老墓田"。那里原是高密城李家的坟地。那里松柏森森，阴风阵阵，白天走进去都看不见太阳，很疹人。割草放牛的小孩白天都不敢进去，更别说黑夜里了。

有一年，康庄有一个卖韭菜的人，挑着一担韭菜到高密城赶大集。那天起得早了一点，天很黑，不知不觉走迷了路，进了老墓田，自己还浑然不觉。但见一片灯火辉煌，很多人都在赶集。看见他挑着韭菜，不等他放下担子就围上来要买，也不讲价。卖韭菜的放下担子就开始卖，不一会就卖光了，收了满满一褡裢钱。刚要起身往回赶，远处一声公鸡叫，灯火顿时熄灭，天色已经微明。定睛一看，自己是在一片大坟中间。每个坟前都放着一把韭菜。再看自己褡裢里，哪里是钱，全是烧纸灰！卖韭菜的知道自己遇到鬼了，赶快挨个坟头去收韭菜，一把也不少。收齐后，他挑上担子就往高密城赶。之后，他再也不敢早起走夜路了。

三十四、王党塚子的传说

高密城东的两个大村子王党和张鲁，原来是两个人名。这两个人大概是汉朝的吧，是死对头，各自占据一方，都想把对方灭了，好占他的地盘。王党这个人本事不大，全靠他闺女。他闺女替他守边，只要张鲁来打，他就放狼烟，闺女就起兵来救。有一次，王党忽然心血来潮，觉得好长时间太平无事了，不知一旦有事闺女还会不会来，就叫人放狼烟。他闺女见了，立即点起兵马起程赶过来。王党见闺女来了，就笑着说："没有事，我就是想试试你还听不听招呼。"气得闺女说他："军国大事，你怎么能拿来当儿戏？"带上兵马就走了。过了几天，张鲁真的起兵来打王党了，王党赶紧放起狼烟，他闺女以为自己的爹又在闹着玩呢，就没有发兵。结果王党就被张鲁杀了。王党的女儿知道了，觉得对不起爹，就自杀了。王党死后，就埋在王党村前，他的坟叫"王党塚子"。这"王党塚子"灵验得很。过去附近人家办红白喜事，碟子碗的不够用，就办一张"借疏"，头天晚上来"塚子"前，连同烧纸一块烧了，第二天早上，塚子前就会出现一摞摞你要借的家什。用完之后，趁天黑将家什送回去，再烧几张纸表示感谢就行了。但是后来就不灵了。为什么呢？因为有人不守信用，借了东西不还。

新中国成立后，据说考古的来发掘过"王党塚子"，挖开一看，深不见底，谁也不敢下去。再往后，村里的人使土，都到"塚子"上来推土用，不几年连封土都铲平了，"王党塚子"就更没有什么神灵了。

三十五、胶济铁路为什么不从曲阜走

德国人来修胶济铁路，修到高密时，西乡的孙文领导抗德，逼得胶济路改了线。修到曲阜时，本来要从孔林经过，从曲阜城边上走。但孔圣人家不同意，衍圣公出来找德国人交涉。洋鬼子蛮不讲理，根本不把衍圣公放在眼里，提出来要和衍圣公比本事。衍圣公说："好吧，比武的，你有洋枪洋炮，我没有，这不公平。我是圣人，当然要比文的。咱们就比写字，你写洋文，我写中国字。就在这沙土上写，写一个字就行，不比写得快慢，也不比写得美与丑。就看谁能把自己写的字从地上拿起来，拿得起来算赢，拿不起来算输。我要输了，这铁路你爱怎么修怎么修；你要输了，铁路要离此三十里之外！"德国人一听，就说："你先写！"衍圣公说："好！"就用手指在沙土地上写了一个"人"字，然后用手兜底一抄，就把个"人"字拿起来了。轮到德国人写了，只见洋鬼子写了一大串洋文，一拿就散，再写再拿还是散。洋鬼子只好认输，把铁路移出三十里开外，不再从曲阜走了。

三十六、是药三分毒

清朝康熙年间，苓芝一带有两个有名的老中医，医术都很高明，两人互不服气。有一次两人在一起喝酒，三杯酒下肚，其中一人就卖弄起自己的医术如何如何高明，治好了多少人的病。另一个人不服气，就说："你怎么不说说你药死了几个人？"对方一听，认为他污蔑自己。话不投机半句多，说着说着就打起来了。二人拉拉扯扯到县里去告状打官司，要县官给判个是非曲直。

当时高密县的县官是姜之琦。这可是个清官，于疃附近的胶河水坝就是他领着修的。姜官不但官清，还精通医术，看病不收钱。每天早上找他看病的人比告状的还多。这两个人来到县衙，正碰上姜官在给人看病，他一边看病一边听这两个人各说各理。最后，姜官说："是药三分毒，医生行医施药，一定要慎之又慎。能知道自己药死了几个人的是好医生；把人家药死了还不知道的才是庸医呢！"吓得那个不承认自己药死过人的一溜烟跑了，再也不敢在众人面前张狂。

三十七、清朝的气数

清朝的气数，到嘉庆就开始走下坡路了。皇帝的年号起得也不好。"嘉庆，嘉庆，家家都穷。"（高密方言，庆和穷分不开）嘉庆四年高密发大水。有一天中午，忽然黑了天，比夜里还黑，天上还打鼓。到了嘉庆十七年，咱高密人饿得人吃人。道光就更不行了。"道光，道光，什么都拾掇光了。"洋鬼子进了中国，堂堂天朝打不过小鬼子，又割地又赔款，丢人！"咸丰"这个年号最不好，又"险"又"疯"。洋鬼子越闹越厉害，朝廷和当官的都怕洋人；地方的长毛又起来造反，占了南京。后来长毛又来到山东，破了景芝，到了高密，烧杀抢掠，奸淫妇女，无恶不作。死人太多，引发了瘟疫。加上连年大旱，蝗虫成灾，高密人死了一小半。说到蝗灾，那真是可怕，听老辈人说，过蝗虫的时候，飞起来遮天蔽日，像一片片乌云轰轰地响着飘过来，飘过去，把庄稼、蔬菜、青草都吃光了，连屋顶上的草，窗户上的纸都吃了，真吓死人了！地上更是脚踩脚碾，走路时脚下"咯吱"、"咯吱"地响，不知要踩死多少。这么多的蝗虫也不知从哪儿来的。有人下地看到，一个个的土包子从地底下冒出来炸开，里面就是小蝗虫。难道是从地里生出来的？打又不敢打，以为是神。有人就去拜八腊庙。八腊庙里供着刘猛大将军。这刘猛不知是何朝何代人，据说专管灭蝗。但拜了也没用，庄户人的日子真是没法过啊！出去逃难，闯关东的特别多。那时的关东因为是清朝的龙兴地，不准关里的人去，就偷偷地去，一路上不知又得死多少人。咸丰过后，就是同治、光绪。到了宣统，皇上是个两三岁的小孩。弄了两三年，清朝就亡国了。

三十八、綦翰林出殡

胶州城里綦翰林死后出殡，到处撒帖子招募专门管殡葬的铺子来办丧事，但很多铺子的掌柜的都不敢应承。为什么呢？因为綦翰林的楠木棺材足有三寸厚，而且是一棺二椁。棺材和椁之间填满了金银珠宝，灌上了水银，少说也有几千斤，而且刚起棺的时候，棺材上边要放一碗水，碗里的水不能泼出来。路上用的是 32 人抬的大"罩"（用来放棺材的像轿一样的东西）。这就要求抬棺抬罩的人个个是膀大腰圆的棒小伙，个头也要差不多高。綦家出价很高，只要达到他们的要求，每个人起码能挣 10 两银子！这可是一个中等人家好几年的收入！高密东北乡有一家丧葬铺去应了聘，挑选了东北乡最棒的小伙子，立下生死合同，说好出了事自己负责，掌柜的就带着他们出发了。出殡那天，大烙饼，大鱼大肉管够，32 个小伙子人人吃了个酒足饭饱。每个人腰扎三寸宽的牛皮带，脚蹬千层底布鞋，肩上垫着厚厚的垫肩。起棺时，掌柜的喊着号子，说声"起"，众人一起用力，那棺材平平稳稳抬了起来，离地三尺，稳步前行。放入大罩之后，就上路了。路是提前修过的，又宽又平。送葬的队伍足有里把路长，各种执事仪仗，热闹非凡。一路走走停停，好不容易到了墓地。墓道又宽又长，下边铺上圆木，棺材出罩后，放在圆木上，慢慢滚动前进，终于进了墓室。32 个小伙子才算完成了任务。每个人得了十两银子。有的人从此就落下了毛病，不是累得吐血，就是腰疼。但总算没给高密东北乡人丢脸。

三十九、笤帚疙瘩成了精

传说人的中指不小心弄出了血，千万不要到处乱抹，抹在哪里，那东西就会成精。有一个人劈木头，把左手中指弄破了，出了很多血，顺手抹在一个笤帚疙瘩上，然后把笤帚疙瘩丢在一个旮旯里。年久不用，这笤帚疙瘩就成了精。当时正是夏天，一家人在院子里乘凉，忽然看到一个小红孩在院子里跳来跳去，嘴里还吆喝着："一扫光，一扫光！"吓得全家人第二天都不敢到院子里来了，大热天也憋在屋子里。有人胆大，不怕，到了晚上，一个人拿了根棍子躲在黑影里，不一会，那小红孩又从旮旯里跑出来，刚要张口说话，这人上去就是一棍子把他打趴下了。借着月光一看，原来就是那个笤帚疙瘩，就赶紧点把它烧了。

四十　大咬人

过去，高密李仙庄有一个著名的外科医生，专治无名疮、疖，外号叫"大咬人"。那时候乡下没有西医，生了疮、疖一直要等到它化了脓，破了头才会好。人受罪不说，一旦毒气入了血，攻了心，就会死！"大咬人"治病有很多传说。据说有一个人脚上长了一个疮，久治不愈，请了"大咬人"来，"大咬人"一看，就弄了一些青草，糊在疮上，不几天那人就好了。"大咬人"说："这是一个'蚂蚱疮'。蚂蚱吃青草，把蚂蚱引出来就好了。"又有一个人，脖子上长了一个疮，请大咬人看。"大咬人"叫人弄了一泡热牛屎糊在那人脖子上，不几天那人也好了。"大咬人"说："这是一个'屎壳郎疮'，屎壳郎吃牛屎，所以就好了。"揭下牛屎一看，果然，牛屎里有不少小屎壳郎呢！

爷爷三十来岁的时候，两腿上长了几个疮，光肿不见化脓，疼得睡不成觉，干不成活，全家人急得要命。大爷爷虽然是医生，也束手无策，偷偷掉泪，都觉得爷爷的腿没救了。有人就提出来去请"大咬人"。大栏到李仙庄有几十里路，又是大热天，怕人家不来，就备上骡子，派人去请。早上去，过半晌了才来。这"大咬人"是个大胖子，下得骡来，呼哧呼哧地直喘气。

进屋后喝了茶抽了烟，他才给爷爷看病。只见他用手按了按爷爷腿上红肿的地方，说："这是'贴骨疽'。疮长在肉里骨外，早就化脓了。"然后他要人找来一根自行车辐条，放在火上烧红了，一头打成一个尖，就趁热扎进红肿之处，疼得爷爷大叫。拔出辐条来，红肿处只流了一点点脓。"大咬人"说："太深了，流不出脓来。"就叫人去找来几根麦秸，中间弄穿了，把它们轻轻拈进去，那脓就哗哗地从麦秸里往外流！几个疮都是如此处理，足足接了半铜盆的脓。然后，他又把带来的药给爷爷服了，爷爷就不疼了。晚上，家里好酒好饭地招待他，大爷爷陪着。付给他钱的时候，他也不多要。说到他的外号，他说，人家一听说我叫"大咬人"，都以为我是死要钱的主，其实是因为我小名叫"狗"，所以才得了这么个外号。第二天，"大咬人"要走，走前他拿出几贴膏药，交代大爷爷继续用麦秸给爷爷放脓，什么时候没脓了，就把膏药贴上，很快就会结痂长好。果然，到了秋天爷爷就能下地干活了。

三 莫言年谱

莫言年谱

1955 年 1 岁

2 月 17 日（阴历乙未年正月廿五）上午 10 时左右，出生于山东省高密县河崖区大栏乡平安庄一户农民家庭。

祖父管嵩峰，名遵义，以字行。务农，兼做木工，善讲故事。

祖母戴氏，从事家务劳动。

父亲管贻范，农民，长期担任村、农业社、大队会计。

母亲高淑娟，农民，勤俭持家，任劳任怨，宽厚仁慈。

叔父管贻喜，1950 年参加供销社工作，长期在河崖工作，直至退休。

婶婶聂希兰，农民。

大哥管谟贤，姐姐管谟芬，二哥管谟欣。

堂姐管谟华，上年阴历九月出生。

是年农业合作化掀起高潮，莫言家首批加入农业社。父亲担任会计。

是年大哥谟贤上小学五年级，姐姐谟芬入小学。

1956年 2岁

是年，胶州专区撤销，高密县划归昌潍专区。中国完成了"对生产资料所有制的社会主义改造"。大爷爷管嵩山和小姑管贻兰带着自家的全部医药物资加入大栏联合诊所，成了拿工资吃国家粮的医生。

1957年 3岁

是年，平安庄全村合并为一个高级社。整风反右运动开始。

9月，大哥管谟贤考入高密二中，二哥谟欣入大栏小学读书。

1958年 4岁

2月，平安庄划归刚从河崖区分出的大栏乡。9月又并入河崖，成为火箭人民公社（后改河崖公社）平安庄大队，父亲担任大队会计。是年，大跃进、人民公社运动在全国展开。共产风、浮夸风、命令风、瞎指挥风、干部特殊风，"五风"盛行。

暑假期间，莫言调皮，掉进"圈"（茅厕）里，幸亏大哥发现，把他捞上来，扛到胶河里洗净，捡回了一条命。

秋天，家里房屋被民工占用，奶奶带着堂姐和莫言暂时住到大栏村陈家。吃饭在食堂，吃的东西难以下咽。

年底，开始挨饿，三叔管贻禄（三爷爷的大儿子）因病饿劳累而死，年仅三十岁左右。

1959年 5岁

是年庐山会议召开，全国反"右倾"。

村里开始饿死人，公共食堂解散。姐姐谟芬退学，专门负责挖野菜给全家人吃，以度荒年。

1960 年 6 岁

大量农民被饿死或"闯关东"，人口出现负增长。母亲为了挣一点麸皮，与邻居大娘一起为生产队推磨（因牲口已饿死），经常累得晕倒。莫言已能帮母亲推磨。

暑期之后，大哥谟贤升入高密二中高中部读书。粮食定量已减至每月21 斤。

大年夜，供在院子里的五个饽饽被人偷走。

1961 年 7 岁

是年，中央为 1958 年"整风补课"、"拔白旗"，1959 年"反右倾"、"反瞒产私分"以及 1960 年冬和本年春"整风整社"、"民主补课"等运动中挨整的干部、群众（包括部分中学生）"甄别平反"，为部分"右派分子"摘帽。国民经济实施"调整、巩固、充实、提高"的方针。

莫言入大栏中心小学读书，老师为之取名管谟业。

1962 年 8 岁

经济形势开始好转。农村以生产队为单位，人们已可以"糠菜半年粮"勉强吃饱。

大哥谟贤的户口根据上级缩编城市人口的指示，重新迁回本生产队。每周六回家背粮（地瓜干为主）到学校入伙吃饭。

莫言读小学二年级。

1963 年 9 岁

中央发布关于在农村开展社会主义教育运动的两个文件（"前十条"、"后十条”）在部分农村试点。

莫言在大栏小学读三年级，善写作文。

大哥谟贤高中毕业，考入华东师范大学中文系。

1964 年 10 岁

中央发布“二十三条”，在全国农村开展“四清运动”即“清政治、清经济、清思想、清组织”，极左再度盛行。文艺界开始批判电影《早春二月》、《北国江南》等。

莫言在大栏小学读四年级，作文经常被当做范文在班上宣读。

二哥谟欣小学毕业，考入高密二中读初中。

1965 年 11 岁

“左”风渐炽。是年 11 月，姚文元文章《评新编历史剧〈海瑞罢官〉》发表，“文革”即将掀起。

莫言已读五年级，参加了学校的文艺演出，与一女同学上台唱柳琴戏《老两口学毛选》，爱到社员欢迎。

大哥谟贤参加华东局农村工作队赴安徽定远县搞“四清”。

1966 年 12 岁

中央发布“五一六”通知，“文革”开始。

莫言与老师同学一起写大字报，批判“三家村”。

1967 年 13 岁

年初，上海、青岛等地开始夺权。大哥谟贤回乡探亲，带回一些造反派散发的传单。莫言受到启发，到学校造反，贴老师大字报，骂老师是“奴隶主”，撕烂课程表，成立战斗队，到胶县（现胶州）去串联，在接待站住了一晚，尿了炕，吓得第二天跑回了家。为此，学校决定开除他。后来贫下中农管理学校，上中学也要贫下中农推荐，莫言就此失学了。

二哥谟欣从高密二中初中毕业。

1968 年 14 岁

山东两派打内战。年底，全国各省市成立了革命委员会，但内战仍旧不断，工农业生产大受影响。

莫言回到了生产队，当了一名小社员，只能干一些割草放牛之类的农活。

莫言参加了胶河滞洪闸的建设。在工地上，因吃不饱去偷了一个萝卜，被发现后，队干部强迫他跪在毛主席像前请罪。事后遭到父亲痛打。

大哥谟贤大学毕业，被分到一机部某内迁厂，先要到沈阳军区旅大警备区守备三师锻炼。

二哥谟欣报名参军，之后连续三年体检合格，因出身中农，当兵不成。

1969 年 15 岁

中共九大召开，"文革"动乱仍未平息，农村生产不正常，农民生活甚苦，城市知识青年下乡。村里最大的地主单家的家属也被红卫兵从青岛赶了回来。其中有一位当中学老师的因 1957 年被打成右派，此时被开除公职，回到村里接受改造。莫言和他在一起干农活时，听他说当作家的人一天可以吃三顿饺子，便想当作家。春天莫言跟本大队社员去县南部拒城河公社捡石子，修济青公路，第一次远离本村。

莫言大哥于年底结婚，并偕妻子王梅棣回乡探亲。莫言十分高兴。

1970 年 16 岁

5 月 1 日，河崖公社食品站出售变质牛肉，致 304 人中毒，1 人死亡。后莫言据此事件写成中篇小说《牛》。

"文革"继续，刘少奇被开除出党。清理阶级队伍，制造了大量冤假错案。

大哥谟贤回到位于湖南常德的工厂工作。二哥谟欣在河崖读高中。翌年毕业。

莫言在家刻苦自学，读了大量小说，连大哥初、高中的语文、历史、地理课本，甚至作文都读过了。为了学有一技之长，期间曾跟大爷爷学过中医，背诵《药性赋》、《濒湖脉诀》等医学著作。

1971 年 17 岁

林彪事件发生。大批干部被赶下乡。工农兵上大学，管大学。

2 月 28 日，祖母戴氏去世，享年 78 岁。

1972 年 18 岁

全国声讨林彪反革命集团。

高密县棉铃虫灾爆发，莫言在生产队参加灭虫，喷撒剧毒农药。

1973 年 19 岁

中共十大召开。

1 月，在湖南工作的大哥携 3 岁的长子襄华回乡探亲，莫言送大哥和侄儿到青岛乘船。这是莫言第一次坐火车，第一次到青岛，在青岛迷了路。

冬天，去昌邑县围子公社挖胶莱河，历时 40 天，时间紧，任务重，天气奇寒。在此环境下，莫言居然写了一篇小说《胶莱河畔》，故事情节是男主人公为修河再次推迟婚期，老地主搞破坏砍断马腿……

第一次报名参军，体检合格，未获批准。

产生文学创作的幻想，试图写一本关于挖河的小说。

8 月 20 日，去高密县第五棉油加工厂做合同工。

1974 年 20 岁

中央指示开展"批林批孔"、"评法批儒"、评《水浒》，批宋江，反"复辟"，反"倒退"等运动。山东省委指示批判话剧《不平静的海滨》，教育界批"回潮"。

莫言入高密第五棉油加工厂（在河崖公社驻地）当临时工，负责过磅开单。业余时间写稿子、办墙报。

第二次报名当兵，体检合格，仍未获批准。

1975 年 21 岁

1 月，四届人大第一次会议召开，确定周恩来、邓小平为国务院核心领导。

11 月，毛泽东发动"批邓、反击右倾翻案风"运动。经人介绍，莫言与陈家屋子村杜芹兰订婚。莫言第三次报名参军，体检合格，未获批准。

大爷爷管嵩山去世，享年 85 岁。

1976 年 22 岁

1 月，周总理逝世。天安门事件爆发。邓小平又一次被打倒。

2 月 16 日，从棉花加工厂，应征入伍。坐汽车来到黄县的总参下属单位当兵，夙愿终于实现，主要工作是站岗、种地。

7 月，朱德逝世，唐山大地震。

9 月，毛泽东逝世。

10 月"四人帮"被粉碎，"文革"结束，举国欢庆。

1977 年 23 岁

由于表现突出，莫言被提拔为班长，每日站岗放哨之余，刻苦学习文化。

1978 年 24 岁

部队掀起学文化热潮，莫言为战士补习文化，同时开始练习写作。

1 月，领导通知他报考郑州某军事院校。每天站岗两小时，其余时间复习功课。至 6 月，名额取消。

7 月 13 日，祖父去世，享年 84 岁。对祖父的去世，莫言十分悲痛。

他在给大哥的信中说："他老人家一生含辛茹苦，农忙则辛勤工作于田间，农闲又持斧操锯在作坊。他以刚正不阿的性格和娴熟的木工技艺博得了乡里的众望，他为我们留下了很多值得学习的精神。我至今不能忘记祖父戴着花镜，用青筋突露的手挥动斧凿的形象。这种吃苦耐劳的精神，正是我最缺乏的……前几年我在家时，经常和他拉一拉，故意请他讲些古今轶事，所以颇得他的欢心。"

莫言入党成中共预备党员。

冬天，跟随部队车到北京延庆送大葱、苹果，途经潍坊、寿光、博兴、广饶、惠民、沧州、天津。回黄县后开始学习写作，写小说《妈妈的故事》、话剧《离婚》等，后自己焚毁。

1979 年 25 岁

7 月 10 日，与杜芹兰结婚。

根据大哥寄来的提纲，写了一篇关于 1958 年大跃进灾难的小说，寄给大哥修改。写短篇小说《异化》，遭退稿。

奉调解放军郑州工程技术学院第五系河北保定训练大队，担任新兵班长。新兵都是解放军工程技术学院学员，多为四川人。领导因为莫言在黄县"教数学很棒"，故让他为之上课。新兵训练结束后，莫言留队工作，担任保密员兼政治教员。业余时间刻苦学习写作，写小说《灾难的余波》、《老憨的心事》、《闹戏班》等，后自己焚毁。因用脑过度，"大把大把地掉头发"。

1980 年 26 岁

农村实行联产承包责任制。

莫言预备期满，转为正式党员。

7 月，杜芹兰来队探亲。

9 月，参加局里办的"中国社会主义经济问题"读书班。

寄习作给大哥，大哥看后提些意见寄回。

1981年27岁

处女作《春夜雨霏霏》发表于河北保定市的文学双月刊《莲池》第五期首篇，责任编辑是毛兆晃。此篇写于暑假，自称是"瞎猫碰上了死耗子"，"这篇东西费力最少，一上午写成，竟成功了，有好多'呕心沥血'之作竟篇篇流产，不知何道理。"

10月，回高密探亲。

11月3号，女儿笑笑出生。

两岸始通，新中国成立前被裹胁去台湾的二叔有了信，大祖母去世，母子终未能相见。

1982年28岁

短篇小说《丑兵》、《为了孩子》在《莲池》发表。

5月，跟随毛兆晃老师去白洋淀体验生活，夜里无物可盖，枕鞋而眠，感冒严重，中途返回。

暑假，大哥与小侄襄明回乡探亲，莫言亦回乡探亲。部队来信通知，莫言被提干（正排职教员，行政23级）。下达命令日期：1982年7月28日。他上两个班的政治课，讲授《政治经济学》及《哲学基本原理》，每周十二节课，还要写作，痢疾、感冒、鼻窦炎发作。

1983年29岁

1月，回乡探亲。

寄旧稿给大哥，请修改。坚持创作，但退稿甚多，"丧气得很"。

报名参加了北京高等教育自学考试，逻辑学88分，哲学77分。

短篇小说《售棉大路》在《莲池》第三期发表，《民间音乐》在《莲池》第五期发表。后者得到老作家孙犁赞赏，认为该小说有"空灵之感"。

前者被《小说月报》第七期转载。

莫言为部队干部开"语文知识讲座"。

6月，调延庆任局宣传干事。

9月，去保定参加《莲池》笔会，讨论《民间音乐》，获赞誉。期间胃出血，住进保定铁路医院。

给战士讲《中国革命史》。

参加党政干部基础科考试，多学科考试合格。

1984年30岁

年初，应河北文联及《长城》编辑部之邀去石家庄参加河北省青年作者笔会、中篇小说创作。

河北《长城》第二期发短篇小说《岛上的风》；第五期发短篇小说《雨中的河》。《无名文学》发小说《金翅鲤鱼》、《放鸭》，《小说创作》第三、四期合刊发《白鸥前导在春船》。中篇小说《黑沙滩》在《解放军文艺》第七期发表并获本刊年度优秀小说奖。短篇小说《大风》在《小说创作》第九期发表，《小说选刊》同年转载。《五个饽饽》在《当代小说》发表。

参加总参师以上干部"科学社会主义读书班"。

3月，参加河北省在任丘油田举办的河北青年文学创作会。

考入解放军艺术学院文学系。别人五月得到通知，莫言六月下旬才从战友处得到消息。19号拿到准考证，20日开始复习，十天后（7月1日）考试。莫言语文、政治、史地三科考了216分，其中语文90分，交一篇作品（《民间音乐》），被录取。同时被录取的有李存葆等人。

这年冬天，写出中篇小说《金色的红萝卜》，徐怀中主任大为赞赏，亲自为其改名为"透明的红萝卜"，并推荐给《中国作家》。

莫言去北戴河参加部队征文评奖。

秋末，在老家务农的四叔赶牛车去县城糖厂送甜菜，回家的路上，被一辆给某公社领导拉货的醉酒司机撞死，连人加牛共赔了3500元。莫言得到消息，十分愤怒，但也无可奈何。

1985 年 31 岁

莫言利用探亲时间，骑车上百里采访了刘连仁。

中篇小说《透明的红萝卜》在《中国作家》第二期发表，引起反响。《中国作家》杂志社组织在京作家与评论家在华侨大厦举行讨论会。小说得到同学以及与会专家的好评。

莫言写作"几乎成癖，一天不写东西感到对不住自己"。短篇小说《枯河》在《北京文学》第八期发表，获本年度优秀小说奖。

7 月到湖南常德探望大哥一家，同游张家界索溪峪，并为大哥单位文学青年讲课半天。回京后写了散文《马蹄》，在《解放军文艺》发表并获奖。

《金发婴儿》、《球状闪电》、《石磨》、《白狗秋千架》、《老枪》、《流水》、《秋水》《三匹马》等作品纷纷问世，"创作欲望极强，恨不得把文坛炸平！""一种想写抗日战争题材的欲望使我整夜失眠，脑子里出现幻觉。"

莫言被提为副连职宣传干事。

1986 年 32 岁

《红高粱》、《高粱酒》、《高粱殡》、《狗道》、《奇死》等红高粱系列中篇陆续发表。其中《红高粱》被《小说选刊》、《中篇小说选刊》、《中华文摘》转载，获第四届全国优秀中篇小说奖。

短篇小说《断手》发表于《北京文学》，《新华文摘》同年转载；《爆炸》发表于《人民文学》；《苍蝇·门牙》发表于《解放军文艺》；《草鞋窨子》发于《青年文学》。第一个小说集《透明的红萝卜》出版。

莫言读《静静的顿河》。

加入中国作家协会。

5 月去新疆，到伊犁、霍尔果斯口岸、尼勒克哈萨克牧场等地参观。

应《中外文学》之邀去大连。

夏天，与陈剑雨、朱伟合作，将《红高粱》改编成电影文学剧本。

去陕西临潼游温泉、看兵马俑、乾陵、茂陵。

利用回乡探亲的机会去高密二中听语文课。在大栏供销社的仓库里写中篇小说《欢乐》（原准备写《中学生浪漫曲》，第一部写"文革"前老高中生，第二部写"文革"中的高中生，此其三）。期间，为县里文学爱好者讲学一次。把妻女户口迁至南关。

莫言制定了一个宏大的写作计划：四部长篇大约100万字。第一部《红高粱》。五个中篇，25万字（已出书）。第二部独立长篇，25至30万字。写"爷爷"在日本的生活，以刘连仁为原型。第三部独立长篇，25万至30万字。写"父亲"从日本山中回到中国，被国民党抓了壮丁，在战斗中被解放军俘虏，加入解放军，后开小差回乡，参加了还乡团，1957年被镇压。第四部系列中篇，25万至30万字，写困难时期孤儿寡母的艰难生活。后该计划没有实现，部分情节在《丰乳肥臀》中可以看到。

是年，从解放军艺术学院毕业，仍回总参政治部文化部工作。

1987年 33岁

2月，大哥一家从湖南常德调回高密。

4月，中篇小说《红高粱》获第四届全国中篇小说奖。

这一年陆续发表的作品有：

中篇小说《欢乐》在《人民文学》第一、二期合刊发表，受到批评。

中篇小说《红蝗》在《收获》第三期发表，《凌乱战争印象》、《罪过》、《弃婴》、《猫事荟萃》、《飞艇》等小说发表。

《红高粱家族》结集出版。

5月，随中国作家代表团出访德国。回国后去丹东开会，转道漠河，参加"北极笔会"。

去玉门油田讲课，游敦煌、酒泉、嘉峪关。

7月，在北太平庄总参测绘局招待所完成长篇小说《天堂蒜薹之歌》。

夏天，张艺谋带《红高粱》剧组来高密县拍电影，老母亲用农家饭招待张艺谋、姜文、巩俐等人。

本年内在《人民日报》连发三篇报告文学《高密之光》、《高密之星》、《高密之梦》。

1988年34岁

1月，在大栏供销社仓库里写出短篇小说《十三步》。

3月，在县城南关村买一旧房（天坛路26号）。

电影《红高粱》在柏林电影节获"金熊奖"。

莫言被授予上尉军衔，正式以笔名"莫言"行世。

在《十月》杂志发表长篇小说《天堂蒜薹之歌》，4月由作家出版社出版单行本。

9月（9月6日~9月8日），山东大学、山东师范大学在高密联合召开"莫言创作研讨会"，莫言在会上发言。有关论文汇编成《莫言研究资料》一书，由山东大学出版社出版。莫言进入北京师范大学、鲁迅文学院合办的"创作研究生班"学习。

小说集《爆炸》由解放军文艺出版社出版。

长篇小说《十三步》首发于《文学四季·冬之卷》，随即由作家出版社出版单行本。

本年度，还发表了《玫瑰玫瑰香气扑鼻》、《革命浪漫主义》、《养猫专业户》、《生蹼的祖先们》、《复仇记》、《马驹横穿沼泽》等作品。其中，《马驹横穿沼泽》被《作品与争鸣》转载。

《白狗秋千架》在台湾获"联合文学奖"。

妻女搬高密县城居住。

1989年35岁

北京闹学潮，莫言回乡探亲。

3 月小说《白狗秋千架》获台湾《联合报》小说奖。

《你的行为使我们恐惧》、《遥远的亲人》、《奇遇》、《爱情故事》、《落日》等小说发表，其中《奇遇》被《小说月报》转载。中短篇小说集《欢乐十三章》由作家出版社出版。

9 月，女儿入高密市第一实验小学读书。

冬，开始长篇小说《酒国》的创作。

1990 年 36 岁

去胜利油田讲课，顺道回高密探亲，翻盖南关的住房。

继续写长篇小说《酒国》。

去香港，在香港中文大学、翻译研究中心访问一个月，在香港大学讲课。

出席全军文艺创作座谈会。

11 月中央电视台"人民子弟兵"栏目播出莫言的节目，这是中央电视台首次播出关于他的节目。

获文学硕士学位，仍回总参工作。晋升少校军衔。

1991 年 37 岁

去南京、扬州、常州、无锡、宜兴、苏州、上海等地采访。

5 月，去新加坡参加华文文艺营活动，转道去马来西亚，甚受华人欢迎。

《白棉花》、《战友重逢》、《红耳朵》、《怀抱鲜花的女人》、《人与兽》、《辫子》、《地道》等作品发表。其中《白棉花》被《中篇小说选刊》第一期转载。《飞鸟》、《夜渔》、《神嫖》、《翱翔》、《地震》、《铁孩》、《灵药》、《鱼市》、《良医》分别发表于马来西亚《南洋商报》、《星洲日报》及台湾的《中国时报》和《联合文学》。短篇小说集《白棉花》出版。

1992 年 38 岁

去云南西双版纳，中缅边境采风。

与山东师范大学杨守森、山东大学贺立华去阳谷县采访。

去重庆、大足，顺江而下，游三峡，至武汉参加青年作家创作会。

《姑妈的宝刀》、《屠户的女儿》、《战友重逢》、《模式与原型》、《梦境与杂种》、《幽默与趣味》、《麻风的儿子》等作品发表。

1993 年 39 岁

2 月，长篇小说《酒国》在湖南文艺出版社出版。

3 月，中篇小说集《怀抱鲜花的女人》由中国社会科学出版社出版。

在北京王府井、南京签名售书。

《随后就到》、《模式与原型》发表。短篇小说集《金发婴儿》出版。

12 月，长篇小说《食草家族》由华艺出版社出版。北京师范大学出版社出版短篇小说集《神聊》。

1994 年 40 岁

1 月 29 日（阴历癸酉年腊月十八）夜 11 时，母亲去世，享年仅 72 岁。莫言头一天从北京赶回高密，丧事完毕在家过完春节即回北京。

酝酿写一长篇献给母亲。短篇小说集《猫事荟萃》出版。

1995 年 41 岁

年初回乡探亲。1 月 19 日在南关家中开始写长篇小说《丰乳肥臀》，每写完一章，则送大哥审阅。4 月 13 日完稿后，在《大家》杂志连载发表，引起强烈反响，同时也遭到不少人的攻击谩骂。

8 月，妻女随军迁往北京。女儿笑笑进北大附中读书。

1996 年 42 岁

《莫言文集》五卷本由作家出版社出版。

《丰乳肥臀》在台湾出版。

《丰乳肥臀》在《大家》连载，并获首届"大家·红河文学奖"。单行本由作家出版社出版，遭受批判。

3月，日本东京大学教授、《酒国》的翻译者藤井省三赴高密实地考察，高密一中李希贵校长热情接待。

由莫言编剧、张瑜主演、严浩导演的电影《太阳有耳》获第46届柏林电影节银熊奖。

12月，散文《望星空》获浙江南浔杯散文大奖，去南浔领奖，会后去杭州。

1997年43岁

创作话剧《霸王别姬》（与他人合作）。

10月，以副师职干部转业至最高人民检察院检察日报社工作。

1998年44岁

第一本散文集《会唱歌的墙》出版。

创作反腐题材的十八集电视连续剧《红树林》。

年初，去意大利访问，转道巴黎。

7月，去泰国访问。

10月，去台湾访问，在台北图书馆演讲。

陪同日本佛教大学校长、《丰乳肥臀》的日文版翻译者吉田富夫先生赴高密考察，受到高密一中李希贵校长热情接待。

中篇小说《牛》、《三十年前的一场长跑比赛》、短篇小说《拇指铐》、《长安大道上的骑驴美人》、《白杨林里的战斗》、《一匹倒挂在杏树上的狼》、《蝗虫奇谈》发表。其中《牛》分别被《小说选刊》和《小说月报》转载。

1999年45岁

根据同名电视剧改写的长篇小说《红树林》出版。

小说集《长安大道上的骑驴美人》、《师傅越来越幽默》出版。《我们的七叔》、《视线的门牙》、《野骡子》、《司令的女人》、《藏宝图》、《儿子的敌人》、《沈园》等作品发表，其中《沈园》分别被《小说选刊》和《小说月报》转载。

10月10日重游当年当兵故地——山东黄县唐家泊。10月22日去日本访问，日文版《丰乳肥臀》出版。在京都大学、驹泽大学等演讲。

11月4日由大阪飞经上海去杭州领奖。(《牛》得到《东海》杂志奖)。

11月22日，跟随解放军文艺出版社的人员去上海、苏州一带参观。

2000年46岁

3月访美，在加州大学伯克利分校、科罗拉多大学波尔得分校、哥伦比亚大学、斯坦福大学演讲。英文版《酒国》在美出版。

《师傅越来越幽默》由张艺谋改编成电影《幸福时光》。发表短篇小说《冰雪美人》、《嗅味族》、《天花乱坠》。

女儿笑笑考入山东大学英文系。

9月27日去中国社科院参加大江健三郎座谈会，30日陪大江先生参观中国现代文学馆。

10月，上海文艺出版社出版《莫言小说精短系列》三卷。

浙江文艺出版社出版《莫言散文》。

11月，空政话剧团将《霸王别姬》搬上舞台。在首都剧场连演四十场，并被评为优秀剧目，此剧前往埃及和慕尼黑参加国际戏剧节。

2001年47岁

1月，短篇小说《倒立》在《山花》发表，被多家刊物转载。

2月，获第二届冯牧文学奖。

3月，长篇小说《檀香刑》出版，反响强烈。

去台湾参加国际出版节，在"作家之夜"发言。

4 月，《酒国》法文版获法国"儒尔·巴泰雍"外国文学奖。去法国领奖。

5 月，去瑞典访问。

6 月，被山东大学聘为兼职教授，去山大讲学。月中，去澳大利亚访问，在悉尼大学演讲。

7 月，《笼中叙事》（即《十三步》）、《欢乐》、《冰雪美人》结集，由九天汉思公司与文化艺术出版社合作出版。

9 月，《生蹼的祖先》、《冰雪美人》（新作中加话剧合集）由文化艺术出版社出版。《战友重逢》由解放军文艺出版社出版。

10 月，去北京大学参加"世界文学研究所"成立大会并发言。月底去杭州，转赴苏州参加"小说家论坛"，提出"作为老百姓写作"的文学主张。

12 月初，去法国参加文化交流活动，在法国国家图书馆演讲。回国后参加中国作家第六次代表大会，被选为中国作协全委会委员。

是年，《檀香刑》获台湾《联合报》2001 年十大好书奖。

2002 年 48 岁

2 月，春节期间，日本 NHK 电视台制作电视片《二十一世纪人物》，在北京和高密拍摄。大江健三郎被邀为嘉宾，随同拍摄。在高密老家过春节、听茂腔，期间莫言与大江先生多次对谈，谈话被整理成文字在多家报刊上发表。

《莫言中短篇小说集》（上、下）由作家出版社出版。散文集《清醒的说梦者》、《什么气味最美好》出版。短篇小说集《拇指铐》、《罪过》、《司令的女人》等出版。台湾麦田出版社出版《白棉花》及《冰雪美人》单行本。河北花山文艺出版社出版《红树林》电视剧本及电影剧本《英雄美人骏马》。齐鲁书社出版《莫言小说袖珍本》（九本）。

在"检察题材电视剧讨论会"上发言。

9 月，去意大利参加"曼托瓦文学节"，意文版《丰乳肥臀》出版。此书两个月卖出 7000 册，得到很高评价。

月底，与法国翻译家杜特莱夫妇去山东大学讲学，顺访淄川蒲松龄故居，然后同回高密。

11月，赴台湾参加台北市国际艺术村活动。写作短篇小说《木匠与狗》。11月22~24日，去苏州，与苏州大学王尧对谈。出版《莫言与王尧对谈录》一书。

2003年 49岁

1月，《檀香刑》获首届鼎钧文学奖。

2~3月，写作《四十一炮》，7月由春风文艺出版社出版。

4月，写话剧《我们的荆轲》。

6月，《小说选刊》发表《火烧花篮阁》。

8月，参加杭州《每日商报》组织的活动。

9月，去日本东京、箱根、京都、广岛等地参观。日文版《檀香刑》出版。《丰乳肥臀》修订本由工人出版社出版。

10月，参加浙江省首届作家节。

11月，去汕头大学讲学，被聘为兼职教授。

12月，根据《白狗秋千架》改编的由霍建起导演的电影《暖》获东京电影节金麒麟奖。

2004年 50岁

1月，短篇小说《大嘴》、《普通话》、《挂像》、《养兔手册》、《麻风女的情人》陆续发表。其中《普通话》及《养兔手册》被《小说选刊》转载。

3月17日~4月1日，去巴黎参加中国书展。莫言获法兰西文化与艺术骑士勋章。书展后去法国南部普罗旺斯大学参加活动。

法文版《丰乳肥臀》、《铁孩子》、《爆炸》、《藏宝图》及《酒国》、《十三步》、《红高粱》、《透明的红萝卜》简装本在书展上同时推出。莫言接受多家报刊采访。

4月18日，去中国现代文学馆领取"华语文学传媒大奖·年度杰出成就奖"，发表题为《没有个性就没有文学》的演讲。

《莫言文集》十二卷本由当代世界出版社出版。

5月20日~6月1日，随话剧《霸王别姬》剧组赴马来西亚、新加坡，演出受到热烈欢迎。期间演讲两次。

荷兰文《丰乳肥臀》出版。佳孚随公司推出插图本《莫言精品》六本：《牛》、《战友重逢》、《筑路》、《欢乐》、《白棉花》、《红蝗》。

6月，在深圳市福田会堂讲演。

8月，费时两天完成短篇《月光斩》，发表于《人民文学》第十期，获该刊"茅台杯奖"，并被《小说选刊》转载。

在深圳"社会大讲堂"演讲。

9月3日~18日，应聂华苓之邀赴美国参加国际写作计划。女儿笑笑大学毕业，升入清华大学读硕士，主研比较文学。

10月，将旧稿《与大师约会》整理后投给《大家》。

11月，英文版《丰乳肥臀》出版。

12月，写《小说九段》，投《上海文学》。12月25日，去日本北海道参加《莫言走笔北海道》活动。在北海道大学演讲。

2005年51岁

1月5日，与女儿笑笑一起去意大利乌迪奈领取诺尼诺国际文学奖。期间结识了印度裔英国作家奈保尔、英国剧作家彼得·布鲁克、意大利作家马格里斯、意大利导演奥米等人。回程在巴黎停留两天，接受两家报刊记者采访。2月4日返回北京。

2月6日，回高密老家过年。

法文版《师傅越来越幽默》由瑟伊出版社出版，一个月内加印两次。

3月，华艺出版社出版《复仇记》，是"华语文学传媒大奖"获得者丛书之一。

3月12日得译者杜特莱邮件告之该书已印9000册。

《小说界》3月号发表长篇综合文章《莫言走笔北海道》。

5月22~29日,去韩国参加第二届首尔国际文学会议,在"东亚文学大会"上演讲。与大江健三郎重逢。参观板门店。

6月2日,因胃出血住进北大医院,15号出院。

7月5日~8月13日,住到"名流花园",完成长篇小说《生死疲劳》初稿。期间曾去清华大学参加"后现代文学会议"。

9月,去锦州参加"小说现状与可能性"座谈会。

10月19日,去北京大学世界文学研究所参加"斯特林堡研讨会",作主题发言《漫谈斯特林堡》。

11月28~30日,去武夷山参加中篇小说年会。

12月12~20日,去香港接受公开大学荣誉文学博士学位。

2006年52岁

1月,《生死疲劳》由作家出版社出版,首印12万册。26日回高密过年。31日去西安。

2月1日,参拜法门寺。

2月2日,拜谒黄帝陵。2月3日回北京。

3月6日,在中国社科院外文所与日本学者李比英雄对谈。3月22日,乘法航飞机赴柏林参加世界文化宫活动。23日晚间在开幕式上发表《文化与记忆》的演讲。26日晚,朗诵《生死疲劳》第一章。31日回国。

4月,法文版《檀香刑》出版。

5月14日,去鲁迅博物馆发表题为《中国小说传统·从我近期三部长篇谈起》的演讲。24日,去日本大阪、京都。日文版《四十一炮》出版。在关西大学即席演讲《文学与故乡》。在京都大学做题为《小说与社会生活》的演讲。第二次参观川端康成文学馆,参观川端出生地、旧居、生活过的东村及川端家的墓地。28日回北京。

6月2日，乘法航班机赴法国西北部小城圣马路参加文学图书节，期间座谈四次，签名售书多次。法文版《丰乳肥臀》和《师傅越来越幽默》销售很好。瑟伊出版社决定出版《生死疲劳》。7日上午回北京。15日，赴济南参加首届山东文博会，吉林电视台"回家"栏目跟踪拍摄。16日，上午出席开幕式，下午去山东大学与研究生兰传斌谈其毕业论文。18日，去曲阜游三孔。19日回高密。翌日从青岛坐飞机返京。24日，去上海大学讲课，29日返京。

7月6日，与家人一起去武汉，结识山东籍画家周韶华。10日返京。14日，去西班牙参加塞万提斯学院开幕式。17日，去京郊延庆参加检察日报社文学活动两天。21日，日本福冈亚洲文化大奖新闻发布会在北京人民对外友好协会召开。

8月12日，高密市莫言研究会成立。10月《莫言研究》创刊。15日上午莫言去北京大学为韩国百名大学生东北亚旅行团演讲。月初某日，一时灵感来潮，为2008年奥运会开幕式构想方案，后交张艺谋等人参考，多处被采纳。24日，偕家人去日本北海道旅游，28日回京。

9月9日，去中国社科院听大江健三郎先生演讲。10日晚，作协领导在昆仑饭店和平厅宴请大江先生，莫言出席作陪。11日上午去社科院参加大江文学研讨会，莫言发言，题目为"大江健三郎先生对我们的启示"。12日，偕家人去日本福冈领奖。期间到饭仓小学为学生演讲，在市民论坛上演讲。14日晚颁奖仪式。18日返回北京。

11月5日，去鲁迅文学馆参加《当代作家评论》与苏州大学、渤海大学、鲁迅博物馆合办的"莫言文学研讨会"。7日至14日，参加第七届中国作家代表大会，全票当选为主席团委员。19日，去深圳读书月演讲，题目为"试论当代文学创作中的九大关系"。28日，去青岛理工大学演讲两次，被聘为客座教授。期间作客青岛电视台，并在半岛网与网友交流。

12月19日下午，去鲁迅博物馆。与孙郁对谈《酒国》，得以到地下仓库观看鲁迅手稿。20日，第三届"《当代》长篇小说2006年度最佳奖"

在北京华侨大厦开奖,《生死疲劳》获"年度入围奖"(专家奖)。23 日,去中国社科院参加中日青年作家交流会。28 至 31 日,去广东佛山、顺德参加"从乡村到社区论坛"。

2007 年 53 岁

1 月 5 日下午,去中国人民大学文学院讲课。8 日,中央电视台四频道去家拍摄关于《红高粱》的纪录片。

2 月 14 日,与意大利坎帕尼亚大区主席见面,谈关于赴意拍摄纪录片事宜。15 日与家人一起回高密过年,20 日返京。

3 月 28 日,去湖北宜昌市民文化广场讲演,31 日回京。

4 月 18 日,应邀作客常熟理工学院,参加读书月活动并作专题报告《文学与乡土》。21 日,回高密游胶河,高密电视台"魅力高密"栏目记者跟随拍摄。

5 月 11~20 日,去意大利西西里岛的科瑞大学、卡塔尼亚大学讲学,与恩那省省长见面。

7 月,《说吧,莫言》三册由海天出版社出版。15 日下午到深圳中心书城签名售书。21 日,在香港书展上以"我的文学经验"为题举办讲座。

8 月,在国子监留贤馆会晤以色列作家阿摩司·奥兹。女儿笑笑研究生毕业,到中国劳动关系学院任教。

9 月 3 日,与作协主席铁凝,作家王蒙、余华、阿来、迟子建等前往俄罗斯出席"中国文化年"活动。15 日,到济南泉城路新华书店签名售书。在答记者问时,提出"把坏人当好人写,把好人当坏人写,把自己当罪人写"的文学理念。29 日晚,CRI 中国国际广播电台与日本 NHK 国际广播电台共同举办的"中日秋季网络对话"隆重开讲,与歌手韩雪等人做客直播间。

10 月 11~17 日,作为副团长与团长张炯、副团长舒婷等中国作家一行二十二人赴韩国首尔及南部城市全州进行文学访问,演讲多次。19 日,与埃及作家哲迈勒·黑托尼在北京中国科学院召开的"中东文学研讨会"上会面。

本年调中国艺术研究院工作，后出任该院文学院院长。

2008年 54岁

1月，由高密莫言研究会会长孙惠斌等陪同在故乡考察了郑公祠、晏子塚、城阴城遗址等文物古迹。

2月2日，在高密文艺创作座谈会上讲话。11日，至诸城作学术报告。22日，赴日本东京参加国际笔会。会议主题为《灾害与文化》。会见日本作家茅野裕诚子、浅田次郎等。

3月6日下午，应邀去北京十一学校参加"名家大师进校园"活动，为学生作报告并与学生座谈。

7月，长篇小说《生死疲劳》获香港浸会大学文学院主办的第二届"红楼梦奖"。

10月，被《齐鲁晚报》和齐鲁文化研究中心联合推出的"新时期山东形象大使"评选活动推选为候选人之一。

12月27日，赴美国旧金山参加美国现代语言学年会。到西雅图市立图书馆、俄勒冈大学、斯坦福大学演讲。

2009年 55岁

1月，应美国华盛顿州立大学外国语言与文化系之邀赴美访问。5日，在西雅图市中心图书馆微软演讲礼堂演讲，朗读了《生死疲劳》片断。《生死疲劳》由葛浩文翻译在美出版，进入了2008年度《华盛顿邮报》、《西雅图时报》年度小说推荐名单。

3月3日，在俄克拉荷马大学与英文系学生及美中关系研究所有关人员座谈，并到中年中学访问、演讲、朗读作品。5日，出席在俄克拉荷马大学弗雷德·琼斯艺术馆举行的"纽曼华语文学奖"授奖仪式并发表获奖感言。中国驻休斯敦总领事周鼎应邀出席。6日，去纽约大学演讲，参观大都会博物馆、MOMA 现代艺术博物馆和古根汉姆博物馆。9 日，在美国哥伦比亚大学演讲，期间参观帝国大厦、布鲁克林大桥、世贸大厦遗址。15 日晚回到北京，参加清华大学"朱自清文学节"暨"文学名家论坛"发表题为"我们为什么需要文学"的主题演讲，并为文学节题字。18 日被高密一中聘为名誉校长，并出席聘任仪式。

6 月 17 日，出席意大利驻中国大使馆文化处举办的电视片"漫步罗马——莫言的罗马游记"（由意大利拉齐奥大区旅游局支持拍摄的莫言在意大利的旅行日志）首映式。21 日，去法国埃克斯－普罗旺斯，在当地大学演讲，发售莫言小说十三种，签名售书。接受十几家媒体采访，为 8 月份出版法文版《生死疲劳》做宣传。

7 月 11 日，出席在湖南长沙举行的"两岸经贸文化论坛"。

8 月 6 日，在北京国子监接受德国电视台采访，然后去丽都公园、孔庙拍摄。22 日，莫言文学馆在高密举行开馆仪式，文化部副部长王文章、山东省文化厅厅长亢清泉、山东省作协主席张炜以及潍坊市、高密市有关领导出席。莫言出席并致辞。

9 月 1 日，去国子监茶馆接受美国女摄影师拍照，为法国《世界报》发文配用。10 日，乘飞机去法兰克福，参加为 10 月书展热身的"感知中国论坛"，演讲引起反响。

10 月 5 日，去台湾"中央研究院"参加大江健三郎先生的文学研讨会。10 日，赴德国柏林参加"中德文化论坛"。13 日，飞法兰克福参加国际书展，在开幕式上发表演讲。期间，与铁凝一起受到习近平同志和德国总理默克尔的接见并合影留念。会后，收到"法兰克福国际书展中国主宾国活动组委会"发来的感谢信。18 日，赴比利时布鲁塞尔，去安特卫根特大学演讲。期间，由荷兰汉学家林格主持在布鲁塞尔剧院举行文学对话活动。23 日，抵瑞士小城巴塞尔、小城左芬根参加文学活动。25 日，到德国奥格斯堡市，该市常务副市长在市政大厅举行了简单的欢迎仪式。27 日，拜访德国巴伐利亚艺术科学院，拜会博希迈耶院长。参加由奥地利维也纳大学汉学家魏格林教授主持的仪式，被授予该艺术科学院的通讯院士。此后，抵维也纳参加文学活动，再去萨尔茨堡参观莫扎特故居。

11月20日，在北京大学英杰交流中心阳光大厅演讲《我的文学经验：历史与莫言》。收到西班牙文《生死疲劳》样书。

12月9日在复旦大学做演讲。12月17日，出席"廿一世纪年度最佳外国小说"评选活动的颁奖仪式，与中国出版集团总裁聂震宁一起为82岁的德国作家马丁·瓦尔泽颁发"微山湖奖"，并发表演说。25日，去河北石家庄接受河北省电视台"高端访谈"栏目采访。期间，到河北师范大学演讲，去新华书店签名售书，参观赵州桥、柏林寺。

该月，长篇新作《蛙》在《收获》第六期发表，随后由上海文艺出版社出版。12月16日下午作客《正义网》谈《蛙》。后赴上海书城参加新书首发式并签名售书。《蛙》获得第二届"春申文学奖年度优秀作家奖"，获2009年度"中国图书实力榜好书奖"。

2010年 56岁

1月，回高密过年。

2月28日晚应邀参加中共中央在人民大会堂举办的由首都知识界代表参加的元宵晚会，与各界代表一起接受党和国家领导人的新春问候，共庆佳节。

秋，去浙江龙泉寻根问祖，受到乡亲们热烈欢迎。

11月，出访西班牙。期间因胃出血住进医院，受到大使馆同志和同行的同事的关心照顾。

2011年 57岁

春节回高密过年。元宵节前回北京参加中共中央举办的"首都知识分子代表元宵晚会"。

1月被山东《齐鲁周刊》评为"齐鲁精英人物"。

7月初回高密居住。7月访问日本，在京都佛教大学讲学，日文版《蛙鸣》由吉田富夫翻译出版。获韩国文坛最高奖"万海大奖"，赴韩参加颁奖仪式。

8月4日，外孙女在高密人民医院出生。月中，长篇小说《蛙》获第八届茅盾文学奖。

9月19日晚，第八届茅盾文学奖颁奖典礼在中国国家大剧院小剧场举行，中国作协党组书记为莫言颁奖。25日，"山东文化学者莫言茅盾文学奖获奖作品《蛙》研讨会"在高密天和思瑞国际大酒店举行。

11月，中国作协第八次全国代表大会在京召开，会议选出新一届作协领导班子，莫言当选作协副主席。

是年，高密莫言研究会编著的《莫言与高密》由中国青年出版社出版。

2012年 58岁

2月24日全家回北京。春节期间参加中共中央举行的元宵晚会，受到胡锦涛总书记亲切接见并同坐一桌。

4月赴英国参加伦敦书展。

5月18日在华东师范大学作题目为《写什么，怎么写》的演讲，并被华东师范大学聘为兼职教授。5月下旬至6月下旬，在陕西户县写作休养。

8月31日回高密居住。

10月11日获得2012年度诺贝尔文学奖。剧本《我们的荆轲》获全国戏剧文化奖编剧奖。

11月15日，全家返京准备赴瑞典出席诺贝尔奖颁奖典礼。

12月5日，离京赴瑞典领取诺贝尔文学奖。

（注：对与莫言共同整理的年谱作了补充。主要根据记忆，个别地方可能有误。）

附：莫言家族史考略

序

莫言，原名管谟业，我的三弟，高密管氏（大股）二十四世孙，当代著名作家。

莫言的第一学历为小学肄业，最后取得了研究生学历，成长为国内外著名作家，至今已创作了《红高粱》、《丰乳肥臀》、《檀香刑》、《生死疲劳》、《蛙》等十余本长篇小说以及众多中短篇小说、电影剧本、话剧、散文等文学作品，共数百万字之巨。许多作品在国内外获大奖，2012年他又获得了诺贝尔文学奖。其成长的原因，除组织培养，领导及文学前辈关怀，朋友帮助，个人奋斗之外，家族的传统、家庭的教育亦不容忽视。

现在，研究家谱和姓氏，已成为一门专门的学问。据中国科学院有关专家的研究成果，姓氏暗藏遗传密码，是连接文化遗传和生物遗传的一个桥梁。我们国家长期以来，姓氏随男。而从遗传学角度来说，只有男性具有Y染色体，因此，Y染色体就同姓氏一起遗传给男性后代。由此，具有同样姓氏的人群也就具有了同样类型的Y染色体以及它所携带的遗传基因。

这部文稿是我近年来的研究成果，初稿完成于2004年5月。之后，又进行了几次修改补充，成了今天这个样子。通过研究可以发现，管姓历来崇文而不尚武；自古至今，管姓名人多为文人。如讲习《诗》、《书》的管宁，精于易算的管辂，诗人管师复，词人管鉴，女画家管道升（赵孟頫夫人），散文家管同，经济学家管大同，诗人管用和等。莫言成为作家，是否得益于管氏遗传呢，我的结论是肯定的。

管姓来到高密，仅从元末明初算起，已经有六百多年的历史。六百多年来，高密管氏在高密大地上繁衍生息，辛勤劳作，耕读传家，为高密的发展作出了贡献，可谓人才辈出，代有英贤。现在，时当盛世，希望高密管姓族人，发扬光大祖辈的优良家风，奋发图强，为国为民作出更大贡献。

值此高密莫言研究会成立之际，我将此稿付梓，希望得到领导及从事莫言研究的学者和朋友们的批评，尤其希望得到管姓父老兄弟们的批评指正。

一、管姓的起源

管姓列于《百家姓》第166位，在当今姓氏排行中列第140位，人口占全国汉族人口的0.9%，即每1万个汉族人中就有9人姓管。在中华民族大家庭中，管虽非大姓，但从古至今，代有贤人，英才辈出，为中华文明的形成和发展作出了伟大贡献。

关于管姓的起源，根据目前掌握的资料，主要有三个：其一是周文王第三子叔鲜；其二是周穆王姬满；其三是少数民族锡伯族、傣族中的管姓。具体论述如下。

1. 起源于管叔鲜。此说见于《史记》卷三十五《管蔡世家》,《通志·氏族略》、《中国姓氏起源》、《广韵》等典籍中亦有记载。《史记·管蔡世家》中说:"管叔鲜、蔡叔度者,周文王子而武王弟也。武王同母兄弟十人,母曰太姒,文王正妃也。其长子曰伯邑考,次曰武王发,次曰管叔鲜,次曰周公旦……""武王已克殷纣,平天下,封功臣昆弟,于是封叔鲜于管。"《高密管氏家谱》康熙十六年序云:"管氏之姓,其始乃文王子叔鲜,受封于管,以国为氏,今郑州管城是也。"(地在今河南郑州管城区)。但是,同一篇《管蔡世家》读下去就会发现这一说法还有些问题,那就是叔鲜"无后"。司马迁说,管叔蔡叔"二人相纣子武庚禄父,治殷遗民,封叔旦于鲁,而相周为周公。""武王既崩,成王少,周公旦专于王室,管叔蔡叔疑周公之为不利于成王,乃挟武庚作乱,周公旦承成王命,伐诛武庚,杀管叔而放蔡叔。""管叔作乱诛死,无后。" 司马迁特地交待,说得很明白,管叔因造反被诛杀没有后代。那么后世管姓从何而来呢? 近见江西《齐川管氏宗谱》,其光绪二十二年《齐川管氏重修宗谱序》中说:"管氏之先为文王第三子叔鲜,受封于管,后因以国为姓。至成王十一年乙未,命叔元子兑为纶邑大夫,岁时奉祀,因徙纶别管城。"也就是说,管叔鲜虽然"无后",但成王让叔元的儿子兑继承了叔鲜的封位,把管城迁到了纶邑,其后世自然为管姓。

2. 起源于周穆王姬满。此说亦见于《通志·氏族略》、《风俗通》等典籍。说周穆王时,将其庶子分封于管,至管仲始显于齐,后世子孙以邑为氏。今人浙江龙泉管月福先生,在研究了龙泉管氏族谱等史籍后,著有《龙泉管姓》一书。他在书中认同了这种说法,认为管氏第二起源为"西周穆王姬满的后代,管夷吾(仲)出自周穆王。"而龙泉管姓"系穆王之后,夷吾(管仲)支系,管公明(辂)后裔。先祖居平昌郡(今山东潍坊一带)。"另据与高密、诸城管氏同族同宗的莒县管氏后人管恩灼所著《双凤山下人家》一书之论述,《莒县管氏宗谱》亦认同此说,认为莒、诸、高之管姓都是出自管仲、汉之管宁、管辂,至晋之管辰,皆一脉相承。

3. 少数民族中锡伯族、傣族中亦有管姓。其中锡伯族之管姓乃其瓜尔佳氏之汉姓也，此氏亦有改姓"关"者。傣族之管姓待考。

因为管仲辅佐齐桓公实施改革，通货积财，尊王攘夷，九合诸侯，一匡天下，齐国成为春秋五霸之首，功勋卓著，名扬天下，青史留名，故管姓子孙尊管仲为得姓始祖。但《高密管氏家谱》的修纂者是很慎重的，他考证了历史，认为"自周之后，若齐之管仲，楚之管修，汉之管宁、管辂皆出于周，以谱牒失传，不敢妄认。"这一点齐川谱的魄力大一些，认为管仲是继管兑之后的第十四世，而管宁、管辂都与管叔鲜一脉相承。而管月福先生则认为龙泉管氏是"穆王之后，夷吾（管仲）支系，管公明（辂）后裔。"值得注意的是，不管齐川管氏还是高密管氏、莒县管氏、诸城管氏，都承认自己出自龙泉管氏。如按管月福先生的说法，大家都是管仲的后代，那么高密管氏也应是出自周穆王了。穆王乃西周继武王之后第五代天子。所以不管是出自管叔鲜，抑或穆王，都是出自姬姓，是黄帝的后代，真正的炎黄子孙。这一点，在《史记》的《五帝本纪》、《周本记》里记载得很清楚：自黄帝之后，第四代为帝喾（高辛），然后依次是后稷、不窋、鞠、公孙、庆节、皇仆、差弗、毁隃、公非、高圉、亚圉、公孙祖类、古公亶父、公季、昌。昌即姬昌，周文王是也。也就是说，除去黄帝之父少典不计，自黄帝至周文王，整整十九代，至管叔鲜，正好是二十代，再下去四代，则是穆王姬满，其血缘关系是一脉相承的。在西周众多的诸侯国中，管国立国早，消亡亦早，其后世子孙风流云散，繁衍播迁。时齐鲁富庶，多数子孙播迁山东。亦有徙往安徽（管仲即颍上人，属安徽）、江苏北部及河南东部者。春秋时除管仲相齐外，同时代的齐有管至父，可见此时管姓主要繁衍于山东，这也是天下管姓多出自山东的原因。至西汉时，见于史册的管姓有汉高祖刘邦妃管夫人，李陵之军侯管敢，燕令管少卿。而齐川谱说管氏始有郡望（平昌）乃自管衍，其"以中涓佐高祖"打天下，以功封平昌侯。平昌在汉时与高密同属北海，大体在今山东潍坊一带。总之，管氏郡望应在秦汉之际形成。东汉时农民起义首领管亥，亦齐人，据北海。而三国时魏之名人管宁、管辂、管承亦均为齐人，而且都是今潍坊一带人。东汉初，有曾任山东副都军务的管思藏，自江西豫章之带源徙居闽地宁阳招贤里羊岗坝（今福建宁化水茜张坊村）。中常侍管霸、顿丘人管伯都是河南籍，可见此时河南仍有管姓。另外三国时管宁自朱虚（今山东临朐一带）迁居辽东三十余年，自然有子孙留居当地。魏晋南北朝时期，因社会动荡，管姓避乱有西去秦陇，南及潇湘者。据《管氏宗谱》载："齐有管仲后裔，秦陇有管纯后裔，湖湘有管修后裔，辽宁有管宁后裔。"另据考证，管修为管仲后代，春秋时为楚大夫，被封为阴邑，称为阴修。故其后代有以阴为姓者，由此可见，阴姓乃出自管姓。至南北朝时也有管姓避居江南，隋末农民起义领袖管崇即为晋陵郡（今江苏常州）人。唐宋之际，管姓在江南繁衍日盛。五代后唐年间，管思藏有后裔真郎返徙江西带源居住，其子孙播衍闽、粤、赣各地。宋代管师仁、管师复为名宦名人，青史有名，居于浙江龙泉。其后人管鉴，为南宋著名词人，随父仕宦，由龙泉徙江西临川。元时，翰林学士管祎开基河南光山。明初，有光山一支迁往新蔡。高密、诸城、莒县一带管氏亦是元末明初自海州（今江苏连云港）迁回故土的。同时，管姓作为明初山西洪洞大槐树移民姓氏之一，被分迁于河南、河北、山东、陕西、天津、江苏、安徽等地。据《明清进士题名录》所载，明清之际管姓进士及第者有55人，有35名来自江苏、江西、浙江。排除其特有的文化氛围因素外，说明在此三地管姓分布甚广。另有湖北2名，云南1名。北方则以山东莒州5名（管廷献探花、廷纲、廷鹗、象颐、象晋）、高密2名（七世祖嘉祯公、嘉福公）、陕西咸宁2名为众。其中莒州小窑之五进士与高密管氏为同族同宗，均自江苏海州（今连云港）迁来，至清末民初两处尚有往来。另外，此际管姓亦有渡海赴台湾者（吾大股十七世祖管侗，即曾任台湾南投淡水县丞）。再者，山东之管姓闯关东去东三省谋生留居彼处者亦甚多。于是天下皆有管姓矣。但仍以江苏、山东等省为多，二省管姓约占全国汉族管姓的63%。

二、管氏地望、堂号

管叔鲜封于管。管本夏、商侯国名。武王胜商之元年，封叔鲜于管。后八载，武庚不轨，周公致辟，废其国为管城邑。汉属河南郡，管城县隶焉。隋于管城置管州，唐改郑州管城县。

管叔墓在郑州西南之梅山。

管兑邑纶。纶，夏国名，在河南登封县西颖阳城。周成王封叔元子兑为纶邑大夫，始自管城徙纶邑。

管仲，字夷吾。据《史记·管晏列传》载，管仲夷吾者，颖上人也。相齐桓公，"九合诸侯，一匡天下"。管仲墓在临淄县南牛山阿。

管衍，汉高帝封其为平昌侯，后世遂以平昌为显望。平昌，西汉时属琅琊郡，东汉时为侯国。《后汉书·郡国四》："平昌侯国，属北海国，故属琅琊郡。"时北海国下有剧（古纪国，今寿光）、营陵、平寿、都昌、安丘、淳于、平昌侯国、朱虚侯国、东安平、葤川、高密侯国、昌安侯国、夷安侯国、胶东侯国、即墨侯国、壮武、下密、挺、观阳。北海者，本齐青州地，管公度仕齐，居营丘（今临朐），其后管仲相齐，至管衍自营丘迁平昌（今安丘、昌邑一带地方）。至管延寿又自平昌迁北海愚公谷。至管宁，复自北海避难辽东，已而浮海还平昌，平昌为管氏郡望。

管方寓石城。石城，汉县，属丹阳郡（今江苏）。管方随晋元帝渡江居此。隋废石城，置秋浦县，为池州（今安徽池州）所辖，号池阳。五代即池州，置贵池县，属金陵府（今南京）。

管辐刺升州。升州，本楚金陵邑，秦改秣陵，吴改建业，陈改建康，唐为蒋州，乾元初改升州，五代改金陵府，宋复为升州，仁宗升为江宁府。唐官辐为升州刺史，居金陵古治城。

管伸官武胜军。武胜军，唐末浙江藩镇名号也，浙江杭州，陈置钱塘郡，隋废郡置杭州，唐景福初，升号武胜军，置节度使（或作威胜军，疑为当时称号）。伸官此，凡五载，后解任，寇发不得归，遂居浙江龙泉县。

管纯宋时居胶东。胶东侯国汉时与高密侯国同属北海国，当今之高密胶州一带。宋时密州有胶西、胶东，当在平度、即墨一带。

管奉迁海州，海州今江苏连云港。

管政与二子隆、盛北归高密南王柱社（今柴沟镇大王柱村），又迁掌家庄社，今城西张吉村（应为仇家庄）。

管士谦定居县城东门外路北，为高密管氏一世祖。高密，秦时建县，汉时为高密侯国，属北海郡，宋时属密州。

另有平原郡（治所在今山东平原）、晋阳郡（今山西太原）。

堂号有匡世堂、平原堂、白云堂、过一堂。

其中"匡世堂"来源于管仲，因他佐齐桓公成就了霸业，孔子赞他"一匡天下"，后世遂有"匡世堂"之号。"平原堂"来源于管辂。"白云堂"来源于管师复，长于诗，隐居不仕，宋仁宗赐其官不受，问其诗所得如何，答曰："满坞白云耕不破，一潭明月钓无痕。"有《白云集》传世，后世称"白云先生"。其弟管师常自号"白云翁"。其他待考。

三、高密管氏的世系

据《高密管氏家谱》康熙十六年旧序中说，管氏"自周之后，若齐之管仲，楚之管修，汉之管宁、管辂，亦皆出于周，以谱牒失传，不敢妄认。"现在的世系只能追溯到北宋初年，还是高密二世祖思敬在元朝时所序。说北宋初年，一世祖管纯"居胶东，以孝经教授乡里，人呼为教读先生"。管纯有二子，长曰奉，次曰材。二人迁至海州（今江苏连云港市），奉"为涟水军伍卒，材务农渔海以充军用"。不久，又迁到"浙江处州龙泉县，为龙泉管氏，旁支仍居胶东"。管奉生有二子："长曰师复，次曰师常。"二人皆饱学之士，但都隐居不仕。其中管师复为知名诗人，有《白云集》传世。管材亦有二子："长曰师仁，次曰师礼。"其中管师仁在徽宗崇宁年间"举进士，知建昌军，有善政，召为吏部尚书，大观间，累官枢密院直学士，以奏议忤权幸，罢"。《宋史》有传。（见《宋史》卷三百五十一，《列传》第一百一十）。师礼做过江陵知县。而管师仁有三子：长子管洪，次子管浩，三子管深。其中管洪"以恩授龙江提举"。管浩"有才识，以杂科任临淮县尉，未几，以疾归"。浩有一子，名曰大方。时金人入侵，北宋灭亡，高宗南渡，管大方遂迁回海州。其他族人留在龙泉的仍有很多。而管深有一子名鉴，"调江西常平提干，乃家临川"。此人乃南宋著名词人，有《养拙堂词》一卷传世。那么，是谁迁到高密来的呢？序中说，管大方迁回海州后，"金侵疆愈急，大方又渡江，居丹阳（今江苏丹阳），教其子国信曰：'管氏牒谱，当固藏之，异日有北还之理，祖宗之陵，在齐之东界，不可迷也。'"管国信生五子，分别为镗、锪、镛、镇、锴。越四五年，又迁回海州。其中管镗生二子：长子熙光，次子熙烈。熙光"易贩于江淮，二十年间，蓄积有数千金，家业颇振，人号为海州大户"。熙烈"少有大志，知州事，举为屯田官，……又迁海州都税大使"。"熙烈生四子：曰植、槐、松、榛。"这时金人攻陷涟水军，槐、松、榛都被金人俘获，只有管植逃出。"四月，元兵至瓜州（今江苏省长江北岸，扬州市南面），植适贩海实及闽府果，因以进偏师，得授沭阳主簿。后元兵大陷江淮军，举家失散，植殉节坠井死。有二子，曰夔、曰政。"二人"抱父骸瘗于沭阳之髭柳西岗"，管政把谱牒藏在衣袂之中，逃归海州，"娶陈氏，生二子，曰盛，曰隆。元军往来淮泗间，南北摽掠，殆无虚日，于是父子遂北归，流落于高密县南王柱社（今柴沟镇大王柱村），未几，又迁掌家庄社（今高密城西张吉村，应为仉家庄）。其他旁支仍居海州。管隆生二子，曰克勤、克礼。克礼生二子，曰士谦、士能。士谦方十余岁，学书算，来县，娶孙氏。迁于县之东鄙，又居县之东门外街北。"高密管氏奉管士谦为一世祖。而士能之子文敬迁诸城，为诸城管氏一世祖。其时，已经是元末明初了。其中诸城管姓，就我所搜集到的两种《诸城管氏族谱》的记载，其一世祖确是文敬，与《高密管氏家谱》不同的是没有点明文敬是士能之子，而是说文敬于"前明洪武年间"直接"自江南海州迁诸城东乡，居管滩庄"。而莒县管恩灼所著《双凤山下人家》一书，亦认同管纯为始祖，是为避战乱由海州至丹阳，再迁回海州，后代流落江淮二百余年后才北归至山东。所不同的是，莒县谱认为其始迁祖与高密、诸城之一世祖是兄弟三人，莒县者是老三，称"滨海公"，于洪武二年至莒州北 65 公里之双凤山下安居的。据先伯祖遵仁公说，莒县、诸城、高密是联了宗的，自十三世开始，所定行辈为"泽、岐、鸣、廷、国、恩、家、庆"。从《双凤山下人家》一书中可见，高密的十五世与莒县的十六世，皆为"廷"字辈（高密有改为"福"字者）。高密谱中载明，因为诸城一世祖是高密一世祖之侄，所以高密十六世"绍"字与诸城十五世"泽"字兄弟相称。由此可见，莒县谱称莒、高、诸三处始祖为兄弟三人之说不可信。

关于三县管氏同族同宗的事，本人曾多次听祖父和父亲说起过这样两件事。其一是说，在光绪年间，胶河年年发大水，为治理胶河，沿河四十多处村庄公议，决定从仓上、王当一带将河堤取直，并报县上同意，刻日即将动工。这样，就把管家苓芝围在河堤之内了。当时，高密管氏家族中没有一个人的功名地位超过高密县官的。其时，我们家尚在管家苓芝，我高祖父的哥哥笃庆公（考名书贤）是庄上唯一的秀才，他想到了莒县的探花府，决定亲自出马去莒县请人来高密直接与县官交涉。于是专门从南曲一家大财主家借了人家新置的亮顶子马车去莒县把廷鹗公接了来。廷鹗公让车夫直接打马进了高密县城。此时，早有人报知了县官。县官心怀鬼胎不想见，坐上轿子就往城外跑。廷鹗公一声"追"字，车夫打马飞奔。其时正是春季，恰逢鳞刀鱼（带鱼）上市。那马车夫真是训练有素，马车过处，轧得鳞刀鱼嘎唧乱响，带鱼横飞。当时的高密县城很小，加上马车比轿子快得多，一会儿就望见县官的轿子了。高密县官一看，跑不脱了，只好下轿打千儿请安，赔不是，修河的事也不再提起。管家苓芝直至今天仍留在胶河西岸堤外。祖父生前曾说，要不是廷鹗公来，民国元年的那场大水，就把管家苓芝冲到东海里去了。可见，高密管姓族人也是以莒县小窑的探花府五进士为自豪和荣耀的。据说当年廷鹗公中了探花，专门派人来高密给高密管氏宗祠树旗杆挂匾。两处来往颇为频繁。

其二是说，我奶奶娘家东王家苓芝的戴家，擅长竹制工艺。民国年间，有一年麦收前，奶奶娘家的某人用大车拉了一车杈把扫帚之类的货物去诸城地（相州？）赶大集，因为卖货讲价得罪了当地人，货物被哄抢一空。正在叫天天不应，叫地地不灵之时，忽然想到此地有一姓管的大户人家，何不冒充管家苓芝的人登门求救呢？于是他自称管氏某世孙求见老爷。老爷问明情况，说："孙子，上炕。货抢了好，不用你自己卖了。"一边摆上好酒好饭招待，一边问清了各色货物的价钱，吩咐管事的说："到集市上去说说，凡是拿了咱家孩子东西的，叫他们按价送钱来，送货来的不要，给我打出去。"酒足饭饱之后，钱也交来了，一算账，比平时多卖了若干钱。这正是"姓了半天管，赚了若干钱"。此事一时传为笑谈，同时也说明，高密、诸城管氏乃一家。

从上边的记叙看，高密管氏经历了从山东到江苏海州，再到浙江龙泉，再从龙泉回海州，又因贸易或战乱辗转于江淮间，最后落脚高密这么一个过程。因此必须研究一下龙泉管氏。

四、关于龙泉管氏

关于龙泉管氏，管月福先生之《龙泉管氏》一书是这样叙述的："龙泉管姓，系穆王之后，夷吾支系，管公明后裔，先祖原居住平昌郡（今山东省潍坊一带地方。作者按：这与高密谱所说之'齐之东界'相符）。后居池阳（今陕西泾阳县。贤按：似应为今安徽池州）。管福（江西齐川宗谱为管辐）自池阳迁南京，在唐末，五季兵乱，约在公元904年，从南京迁徙龙泉，暂居白云岩，后居黄鹤镇（今市区内）。管福之子管伸，为（宋）威胜军节度使，宋朝隆兴（南宋孝宗年号）时有功于国，为黄鹤将，封秦溪公。娶叶氏、沈氏、张氏，前后相继生十五子一女。据传叶氏生子最多，但未得其传，无从稽考。"只知道十三、十四、十五公为张氏所生。"十五公管庆河后代子孙排行六十个字辈，分别为：庆、文、大、师、可、金、水、彦、魁、道、学、崇、普、宗、胜、和、仲、志、怀、智、信、正、应、云、音、奏、梦、虞、韶、德、修、思、盛、世、为、忠、毓、俊、子、笃、敬、效、先、贤、知、仁、雄、才、齐、家、治、国、礼、义、道、达、诗、书、振、明。"

对此，江西丰邑（今广丰县，原名永丰）《齐川管氏宗谱》记载尤详。该谱最早的一篇序言为明朝万历二十九年十一世嗣孙管宗泰所撰。序中说："吾族管姓，始于周初，以国为氏。至汉高帝封管衍为平昌侯，地望始显。（作者按：关于管衍被封为平昌侯，《史记》、《汉书》均查不到，待考。而平昌在汉时与高密同属北海郡，大约在今安丘、昌邑一带地方。）及晋元帝渡江，管方徙居石城，属金陵府（今江苏南京）。洎唐管辐，偕子伸，官浙，籍满，遂寓处州之龙泉石马岗。"而伸生十五子一女，皆显贵，于是形成龙泉管姓。三者比较，《龙泉管姓》一书与《齐川管氏宗谱》记载差不多一致，可信度较高。齐川一支为管师复之后，高密管氏为管师仁之后，但对二人的身世记载，高密谱与齐川谱不同，而齐川谱与《龙泉管姓》一书却差不多相同，因此必须列出加以对照。

五、关于管师仁、管师复的身世及子孙

1. 先看《高密管氏家谱》的记载：

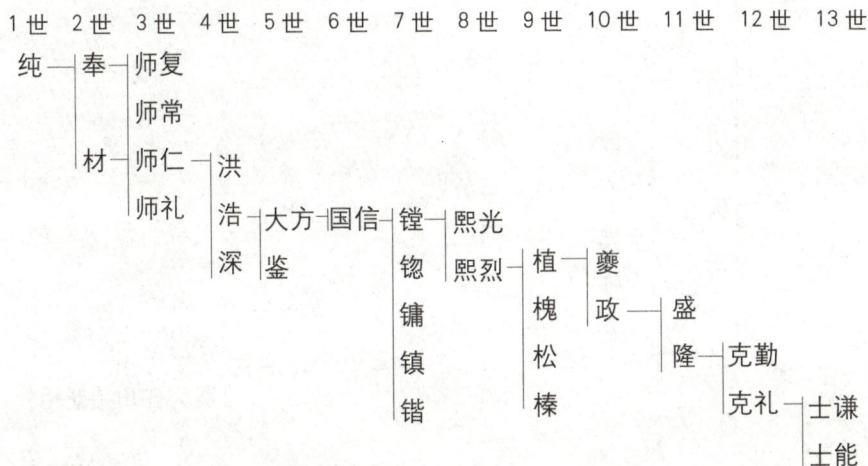

1世 2世 3世 4世 5世 6世 7世 8世 9世 10世 11世 12世 13世

```
纯—奉—师复
      师常
   材—师仁—洪
      师礼  浩—大方—国信—铠—熙光
            深   鉴      锪   熙烈—植—夔
                      镛      槐   政—盛
                      镇      松   隆—克勤
                      锴      榛      克礼—士谦
                                        士能
```

（士谦为高密一世祖，士能子文敬，迁诸城，为诸城管氏一世祖）

2. 江西《齐川管氏家谱》的记载如下：

```
辐—伸—瑞
         明
         玛
         裔
         陟
         张
         成
         制
         临
         暎
         统
         思温
         玉
         思旃—文珂—大钧—师复—希政—翔—挟—稷—拱辰—国谕—葵
              文复  大成  师常—希旦—宗光
                              希亶
                              希望

         庆河—文政      师淳
              文瓒—大忠—师渐
              文昌      师仁
              文炳      师漭
         云英
         （女）
```

（葵为齐川始迁祖）

3.《龙泉管姓》一书记载如下:

```
福 —伸—┬ 明              因可┬ 铣—淮
        │ 延                  │ 铸—淡
        │ 马                  │ 镌
        │ 裔                  └ 镇—溥
        │ 陟
        │ 张              适可┬ 镕 ┬ 洪
        │ 成                  └ 鉴 ┼ 淇 ┬ 楝
        │ 制                           │ 槛
        │ 临                      湛   └ 楷
        │ 暎
        │ 统              言可┬ 镒—浩
        │ 思温                └ 锐
        │ 部              思可┬ 钎
        │ 旃                  │ 镳
        │ 庆河－文瓒－大忠－师仁 彦可 铎
        │ 云卿（女）      志可┬ 钧 ┬ 渍—机
                              │     │ 濆—塘
                              │     │ 资—桦
                              └ 铨 ┬ 源—棣
                                    └ 滂
```

263

4.《龙泉管姓》—书师仁—支世系图：

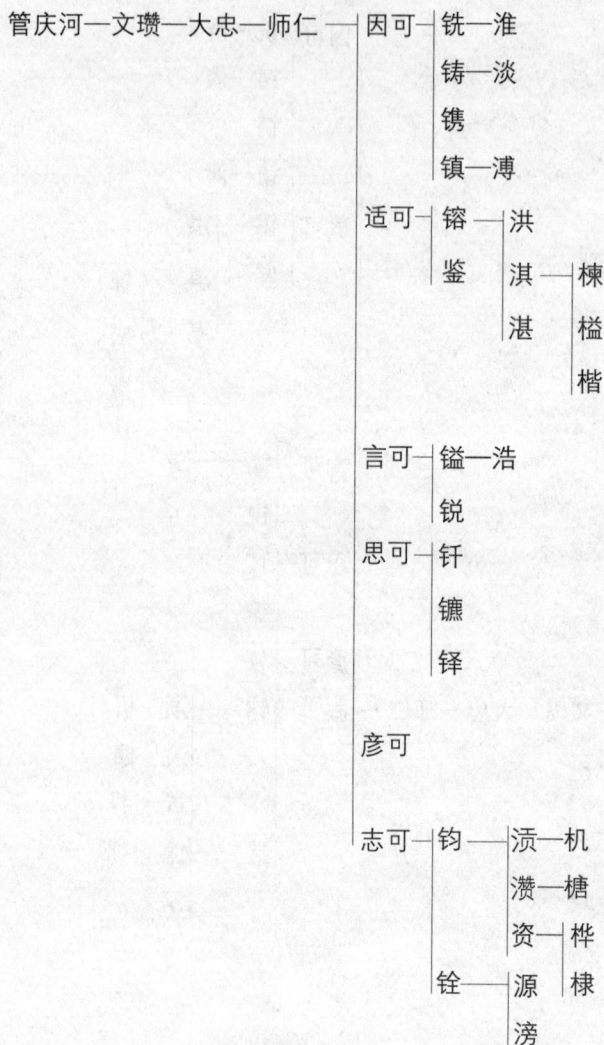

管庆河—文瓒—大忠—师仁—┬ 因可 ┬ 铣—淮
　　　　　　　　　　　　　│　　　├ 铸—淡
　　　　　　　　　　　　　│　　　├ 镌
　　　　　　　　　　　　　│　　　└ 镇—溥
　　　　　　　　　　　　　│
　　　　　　　　　　　　　├ 适可 ┬ 镕 — 洪
　　　　　　　　　　　　　│　　　└ 鉴 ┬ 淇 —┬ 栋
　　　　　　　　　　　　　│　　　　　　│　　 ├ 槛
　　　　　　　　　　　　　│　　　　　　│　　 └ 楷
　　　　　　　　　　　　　│　　　　　　└ 湛
　　　　　　　　　　　　　│
　　　　　　　　　　　　　├ 言可 ┬ 镒—浩
　　　　　　　　　　　　　│　　　└ 锐
　　　　　　　　　　　　　│
　　　　　　　　　　　　　├ 思可 ┬ 钎
　　　　　　　　　　　　　│　　　├ 镰
　　　　　　　　　　　　　│　　　└ 铎
　　　　　　　　　　　　　│
　　　　　　　　　　　　　├ 彦可
　　　　　　　　　　　　　│
　　　　　　　　　　　　　└ 志可 ┬ 钧 ┬ 溃—机
　　　　　　　　　　　　　　　　　│　　├ 瀠—塘
　　　　　　　　　　　　　　　　　│　　└ 资 ┬ 桦
　　　　　　　　　　　　　　　　　└ 铨 — 源 ├ 棣
　　　　　　　　　　　　　　　　　　　　　　└ 滂

注：

（1）在高密谱中可找到名字者，除管师仁之外尚有镇、鉴、洪、浩。但高密谱中镇乃浩之曾孙，鉴乃洪、浩之弟深之子，而洪、浩、深为师仁之子，行辈相差太多。

（2）此世系之中后三辈显系采五行中金生水，水生木之说。高密谱中金、水、木不连贯且次序不对。

（3）关于管师仁的世系，后三种记载更可信，且齐川谱中还收载了大观（宋徽宗年号）三年四月初五日皇帝颁布的《加赠师仁曾祖庆河太子少保诰》、《加赠师仁祖文瓒太子少傅诰》、《赠少傅夫人叶氏吴氏诰》，以及四月十五日皇帝颁布的《加赠师仁父大忠太子少师诰"》、《加赠大忠公夫人周氏季氏诰》以及《追封枢密夫人余氏诰》。最后一道诰书是追封师仁亡妻余氏为永嘉郡太夫人的。所有诰书名讳与谱系相同，比较可信。（见附录之四）

六、明以后高密管氏世系情况

高密管氏自始祖士谦之后至五世，长曰忠，次曰恕，三曰惠，四曰宪，始分为大股、二股、三股、四股，谱牒分列。至明嘉靖年间，有七世祖嘉祯、嘉福兄弟（三股惠祖之嫡孙）分别在嘉靖壬午年、癸丑年中进士第，官至吏部主事、台州同知。之后，少有显贵者。自十三世开始，其行辈应为"泽、岐、鸣、廷、国、恩、家、庆"。但从家谱上看，因所在股、支不同，而字辈亦有改动，并没有完全按此排列，如十五世"廷"字，有改用"福"字者，十六世又插入一"绍"字（或"万"字），十七世"国"字有改为"贵"或"邦"者，十九世"家"字有改为"正"字者。二十世之后，光绪二十九年所修家谱又往下排列了十六字，为"谨、遵、贻、谟、襄、延、式、祜、继、志、恪、叙、后、昆、垂、裕"。其中"谨"字有改为"锦"或"金"字者。进入二十一世纪，目前高密管氏最小的行辈已到二十六世，即"延"字辈，离第三十六世"裕"字辈，只差十辈。从光绪二十九年（1904）至今已一百多年，其间因子孙繁衍，家庭迁徙，以致不少支股行辈混乱，不按家谱命名，大有迷失宗派，无法寻根之虞，实在到了应重新修纂家谱的时候了。

七、《高密管氏家谱》的修纂

《高密管氏家谱》现存世最多的是光绪二十九年（1904）修纂的，作序者为十七世祖讳晖吉公、十八世祖讳恩覃公（四股，邑庠生）二人。据余之先伯祖讳遵仁公生前说，高密新谱于民国年间已修纂完毕，木版业已刻成，存高密城管恩覃家（即光绪二十九年谱作序者之一）。但因倭寇入侵，全部毁于兵燹。查现存《高密管氏家谱》最早一次修纂为康熙十六年（1677年），作序者为十二世祖讳音亮公；第二次为乾隆三十一年（1767年），作序者为十二世祖讳英公；第三次为道光二年（1822年），作序者为十五世祖讳廷琮公；第四次为同治三年（1864年），作序者为十六世祖讳万选公。

光绪二十九年谱共分四卷，第一卷共收序六篇，谱例一篇，老茔图十七幅。宋至元旧谱及大股一部分。第二卷全为大股。第三卷为二股全部及三股全部。第四卷为四股全部及新排二十一世至三十六世行辈十六字，壬寅续谱襄事人名单，管氏本县无考者，居邻县无考者并跋一篇。跋作者为十七世祖讳郧公。

综观全谱，其缺陷是显而易见的：一是旧谱中关于管师仁的出身世系明显错乱有误；二是人名之后，除有功名官职或军功善行者的简单介绍之外，再无任何说明文字，尤缺生卒年月或享年几许等重要信息；三是个别支股迁至外地，甚至连始祖迁来高密这一类重大事件，均未注明具体年代，如管家苓芝、东栾家庄是高密管氏最大的聚居村落，何人何时率子孙来此建村也没有记载；四是对女方尊重不够，配偶几乎都没有说明其母家为何村人氏，而自己生的女儿根本上不了家谱，更遑论说明生女几人及嫁往何处了。

八、明、清两代高密管氏名人录

高密管氏除明嘉靖年间七世祖嘉祯、嘉福兄弟中进士，官至吏部主事、台州司马外，自道光壬午之后，后世"日渐式微，非谋食于耕，即弃学为贾，书香莫继"，少有盛名于世者。现将明、清两代功名在庠生（秀才）以上，职务在九品以上以及奇行特异之士，登录如下。

二世

管思中　邑庠生。

管思义　思中之弟，邑庠生。

五世（此世开始，高密管氏忠、恕、惠、宪兄弟四人，分为大股、二股、

三股、四股）

管忠　大股。岁贡，任直隶（今河北）赵州大成学训导，载县志。娶张氏，生九子。

管惠　三股。邑庠生。

六世

管九成　大股忠公之长子。庠生。

管九达　大股忠公之次子。庠生。

管九经　大股忠公之第六子。庠生。

管九衢　大股忠公之第七子。庠生。

管九街　大股忠公之第八子。庠生。

管九云　三股惠公之长子。贡元。任镇江开州学正，载县志，娶王氏，子八。

七世

管嘉佑　三股九霄公之长子。邑庠生。

管嘉祯　三股九云公之长子。字吉甫，号鹤渠。嘉靖壬午科举人，癸未科联捷进士。授顺德（今广东）广宗县令，调无锡（今江苏）县令，授吏部文选司主事。廉明谨饬，无敢干以私者，工书法，崇祀乡贤祠，载县志。娶李氏，子二。

管嘉福　三股九云公次子，嘉祯之弟。嘉靖庚子科举人，癸丑科进士，任台州（今浙江）同知，载县志。娶李氏，子四。

管嘉谟　三股九云公之第五子，邑庠生。

管嘉儒　三股九云公之第六子，邑庠生。

管嘉行　三股九云公之第七子，邑庠生。

八世

管世用　大股。选贡，任藁城（今河北）县丞，藁城知县，载县志。

管懋光　三股嘉祯公长子，邑庠生。

管懋元　三股嘉祯公之次子。邑庠生。

管一元　三股嘉福公之长子，监生。

管二元　三股嘉福公之次子，监生。

九世

管　冲　大股世用公之第三子，邑庠生。

管嗣仲　字魁吾，三股嘉祯公八弟嘉乐公之孙。崇祯壬午科武举。壬午守城，抗击清军，事迹载县志《全城记》。

管可训　三股，邑庠生。

管　星　三股，邑庠生。

管　勖　三股，邑庠生。

管吕藩　三股，邑庠生。

管大同　四股，邑庠生。娶李氏、张氏、乔氏、孙氏，子六。

十世

管梦庚　大股，拔贡，载县志。

管　简　三股勖公之长子，邑庠生。

管　范　三股勖公之次子，邑庠生。

管　鼎　三股吕藩公之子，岁贡，载县志。

管图南　三股，邑庠生。

管绘南　三股，图南之弟，邑庠生。精外科，应手则愈，号为神医。

管梦兆　四股，岁贡生，载县志。

管梦弼　四股，梦兆之弟。邑庠生。

管梦仪　四股大同公之长子。邑庠生。

管梦图　四股大同公次子，邑庠生。

管　菉　四股大同公第四子，邑庠生。

管梦玺　四股大同公第五子。邑庠生。

管梦甲　四股，邑庠生。

十一世

管　仁　大股，庠生。

管骏声　大股，庠生。

管　阁　三股，邑庠生。

管永捷　三股嗣仲公之孙，邑庠生。

管　慎　三股绘南公次子，邑庠生。

管赞王　四股，邑庠生。

管相王　四股梦兆公第三子，邑庠生。

管佐王　四股梦弼公第二子，邑庠生。

管少闵　考名绍闵，四股梦仪公长子，廪生。

管少武　考名绍武，四股梦仪公之第三子，邑庠生。

管少轲　考名绍轲，字诚三，四股梦玺公之长子，邑庠生。

管　鹏　四股大同公之孙，邑庠生。

十二世

管振响　大股仁公之子，庠生。

管徽音　字文山。大股骏声公之子，康熙丙午科武举。

管朝臣　字圣选。三股绘南公之孙，监生。

管合义　字清凤，考名万军，朝臣二弟，出嗣，邑庠生。

管韶音　四股梦兆公之孙，邑庠生。

管音谐　四股佐王公长子，邑庠生。

管音亮　四股佐王公次子，邑庠生，康熙十九年谱序作者。

管音飏　四股佐王公第三子，邑庠生。

管　殿　字肯堂。四股鹏公之子，邑庠生。

十三世

管　徵　字照九。大股徽音公之次子，邑庠生。

管文德　字振修。三股，邑庠生。自逄戈庄迁律家村。

管俊德　三股，邑庠生。

管义才　四股，邑庠生。

十四世

管维潇　字清溪。大股徵公之第三子，监生。

管维苹　字鹿音，耆寿，大股。恩荣八品顶戴。

管瑞周　三股，监生。

管有炜　四股，邑庠生。

十五世

管廷璞　字希玉。大股徵公之孙，邑庠生。

管廷珲　字佩玉。大股维潇公之次子，邑庠生。

管廷琮　字瑞玉。大股维潇公之第三子，邑庠生，道光二年谱序作者。

管廷斌　字光玉。大股维潇公之第四子，邑庠生。

管廷瑍　字采玉，考名廷瑶。大股维潇公之第五子，邑庠生。

管廷乾　字万资。大股维苹公之长子，监生。

管廷翰　字西园。大股维苹公之次子，邑庠生。以子云龙贵，赐封登仕佐郎；以孙侗贵，封奉直大夫。

十六世

管万里　字鹏程。大股廷璞公之次子，邑庠生。

管绍龙　大股维潇公之孙，邑庠生。

管魁元　大股廷珲公之子，邑庠生。

管万青　大股廷琮公之长子，邑庠生。

管万春　字民羲。大股廷琮公之次子，例授从九品。

管万书　大股廷瑍公之子，武庠生。

管云龙　字景瑞。大股廷翰公之子，附监生，任陕西宝鸡县虢川司巡检，吴堡县典史。以子侗贵，赐封登仕佐郎，晋封奉直大夫。

管智远　字明遥。四股，佾生。

十七世

管　郃　大股，武庠生。

管　郦　大股，万选公之子。字初封，有孝行，载县志。同治十年谱跋作者。

管华南　大股。例授从九品。

管　侗　字同人。大股云龙公之子，监生。盐提举衔，福建候补通判，敕授登仕佐郎，任福建邵武县水口巡检，台湾罗汉门巡检。军功以县丞升用，署南投淡水县（今台湾）县丞。

管贵徵　大股，议叙七品。

管清奎　二股，武庠生。

管晖吉　字公孚，号云阁。三股，邑庠生。光绪二十九年谱序作者。

管贵麟　三股，谱载"辛酉殉难"。查辛酉为 1861 年，捻军（长毛）来县东，杀人放火，骚扰百姓，百姓奋起抵抗。

十八世

管学源　大股。辛酉骂贼死。此处之贼亦应为"长毛"。

管恩沛　字子然。大股，邑庠生。

管恩久　字恒斋。大股，例授从九品。

管恩长　大股，华南公之长子，监生。

管蒙恩　字伯正，号少平。大股侗公之长子，监生。直隶（今河北）候补县丞，加六品衔。

管益恩　字晋卿。大股侗公之次子。军功，八品衔。

管复恩　大股。议叙从九品。

管恩铭　字敬斋。三股，邑庠生。

管恩覃　字孚斋，一字泽生。邑庠生。光绪二十九年谱序作者。据云民国间新修家谱木版即藏其家，因倭寇入侵，未及印刷而版毁于战火。

十九世

管正音　大股。辛酉骂贼殉难。贼者，捻军"长毛"也。

管鸿义　字渐臣。大股恩久公之次子。例授从九品。

管述祖　字友兰，号墨村。大股蒙恩公之子。圣庙齑奏厅蓝翎四品衔，迁逢戈庄。

管家臣　名学礼，字修五。四股，诗礼堂启事。

二十世

管笃庆　字友斋，考名书贤。大股，余之高祖有庆公之兄。邑庠生。

管琦庆　字伟臣。大股，例授从九品。

其他尚有节妇烈女数人，因与时代不合未录。

九、　莫言家一支世系（列至廿四世）

莫言家属于高密管氏大股居河崖平安庄一支，自曾祖锦城公民国元年从管家苓芝迁来至今已近百年（同时迁来者尚有锦藻公一家）子孙繁衍，居然大家矣。现将我支世系据家谱整理如下。

莫言家一支世系

1世	2世	3世	4世	5世	6世	7世	8世	9世	10世	11世	12世	13世
士谦	思中											
	思敬	贤	进	忠	九成							
	栾氏	程氏	李氏	张氏	九达	銮						
				恕		鉴	世熊	润	梦凤	仁	仕英	文明
						仪氏	刘氏	宗氏	刘氏	佐	仕连	文炯
	思义			惠	九德	冷氏	世豹		梦凰	宫氏	仕珙	文秀
	思声			宪	九皋	石氏	世豸		梦鲤	孙氏	仕宗	李氏
					九叙	铣			梦蛟	骏	仕德	
					九经	镡				伟声		
					九衢							
					九街							
					九渊							

| 14世 | 15世 | 16世 | 17世 | 18世 | 19世 | 20世 | 21世 | 22世 | 23世 | 24世 |

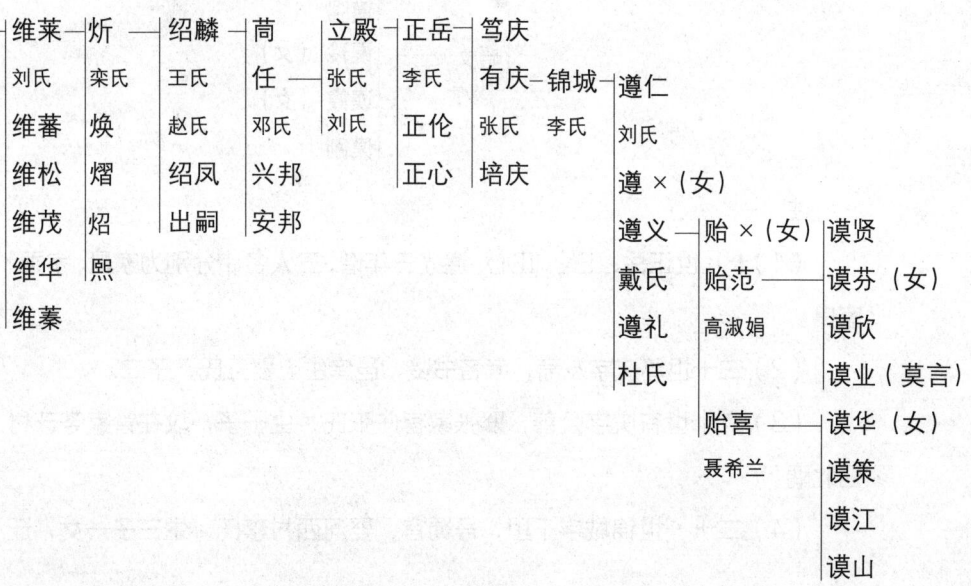

维莱 炘 ─ 绍麟 ─ 苘 │立殿 ┌正岳 笃庆
刘氏 栾氏 王氏 任── │ │ │
维蕃 焕 赵氏 邓氏 │张氏 李氏 有庆─锦城 ┌遵仁
维松 熠 绍凤 兴邦 │刘氏 正伦 张氏 李氏 │刘氏
维茂 炤 出嗣 安邦 正心 培庆 遵×(女)
维华 熙
维蓁 遵义──┌贻×(女) 谟贤
戴氏 │贻范───谟芬(女)
│高淑娟 谟欣
遵礼 │ 谟业(莫言)
杜氏 │
└贻喜───谟华(女)
聂希兰 谟策
谟江
谟山

伯祖（大爷爷）家一支

22世	23世	24世
遵仁 刘氏	贻福 ——	文杰
	贻蓉（女）	文君（女）
	贻兰（女）	文卿（女）
		谟启
		谟亮

叔祖（三爷爷）家一支

22世	23世	24世
遵礼 杜氏	贻×（女）	
	贻禄 ——	谟泰
	贻寿 ——	谟军
		谟东
		谟锡
		谟春（女）
		谟强
	贻文 ——	谟玲（女）
		谟霞（女）
		谟刚

注：

（1）十九世正岳、正伦、正心，道光三年谱，三人名讳分别为家昌、家乘、家良。

（2）二十世笃庆字友斋，考名书贤，邑庠生。娶王氏，子二。

（3）二十世有庆字公善，娶张家官庄张氏，生一子，坟在管家苓芝村西北隅。

（4）二十一世锦城字千里，号蜀官，娶河西村李氏，生三子一女，迁居河崖镇平安村，坟在管家苓芝村西北隅，李氏坟在大栏村前。

（5）二十二世遵仁字居安，又字寿亭、嵩山，以此字行于世，名医，擅妇科、儿科。娶张鲁刘氏，生一子二女。坟在平安庄东，高平庄前，胶河之南。遵义字居正，又字嵩峰，以此字行于世，娶东王家苓芝戴氏，生二子一女。坟在平安庄东，南北大路东侧。遵礼字立庵，又字嵩岩，以此字行于世，娶平安庄杜氏，生三子一女。坟在平安庄东，高平庄前，胶河之南。

（6）二十三世贻*嫁谭家荒村耿世义。

（7）二十四世谟言笔名莫言，作家。

十、高密管氏名人传记
（一）

管师仁，字元善，浙江处州龙泉人，熙宁六年（1073年）中进士第。初任沧州教授，深受学子爱戴，任满，以德才兼备召为广亲，睦亲宅教授。（按："广亲"、"睦亲"两宅均为宗学。景佑二年，分宗学为南、北两宅。北宅为"广亲"，是秦王即太祖胞弟延美后之子弟所处；南宅称"睦亲"，为太祖太宗后之子弟所处。）后通判澧州（今湖南澧县），又出知邵武军（今福建邵武），任内政绩卓著，朝廷考核为第一，旋升至建昌军（今江西），所至力行教化，多有善政。《江西通志·名宦》有传，谓"人戴其德，为立生祠"。擢右正言，左司谏，"论苏轼、苏辙，深毁熙宁之政，其门下吏部员外郎 晁补之辈不宜在朝廷，逐去之。在京滥员并裁"。又言"河北滨、棣诸州岁被水患，民流未复，租赋故在"，致使军士饥寒，百姓匮乏之情状，奏"请悉蠲减以绥徕之"。帝纳其言，河北一带灾民渐次归农，"方赖其赐"。迁起居郎，又升中书舍人，给事中、工部侍郎。当时吏部下属"选曹吏多挠法为过"，朝廷命师仁暂摄其事，主吏部。师仁授命，"发其奸，抵数人于罪"严惩了贪官，僚属震慑，"士论称之"。改任吏部侍郎，进升刑部尚书。崇宁三年（1104年）又诏师仁兼领重修神宗皇帝玉牒（皇家族谱），审阅哲宗皇帝玉牒。

大观初年，授枢密院直学士，以此衔出知邓州（今河南邓县），兼西南路按抚使，未行，改知扬州兼淮南东路兵马钤辖。辞行时，徽宗问边防之事，师仁条陈甚详，并献"定边策"。

当时辽、夏二国修盟，觊觎中原。辽遣使要宋归还曾被金占领已被宋防守的土地，边关震动。朝廷急调师仁为定州（今河北一曰"知定州"。）安抚使，措置防边。宋自澶渊之盟，"时承平百余年，边备不整，而辽横使再至，为西人请侵疆，朝廷诏师仁设备"。师仁到任，即精选士卒，下令增陴浚湟，善葺甲胄，储备粮草。僚吏们当时都很害怕辽国，不知所措，而"师仁预为计度，一日而举众十万，转盼迄成，外间无知者"。为了麻痹敌人，师仁"日与宾客燕集，以示闲暇，使敌不疑"。辽使入境，见军容甚整，大为惊愕，至京师，再不敢复言请地事。徽宗手书褒奖，曰："有臣如斯，朕复何忧。"召为吏部尚书。大观三年（1109 年）四月十五日，升任同知枢密院事。朝廷的授职文书（制）赞扬他"智周事物，学洞古今。有猷有为，允文允武。甲兵不试，边境以宁。入为天官，益隆时誉"。两个月后，身体染病，力辞同知枢密院事，拜资政殿学士，佑神观使。六月甲戌卒，享年六十五岁，赠正奉大夫，封南阳侯。世称"名宦"。（见《宋史卷三五一·列传——０》、《宋史·宰辅表》、《两浙名贤录》）

（二）

管师复、管师常兄弟皆从宋初著名学者、教育家胡安定（胡瑗）先生为师，有盛名，世称"二管"。师复长于诗，隐居不仕。仁宗闻其名，召至京城，问："卿诗所得如何？"师复答曰："满坞白云耕不破，一潭明月钓无痕。"仁宗称其才，赐官。辞不受。辞归故里。所著有《五经要义》、《读诗管窥》、《白云诗稿》传世。《中国人名大辞典》曰："师复仁勇好义，陈襄门人，襄讲学仙居，师复为都讲（主讲）。"学者称其为"卧云先生"。《宋史翼》、《两浙名贤录》均有传。

管师常，自号"白云翁"。《中国人名大辞典》载："师常履行贞固，精经术，继兄为陈襄都讲，容止庄谨，自律以劝人。又从胡瑗学，益留心民事，适于时用。"熙宁元年（1068年）诏举逸民，有司以师常荐。三年召试舍人院，赐进士第，授校书郎，为太学正。后调江宁府上元知县，对青苗法与察访使抗论，辞官，至安州应城，少息僧庐。忽一朝瞑眩，问其子希旦曰："早晚？"希旦曰："午矣。"起摄衣冠，索纸笔书曰："吾年四十九，四大不相守，寄语同道人，日轮射半斗。"徐置笔，就枕遂逝。

附：管师复诗四首

福州白云堂

入寺层层百级梯，野堂曾与白云齐。

平观碧落星辰远，俯瞰红尘世界低。

客中思归

双眉闲锁一天愁，名利缘何苦逗留。

时运不逢文运盛，异乡空忆故乡游。

芭蕉雨滴琼阶夜，梧叶风摇金井秋。

寒已到今衣未到，归心遥寄锦江头。

无　题

夜窗风雨独花寒，一纸家书数遍看。

堂上老亲头已白，秋来连喜报平安。

无　题

周遭池馆历平川，门枕山弯水底村。

满坞白云耕不尽，一潭明月钓无痕。

松筠翠合垂冬夏，猿鸟声齐奏晓昏。

最好诗余无个事，直将谈笑对清樽。

（三）

管鉴，字明仲，龙泉东后甸人。生卒年月不详。工诗，有《养拙堂词》

一卷传世。今人唐圭璋主编的《全宋词》曰："其父管泽（高密谱为管深），官江西常平提干（全名为'提举江南西路常平茶盐司干办官'）。鉴靠父之功绩荫授此官，于是举家自龙泉迁居临川（今江西抚州）。乾道间任建宁府通判（载《福建通志》），淳熙十三年（1186年）以佐湖南统帅平剧盗有功，提升为广东提刑权知广州兼经略安抚使。十四年改任广东转运判官（载《广东通志》）。后任泰宁知府，又以奉直大夫知广西全州，广西提点刑狱（载《广西通志》）。任职时多著政绩。在湖南时，发动民众浚河疏池，灌田一万六千顷，免彬州和籴，新建石鼓书院，在广东时减免湖、惠七郡丁租，建广安宅，买田给南迁士大夫不能北还者使用（载《江西通志》）。"

管鉴为南宋一大词家，其词作清丽和婉，属婉约派词家，为历代词学者所推崇，其词作被选入《唐宋名贤百家》、《永乐大典》、清代朱彝尊的《词综》、万树的《词律》、王鹏远的《四印斋宋元三十一家词》等。《全宋词》录其词六十八阙。

管鉴娶赵氏，系宋宗室赵善良之长女，太府赵少卿赵汝谊之姐。生三子六女，长子管湛、次子管淇、三子管洪。（高密谱洪、浩皆为师仁之子）。五婿为忠翊郎赵彦逯、将仕郎吕浩、进士游仲钧、国学进士张椿、将仕郎赵崇俊。鉴妻赵氏于淳熙七年九月丁丑日终于家。

附：管鉴词一首

醉落魄

正月二十日张园赏海棠作

春阴漠漠，海棠花底东风恶。人情不似春情薄，守定花枝，不放花零落。绿尊细细供春酌，酒醒无奈愁如昨。殷勤待与东风约：莫苦吹花，何以吹愁却。

（四）

管湛，字定文，系管鉴之子。《中国人名大辞典》载："管湛，师仁后，侨居临川。累官广西提刑，兼经略安抚使，区处横山罗甸（横山在广西，罗旬在贵州）两处边防，蛮人帖服。三迁至大理少卿。有《定斋类稿甲乙集》。嘉定六年，（1213年）由广西转运判官授直秘阁知静江府（载《广东通志》），累官至金部郎中（载《江西通志》）。"

（五）

管浩，字元洸。（按：龙泉谱为管辐十四世孙，是管庆河十二世孙，其曾祖管椅因避寇从龙泉迁浙江天台，后到黄岩东洋长浦居住。）浩在明洪武十七年三月以管钧所纂修之《龙泉管氏宗谱》为依据，编纂了《黄岩东洋长浦管氏宗谱》。此人与高密谱中之管浩非一人也。

（六）

其他同名者：

管镇，宋朝人，通判。

管洪，宋朝人，嘉兴府通判。

管槐，宋朝人，武校尉。

（七）

管嘉祯，字吉甫，号鹤渠，明代高密北隅（今高密镇）人。三股惠祖之孙。父九云，贡元，曾任镇江府（今江苏镇江市）、开州（今河南濮阳市）学正。

管嘉祯在兄弟八人中居长，好学、博闻，嘉靖元年（1522年）中举人，次年联捷癸未科第三甲第192名进士。该科共取410名，其中一甲3名，二甲142名，三甲265名。状元为浙江慈溪人姚涞（字维东），探花即大名鼎鼎的徐阶。管嘉祯成进士后，授广宗（今河北）知县，改无锡（今江苏）知县。广宗在河北南部偏东，属左黄河冲积平原。无锡位于太湖之滨，京杭大运河贯通全境，素称"鱼米之乡"，两地均为富庶之地。管嘉祯在两任知县上，为政廉明，毫不涉私，在考核中均称卓异，因而被擢为吏部文选司主事。该司掌管吏班秩、升迁改调等事宜，并赞助尚书做具体工作。任满回乡。《高密管氏家谱》上说他"廉明谨饬，无敢干以私者"。意思是说管嘉祯为官廉明谨慎，勤于政事，没有人敢求他办私事。2004年12月无锡市蠡湖街道青祁村发现了他在无锡知县任上（嘉靖五年二月）立的一通碑。碑文为他亲笔，要乡民"劝善惩恶"，"建社仓积粟以备凶荒"，可见其廉政爱民之心。

管嘉祯有文名，工书法，在乡里甚有声望，因此当他辞世之后，名字被崇祀于乡贤祠内。

其二弟嘉福亦为进士，五弟嘉谟、六弟嘉儒、七弟嘉行均为秀才。管嘉祯有二子，长曰懋光，次曰懋元，皆秀才。

（八）

管嘉福，号砺山，嘉祯之二弟，于明嘉靖十九年（1540年）庚子科乡试中举，三十二年（1553年）癸丑科中第三甲第121名进士。本科共取403名，其中一甲3名，二甲105名，三甲295名。是科主考为礼部尚书徐阶。该科高密人李邦魁亦中进士。

管嘉福有文名，工书法，尤善楷书。官至台州府（今浙江）同知。台州府地处浙江省东南部，背山、面海，素有"鱼米桔乡"之称。同知系知府的佐官，分掌督粮缉捕、海防、江防、水利等事务，分驻指定地点。

管嘉福于此服官之后，即告归乡里，居家恬淡，嗜学勤劳，有一椽茅屋，三径清风之风。

管嘉福娶李氏、刘氏，有四子：长曰一元，次曰二元，三曰三元，幼曰起元。其幼弟管嘉乐谪孙管嗣仲，字魁吾，崇祯壬午科武举，壬午守城有功，事迹载县志《全城记》。

（九）

管谟业，笔名莫言，以笔名行于世，国家一级作家。

1955年2月17日（农历乙未年正月二十五日）生于高密河崖乡平安庄，1967年小学肄业，务农。于1976年1月应征入伍，先至黄县总参谋部，后至河北保定，再至北京延庆。1982年入中国共产党，同年提干。1981年发表处女作《春夜雨霏霏》。后入解放军艺术学院文学系，再入鲁迅文学院研究生班，获文学硕士学位。作品有《红高粱家族》、《丰乳肥臀》、《檀香刑》、《四十一炮》、《生死疲劳》等，有文集十二卷。作品被译成多国文字，受到各国读者欢迎，多次在国内外获奖。现居北京。

十一、古今管氏名人录

（一）周、春秋

管叔鲜，周文王第三子，武王弟，周公兄。名鲜，封于管，故称管叔鲜。与弟蔡叔度，相纣子武庚、禄父。治殷遗民。武王崩，成王幼，周公摄政，鲜与度流言与国曰："公将不利于孺子。"周公避居东都。后成王迎周公还，鲜、度惧，乃挟武庚叛。王命周公讨平之，杀武庚，鲜亦被诛。

管至父，春秋齐大夫。齐襄公时，与连称一起作乱，襄公遂被弑。

管仲，春秋齐国颍上人。名夷吾，字仲（此本《史记·管晏列传》；据《四书逸笺》引陈心叔名疑云："管夷吾字仲，其父名山，亦字仲。"），亦作敬仲。敬，其谥也。少与鲍叔厚，常曰："吾与鲍叔分财多取，鲍叔不以我为贪，知我贫也；谋事困穷，不以我为愚，知时不利也；三仕三退，不以我为不肖，知我不遇时也；三战三走，不以我为怯，知我有老母也。生我者父母，知我者鲍子也！"鲍叔事齐公子小白，管仲事公子纠。小白立为桓公，公子纠死，管仲囚，鲍叔释而进之，遂相齐。作轨里连乡之制，使士农工商各异其业，通货积财，富国强兵，寄军令于内政，攘戎、狄，尊周室，九合诸侯，一匡天下，桓公尊为仲父。著有《管子》八十六篇。

管修，春秋楚大夫，仲之后，以贤称。白公胜作乱，杀修。叶公子高闻而讨之。

（二）汉、三国

管敢，为李陵军侯。陵以五千人入匈奴。敢为校尉所辱，亡降匈奴。具言陵军无救。陵遂败。

管略，（209~256）三国时魏国平原人。字公明。年八九岁便喜仰视星辰。及成人，风角占相之道，无不精微。体性宽大，每欲以德报怨。清河太守华表召为文学椽。正元初为少府丞。自知不寿，当终于四十七八间。

果四十八而卒。

管宁（158~241），三国时魏国朱虚（今临朐东南）人，字幼安。与平原（今平原西南）华歆、邴原相交，游学异国，并敬善陈寔。尝与歆同席读书，有乘轩冕过门者，歆废书观之，宁与割席分坐。曰：子非吾友也。时黄巾之乱，至辽东，往见太守公孙度。语惟经典，不及世事。乃因山为庐，凿坏为室。越海避难者，皆来就之，旬月而成邑。遂讲诗书，陈俎豆，饰威仪，明礼让，非学者无由见。由是度安其贤，民化其德。黄初中浮海还，文帝时、明帝时以为光禄勋，并辞不受。正始初卒。著有《氏姓论》。

管统，三国时魏国人，初仕袁绍，为东莱太守。后袁谭更以为乐安太守。谭破，诸城皆服，统守乐安不下。曹操命王修取统首。修以统亡国忠臣，因解其缚使诣操，操悦而释之。

管承，农民起义领袖。《三国志·魏书·武帝记》："秋八月，公东征海贼管承，至淳于（淳于县，属北海国，故城在今安丘县东北），遣乐进、李典击破之。承走入海岛。"

管亥，黄巾军起义首领，据北海，为孔融所破。

（三）隋、唐、五代、宋

管革，唐代赵人。少好道，往来赵魏间。后随张果游恒山，结庐山中。后不知所终。

管迥，五代汉人。汉球守郡时，辟为判官。及汉球卒于汴，迥在州未之知。一日忽谓所亲曰：太保遣人召我。遂沐浴新衣冠。无疾瞑目而终。

管师仁（见前）。

管师常（见前）。

管师复（见前）。

管湛（见前）。

管及，宋代全州人。崇宁间黄庭坚谪官宜州，亲知绝迹。时及为宜州理曹，不避权势，与庭坚交游甚密。庭坚书"折桂亭"三大字贻之。且谓之曰："君家积庆，后必有登进士科者。"后其言果验。

（四）元、明

管如德，元代黄陂人。仕宋为江州统制，至元中以城降。先是如德尝被俘，思其父，间道南驰，被获。如德引械击杀数十人，破械南走，间关万里达父处。比入鄞，世祖嘉之。后从丞相阿术南伐，为前锋，累立战功，迁江西行尚书省左丞。卒谥武襄。

管道升，元代吴兴女子。赵孟頫妻。字仲姬，一字瑶姬。天姿开朗，德容俱备，翰墨词章，不学而能；善画墨竹兰梅，笔致清丽。尝手书《金刚经》数十卷以施名山。又奉旨书《千字文》，帝敕太工玉轴收藏秘书监。封为魏国夫人。享年五十八。

管一德，明代常熟人。字士恒。万历举人。著有《世家考》、《沥阳集》、《经传子史参同》、《四书阅览》、《诗经阅览》。

管璋，明代安福人。字相器。成化举人。历乐清、谷城令，俱有政绩。比归，囊无长物。两邑皆祠祀之。

管应律，明代咸宁人。字正之。于书无所不读。举万历进士，官元城、泗水等县令，仁政茂著。著有《南游草》、《偶然草》等集。

管鲸，明代陕西咸宁人。字文化。读书养亲，不求仕进。周恤贫困，有古义士风。又以工书名于时。

管楫，明代陕西咸宁人。字汝济，号平田，又号作木山人。正德进士。官至右副都御史，巡抚山东，以治闻。忤严嵩，辞疾家居二十年。文征明尝书画平田草堂、杜曲山房二图并以贻之。有《平田集》。颇沿七子之派。

管志道，明代娄江人。字登之。隆庆进士。官南京刑部主事。疏陈利弊九事。忤张居正，出为分巡岭东道，以察典罢官。著有《孟义订测》。《问辨牍》、《从先维俗议》、《觉迷蠡测》。

管良相，明代乌撒卫指挥。为人慷慨负奇节。天启初樊龙等反于四川，巡抚李橒召与筹军事。良相策安邦彦必反，佐橒为固守计。逾月，邦彦果反，围其城，良相固守不下。久之，外援不至。城陷自缢死。

管宗圣，明代余姚人。字霞标。宗良知之学。为人孝友忠亮，言动必准于礼，乡人多化之。少保孙鑛始与宗圣为文字交，既从讲圣学，叹曰：向嗜读左国秦汉百家书，先生为我洗尽矣。崇祯间，祁彪佳荐于朝，诏征不起，卒。

管时敏，明代松江华亭人。初名讷。以字行。洪武中以秀才征，拜楚府长史，任事四十余年。忠诚谨恪，始终如一，年七十致仕。王留居武昌，禄养之终身。所著《蚓窍集》。舂容淡雅，多近唐音。

管朝用，明代祁阳人。父早死，事母至孝。母病经年，日侍汤药，非手调不供，非口尝不进，历寒暑不倦。

管思易，明代鄞人。字原理。永乐进士。授刑部主事，持法平恕。奉命使湖广辨疑狱，释系囚，全活甚众。时有囚罪不应死，尚书吴中以私憾论死，思易争之，不听，竟杀之。乃叹惋，感疾而卒。生平有至行，临财廉，事亲孝，与人不为依阿，人皆惮之。

管贞，明代字清源。洪武进士，授阳谷县丞。寇至，贞危坐堂上，骂不绝口，遂遇害。

（五）清

管同，清代上元人。字异之。道光举人。少负经世志，不守章句学，尝从姚鼐学古文，有所论述，简赅清邃，皆通达政体，深切时弊。著有《因寄轩文集》、《七经纪闻》、《孟子年谱》、《文中子考》、《战国地理考》、《皖水词存》。

管嗣复，清代上元（南京）人，同子。字小异。性仁勇，博雅好经术，能文章；又研算学，窥代数微积之略。遭兵乱，死吴中。

管干贞，清代武进人。字阳复。号松崖。工画。乾隆进士。累官漕运总督。在任七载，以清节著。遇当纠劾，虽要人无所顾忌。坐事夺职。

管世铭，清代武进人。字缄若，号韫山。乾隆进士。由户部主事累迁郎中，授御史。工制举业，从游之士甚众。尤精诗古文，深于经术。有《韫山堂诗文集》。

管希宁，清代江都人。字幼孚，号平原生。涉猎诸史百家，旁及金石，尤究心书画。有《就懦斋诗集》。

管绳莱，清代世铭孙。字孝逸。官知县。长于诗古文辞，有《万绿堂诗文集》、《凤孙楼词》。

管晏，清代绳莱子。字敬伯。官河南知县，署运河厅同知。历参左宗棠、阎敬铭戎幕。所著诗文多亡佚，存者有《山东军兴纪略》。

管乐，清代晏弟。字才叔。诸生。候选训导，与晏齐名，纵谈豪饮，所至诸巨公争相延致，以幕客终老。身后仅遗文稿古今体诗二百余篇、日记数册。

管棆，清代武进人。官宗州知州。有《据梧诗集》。

管庭芳，清代海宁人。字芷湘。喜钞书，专研目录之学。撰有《海昌经籍著录考》。

管通群，清代武进人。字兆钱，号椒轩。道光进士，官至浙江巡抚。尝言理繁如治丝，惟静可以解纷。又以南人脆弱，思复明戚继光军制以振起之，未及施行，以暴疾卒。

管礼耕，清代元和人。字申季。岁贡生。长于训诂。著有《操牧斋集》。

管筠，清代钱塘女子。字湘玉。陈文述妾。文述负官帑钜万，筠脱簪珥偿之。后以为继室。性悦禅，工画佛，所居曰小鸥波馆。著有《小鸥波馆诗集》。

管珍，江苏武进人，清代画家。字阳复，号松崖。乾隆年间翰林，官至漕运总督。工花鸟，得恽寿平真髓，尤善设色牡丹。有《松崖集》传世。

管声，浙江瑞安人，清代书法家。工书，以风韵胜，学欧、赵。有名于当时。

管廷祚，上海嘉定人，清代学者。同治元年举人，工诗，豪饮，善书法，曾任泰州学正。

管廷献，字士修，号石夫。山东莒县小窑村人，与高密管氏同族同宗。于同治九年（1870 年）庚午科乡试中举，出仕。光绪元年（1875 年）癸未科中一甲第三名进士（探花），授翰林院编修，官至京兆尹。以直声震朝野，致仕家居，享年 69 岁。著有《梅园诗文集》。

管廷鹗，字士一，廷献三弟。光绪二年（1876 年）乙亥科进士，改翰林院庶吉士，授职编修。充湖北乡试副考官，任山西学正，河南、陕西正考官，历任国子监、大理寺卿，署察院副都御史。一生从事学政，提倡"以为政颁行，务在循名核实，因请政务处，明定赏罚"。"学堂新立"，"学政有成，予以仕进，学艺有成者，果能独创新成……"为官三十年，不尚结网，不通声气，绝迹津要，官到副宪，年五十四卒署任。著有《晋韶吟草》、《党门集》、《风山诗钞》六卷。

管廷纲，字季张，号澹园。廷献二弟。光绪十八年（1892年）壬辰科进士。在广西做官，"减税恤商，商人大和，收入转溢……"后任省警总巡，"逮捕匪首康阔珠，擒其党羽，又捕大族通匪者数人轩诸法，全境肃然。"自云"吾不敢姑息以养奸，亦不忍多杀以邀誉"，时称"良吏"。任满后迁东兰州，赴部引见，中途闻国变，遂回籍。宣统元年（1912年）卒于乡，享年五十四岁。

管象颐，字养山，号梅痴。廷献子。光绪十六年（1890年）庚寅科进士，翰林院庶吉士。户部员外郎，本部参议，在任"清理各省财政"。充江南财政监理官。民国既建，被选为众议院议员，赴山东、陕西治水、放赈。自捐款万金，以善为乐。卒年六十一。

管象晋，字康锡。廷俊子。光绪二十四年（1898年）戊戌科进士。入翰林院，官至安徽知府。享年五十二岁。

（六）近代、当代

管平（1895~1967年），江苏吴县人。画家管念慈之子，古琴学家。曾先后受教于九嶷派杨宗稷、武夷派悟澄老人、川派秦鹤鸣等著名琴家，并采撷民乐之长，有所创新，自成一格。新中国成立后，任中央音乐学院民族音乐研究所副研究员。潜心发掘古代琴曲及打谱，率先为琴曲"广陵散"、"幽兰"、"离骚"、"大胡笳"等大曲打谱。所奏琴曲"流水"被美国录入太空探测器。著有《古指法考》。亦工画人物。

管松涛（1902~1966），原名管之山，山东巨野县田桥乡邹官屯村人。早年参加东北军，曾任连长、副团长。1931年冬，在天津经石又新介绍加入中国共产党。1940 年参加八路军，曾任山东滨海军区独立旅参谋长、辽宁军区第二分区司令员、第四野战军师长，率部参加了辽沈、平津战役。1950 年参加抗美援朝，任中国人民志愿军 38 军参谋长。回国后任高级炮兵学校副校长。1955 年授少将军衔。1957 年 6 月荣获中华人民共和国独立自由勋章和二级解放勋章。1966 年 5 月 1 日病逝，终年 64 岁。

管大同（1913~1981），笔名纪衡、同明、亦同等。山东潍县人。1935 年考入中国大学经济系，翌年加入中国共产党。曾任北平社联中国大学小组负责人和北平学联常委。七七事变后，投入抗日救亡运动，历任寿张县抗日政府县长，平原纵队副司令、党总支书记，八路军泰西第六支队副司令，北平军调处执行部黄河小组中共代表，解放区救济总会中共代表、驻天津代表，华北财办出入口管理委员会主任等职。新中国成立后，历任济南市人民政府秘书长、中央财政经济委员会党组成员、外资企业处处长、中央工商行政管理局常务副局长、党组副书记、国务院财贸党委委员和国家机关党委委员，中国人民大学兼职教授等。主要著作有《过渡时期的中国资本主义》、《中国资本主义的高级形式公私合营》、《我国对资本主义工商业的改造》、《工商业者的社会主义道路》等。

管致中，电子学教育家，1921 年 1 月生，浙江富阳人。1944 年毕业于国立中央大学电机系，1945 年回母校任电机系助教。1947 年后历任国立南京大学电机系讲师，南京工学院和东南大学无线电系讲师、副教授、教授，并先后担任南京大学校务委员会常委，南京工学院教务副部长、无线电系副主任、副院长、院长、院务委员会主任，东南大学校管委员会副主任等职务。1994 年离休后，任东南大学老教授协会会长。1980 年起，曾先后被聘为国家教委工科电工课程教学指导委员会会员、组长及主任委员。他是中国电子学会会员，国际 IEEE 高级会员，曾为中国电子学会教育分会常务理事、江苏省电子学会理事长，第七届全国政协委员，第七届江苏省人大代表。

管纪文，1934 年生，毕业于吉林大学数学系，研究生毕业，吉林大学数学系主任、教授。他在代数数论、自动机理论和计算机软件方面有所建树。

曾获国家教委科技进步奖、国家教委优秀教材二等奖。

管德，1932 年 6 月出生，北京市人，高级工程师，教授，博士生导师，中国工程院院士。1952 年 9 月毕业于清华大学航空工程学院。曾任沈阳飞机设计所副所长，沈阳飞机制造公司副总经理、总工程师，航空工业部总工程师、科学技术委员会主任，中国民航总局副局长。是我国气动弹性专业的奠基者和带头人。曾荣获 1978 年全国科学大会奖和国家科技进步二等奖；他对歼八的研制作出了重要贡献，荣获国家科技进步特等奖、航空工业部新机首飞一等功。

管晓宏，清华大学教授，自动化系主任，智能与网络化系统研究中心主任。西安交通大学教授、博士生导师，长江特聘教授。制造系统国家实验室主任，系统工程研究所所长，网络化系统与信息安全研究中心主任。1996 年获国家教委科技进步二等奖、美国李氏基金杰出成就奖。1997 年获国家杰出青年基金。

管文蔚，1904 年生于江苏丹阳。1924 年参加革命，1926 年入党。在大革命时期投身党的白区工作。抗日战争时期和解放战争时期率部队转战大江南北，为民族解放和新中国建立作出了重要贡献。"文革"前任江苏省副省长，1993 年病逝于北京。

管惟炎，1980 年当选为中国科学院数学物理学部委员（院士）。低温物理学家。江苏如东人，1951~1952 年在清华大学物理系学习，院系调整后转入北京大学物理系。1953~1957 年先后在苏联列宁格勒大学物理系、梯佛里斯大学物理系和莫斯科大学物理系学习至毕业。1957~1960 年在苏联科学院物理问题研究所做研究生。1960 年后历任中国科学院物理研究所研究员、所长，中国科技大学校长。还任中国物理学会秘书长、中国制冷学会副理事长、《物理学报》副主编，《低温物理》主编。

管梅谷，原山东师范大学校长，后调上海工业大学任校长。

管华诗，中国海洋大学校长，中科院院士。

管贺征，中央电视台新闻联播节目制作。

管卫强，中央电视台新闻联播节目制作。

管彤（女），上海人，生于北京。中央电视台主持人。

管波（女），辽宁人。著名京剧演员，荀派传人。

管宗祥，山东人。著名电影演员。

管虎，宗祥子。著名电影导演。

莫言，原名管谟业，国家一级作家，作品有《红高粱》、《丰乳肥臀》、《檀香刑》、《四十一炮》、《生死疲劳》、《蛙》等，2012年获诺贝尔文学奖。

十二、结论

通过上述研究考证，可以得出以下几点结论：

1. 管姓不管是起源于文王第三子叔鲜，还是出自穆王姬满，都是出自周文王之姬姓，可上溯至黄帝，是真正的炎黄子孙。

2. 江、浙、赣一带管姓，大部为唐、五代或宋时自山东潍坊一带南迁者。而山东之管姓，认管仲为始祖，应该是符合事实的。

3. 高密管氏原籍高密一带，后自江苏一带迁回故土，与诸城、莒县等地管氏皆为同宗。

4. 高密管氏出于管师仁亦当可信，但《高密管氏家谱》恐有谬误之处。因年代久远，在所难免。

5. 管姓崇文而不尚武，重文学崇儒术，其名人多学者、文人。如讲习《诗》、《书》的管宁，精于易算的管辂，诗人管师复，词人管鉴，女画家书法家管道升（嫁赵孟頫），散文家管同，作家管谟业（莫言）等。

6. 管姓乃交友典范，管仲与鲍叔牙的"管鲍之交"，管宁与华歆的割席分坐都是交友典范，名垂青史。

7. 管姓为官者多能吏廉臣。以管仲为代表，宋之管师仁、管湛，明之管时敏、管嘉祯、管嘉福，清之管廷鹗，今之管文蔚等皆政绩卓著。清正廉明，重学问，有政声，任满回乡，少有恋栈贪墨者。

8. 家庭教育十分重要，家族中往往是父祖学而有成，则子孙、兄弟亦皆博得功名在身，有的连绵数代，兄弟连芳，父子折桂，成为佳话。这里面固然有遗传因素，家庭教育、互相影响应是重要原因，不可忽视也。望管氏子孙严整家教，务使子孙成才，以发扬光大家族的优良传统，为国为民作出更大贡献。

附录之一　高密管氏家谱旧序

管氏之姓，其始乃文王子叔鲜，受封于管，以国为氏，今郑州管城是也。以至世远族繁，散处郡邑，在在有之。自周之后，若齐之管仲、楚之管修、汉之管宁、管辂，亦皆出于周。以谱牒失传，不敢妄认，姑就所传而闻者志之。宋时纯祖居胶东，以孝经教授乡里，人呼为"教读先生"，善楷书。生二子，曰奉、曰材。迁海州，为海州涟水军伍卒，材务农渔海以充军用。未几，迁浙江处州龙泉县，为龙泉管氏。旁支仍居胶东。奉生二子，曰师复、曰师常，隐居不仕。材生二子，曰师仁、曰师礼。师仁崇宁间举进士，知建昌军，有善政，召为吏部尚书，大观间，累官枢密院直学士，以奏议忤权幸，罢。师礼知江陵县。师仁生三子，曰洪、曰浩、曰深。洪以恩授龙江提举；浩有才识，以杂科任临淮县尉，未几，以疾归。生一子，曰大方。高宗南渡之时，徙居海州，族人之在龙泉者尤多。深生一子曰鉴，调江西常平提干，乃家临川。后金侵疆愈急，大方又渡江，居丹阳。教其子国信曰："管氏谱牒，当固藏之，异日有北还之理，祖宗之陵，在齐之东界，不可迷也。"国信闻之，相涕泣曰："谨依教命。"国信生五子，曰镗、锪、镛、镇、锴。越四五年，又迁海州。家属虽多，无生活之计，以镇习鞭锤之术，乡里昼夜有劫掠者，辄护卫之，财货得三分之一，故乡里依仗焉。镗生二子，曰熙光、熙烈。熙烈少有大志，知州事，举为屯田官，屯田绝无怨尤者。又迁海州都税大使。熙光易贩于江淮，二十年间，蓄积有数千金，家业颇振，人号为海州大户。熙烈生四子，曰植、槐、松、榛。金陷涟水军，槐、松、榛皆为金所获，独植无恙。及四月，元兵至瓜州，植适贩海实及闽府果，因以进偏师，得授沭阳主簿。后元兵大陷江淮军，举家失散，植殉节坠井死。有二子，曰

高密管氏家譜舊序

管氏之姓其始乃文王子叔鮮受封於管以國為氏今鄭州管城是也以至世遠族繁散處郡邑在在有之自周之後若齊之管仲楚之管修漢之管寧管輅亦皆出於周以譜牒失傳不敢妄認始就所傳而聞者誌之宋時　純祖居膠東以孝經教授鄉里人呼為教讀先生善楷書生二子曰本曰材遷海州為海州漣水軍伍卒材務農漁海以充軍川未幾遷浙江處州龍泉縣為龍泉管氏旁支

夔、曰政，抱父骸瘞于沭阳之髭柳西岗。政以谱牒藏衣袂中，谋北归。复居海州。娶陈氏，生二子，曰盛、曰隆。元军往来淮泗间，南北摽掠，殆无虚日。于是父子遂北归，流落于高密县南王柱社，未几，又迁掌家庄社，务农业。自是而乱亡之祸少息矣。吾族旁支仍居海州。隆生二子，曰克勤、克礼。克礼生二子，曰士谦、士能。士谦方十余岁，学书算来县，娶孙氏，迁于县之东鄙。又居县之东门外街北。士谦生四子，曰思忠、思敬、思义、思声。思忠以病疲，思义、思声无子。思敬娶栾氏，生一子曰贤，务农守分，乡里称为忠厚长者。以上皆思敬祖在元时序焉。后之有志者，当以此志之，无使或失焉。

大清康熙十六年三月朔一日丁巳谨述

附录之二　江西齐川管氏宗谱原序（节录）

吾族管姓，始于周初，以国为氏。至汉高帝封管衍为平昌侯，地望始显。及晋元帝渡江，管方徙居石城，属金陵府。洎唐管辐，偕子伸，官浙，籍满，遂寓处州之龙泉石马岗。凡四世，至师复，号卧云先生，壹志幽栖。耕云钓月之风，堪与严陵相埒。又六传至国谕。世有闻人，炳蔚史籍，皆处石马，为龙泉人也。国谕生葵，字涵珍，号向日，行文四。因慕西江名胜，自龙泉徙丰之齐川而居焉，则向日实我齐川之始祖也……

大明万历二十九年岁次辛丑仲冬上浣之吉

十一世嗣孙宗泰沐手谨撰

附录之三
清光绪二十二年齐川管氏重修宗谱序（节录）

管氏之先，为文王第三子叔鲜，受封于管，因国为姓。至成王十一年乙未，命叔元子兑为纶邑大夫，岁时奉祀，因徙纶别管城。兑传子鱼，鱼传康。康有淑德，召入为卿士。自康以后，失纪三世，数千年难以探补。康元孙旅，旅传坊，坊传阳，阳传戚，戚传亶，以上世掌周天府。亶传咸，咸随平王东迁，为司会。咸子公度，仕齐，居营邱。度子曼多，多生仲，字夷吾。相齐桓公，号仲父。仲子宜，避五公子之乱，退隐于青邮。孝公立，思仲父之德，封宜为骈邑大夫，世有骈以祀仲。宜传歜，歜传敖，敖传毚，毚传得臣，臣传庄，庄传渠，渠传况，况传瑗。是时，田氏篡齐，瑗以世禄姜氏，义不仕，去之秦。瑗子斯，斯生殳。殳为秦内史。殳子衍，由中涓佐汉高皇平定六合，封平昌侯，管有望自衍始。衍传钰，钰传纪，纪传壬。凡历三世，坐酎金失国。壬子今，又失纪。其孙容，容子伯石，石生泄，泄生延寿，复自平昌迁北海。寿子逖，逖生子国，国生度，汉河南尹。度生宁，字幼安，汉末，往依公孙度，寓辽东，凡二纪，既而浮海还平昌。宁子邈，为魏从事中郎将。邈子辂，字公明，以天文风角显名当世。辂子翊，翊生方，晋参安东将军事，随元帝渡江，侨居石城县，后世遂为池阳人。方子禹授，晋龙骧将军。授子德，德生目，目生钜，宋上柱国。钜子汉臣，臣生冀，冀生弇，梁中领军。弇生俨，俨生羦，羦生彦德，唐贞观间，位升金紫光禄大夫，永徽中，追封新蔡伯。德子卬，卬生达，达生中孚，孚生驯。驯生栻，为固始令。栻子泮，泮生殼，徙升州。殼生四子，孟名轮，叔名轼，季名轸。辐为仲子，唐升州刺史。其子伸，官于浙，为武胜军。见龙泉石马岗山水秀丽，迎父即家焉。伸子十五。思旃，伸之十四子也，官长沙。生子翔，字垂天，景德间举秀才，献《天下大难赋》，授国子助教。翔生大钧、大成。成，右班值殿；钧，赠朝奉大夫。钧子师复，宋仁宗召对，有"满坞白云耕不尽，一潭明月钓无痕"之句，赐号卧云。复子希政，政生安持，持生稷与拱辰，辰详《旌义传》。其子国谕，生葵，号向日、省元，迁丰之齐川而居焉，即齐川之始祖也……

据此，制图表如下：

一世	二世	三世	四世	五世	六世	七世	八世	九世
管叔鲜	兑	子鱼	康	〇	〇	〇	旅	坊

十世	十一世	十二世	十三世	十四世	十五世	十六世	十七世	十八世
阳	戚	亶	咸	公度	曼多	仲	宜	歜

十九世	廿世	廿一世	廿二世	廿三世	廿四世	廿五世	廿六世	廿七世
敖	骉	得臣	庄	渠	况	瑗	斯	夋

廿八世	廿九世	卅世	卅一世	卅二世	卅三世	卅四世	卅五世	卅六世
衍	钰	纪	壬	今	〇[1]	容	伯石	泄

卅七世	卅八世	卅九世	四十世	四十一世	四十二世	四十三世
延寿	逖	国	度	宁[2]	邈	辂

四十四世	四十五世	四十六世	四十七世	四十八世	四十九世	五十世
翊	方	禹授	德	目	钜	汉臣

五十一世	五十二世	五十三世	五十四世	五十五世	五十六世	五十七世
冀	㕦	俨	癸	彦德	卬	达

五十八世	五十九世	六十世	六十一世	六十二世	六十三世	六十四世
中孚	驹	杙	泮	毂	辐	伸[3]

注:

[1][2]据《三国志·魏书·管宁传》傅子曰:"齐相管仲之后也。昔田氏有齐而管氏去之,或适鲁,或适楚。汉兴,有管少卿为燕令,始家朱虚,世有名节,九世而生宁。"以此推断,此33世应为少卿。传中云:"会宁卒,时年八十四。拜子邈郎中,后为博士。"但邈子是否即管辂,该书《管辂传》未载。

[3]伸为辐之子。伸有子十五人。其中十四子思旃生一子文珂,文珂生二子曰大钧、大成。大钧生二子,长曰师复,次曰师常。十五子庆河,生五子,曰文复、文歧、文瀵、文昌、文炳,其中文瀵生一子曰大忠。大忠生四子,曰师淳、师渐、师仁、师滂。江西齐川管氏为师复之后,高密管氏为师仁之后。从管叔鲜至管师仁,已是第六十八世。即使从周穆王姬满算起,至管师仁也已六十三世了。

附录之四 关于管师仁的有关史料

(一)《宋史》管师仁传

管师仁,字元善。处州龙泉人。中进士第。为广亲睦亲宅教授。通判澧州,知建昌军。有善政,擢右正言左司谏。论苏轼苏辙,深毁熙宁之政,其门下士吏部员外郎晁补之辈不宜在朝廷,逐去之。河北滨棣诸州,岁被水患,民流未复,租赋故在。师仁请悉蠲减以绥徕之,一方赖其赐。迁起居郎,中书舍人，给事中，工部侍郎。选曹吏多挠法为过，师仁暂摄，领发其奸，抵数人于罪，士论称之。改吏部，进刑部尚书。以枢密直学士知邓州，未行改扬州，又徙定州。时承平百余年，边备不整，而辽横使再至，为西人请侵疆。朝廷诏师仁设备，至则下令增埤浚隍，缮葺甲胄。僚吏惧，不知所裁。师仁预为计度，一日而举众十万，转盼迄成，外间无知者。于是日与宾客燕集，以示闲暇，使敌不疑。帝手书诏奖，激召为吏部尚书。俄同知枢密院。才两月，病。拜资政殿学士，佑神观使。卒年六十五。赠正奉大夫。

（二）加升管师仁枢密院诰

敕朕惟致治之原，实总兵之要，折冲万里，制胜四夷，我图其人，肆颁显命。中大夫试吏部尚书，轻车都尉、南阳县开国子，食邑六百石，赐紫金鱼袋管师仁，智周百物，学洞古今，有猷有为，允文允武。顷者，朕始亲于机政，尔荐历于清华，逮分定武之符，克著元戎之绩，甲兵不试，边境以宁。入掌天官，益隆时誉，蔽自朕志，进贰枢机，朕命惟休，往其祗服，可特授宣奉大夫，同知枢密院事，南阳郡开国侯，加食邑四百户，食实封一百户，勋如故。

大观三年四月十五日诰

（三）管师仁谢升枢密院秩表

伏以天府旧臣，际风云之庆会，瀛州高选，依日月之光华，宠渥自天，震惊无地。臣切谓子房明哲，方堪帏幄之运筹；安石雍容，始副庙堂之重望。苟仅取乎充位，适贻讥于旷官。如臣者，章句陋儒，草莽下士，言不足拾遗而补阙，学不足以致君而泽民，误辱主知，屡承清问，已遂攀鳞附翼之愿，又步行鹓振鹭之班。揣已何堪，蒙恩有自，兹盖伏遇皇帝陛下，圣由天纵，德本生成，乾开坤辟，定万古之规模；日照月临，膺兆民之归仰。初向心于黄屋，待俛念于苍生，置酒未央，陋繁文于汉祖；问安内竖，追大孝于周文。任官惟用旧人，虚已聿咨于谠论。遂令微贱，骤历清华。臣敢不竭蝼蚁之微衷，效犬马之补报。稽周宫六典，往迓太平，听嵩岳三呼，恭祈天命，谨具表以谢。

（四）加赠师仁曾祖庆河太子少保诰

敕朕绍胜先烈，临制万邦，惟时政事之基，实赖股肱之助，敷求一德，共守太平。乃眷登延，方隆属任，宜追崇其所自，以大慰于厥心，爰锡恩章，远喻再世。具官某，故曾祖庆河，潜德晦善，在约弥充，积厚流光，启佑来裔，粹然德器，简在朕心，擢赞枢庭，时望允惬，念切原始，讵可弥忘，保于春宫，是推异数，尚其幽冥，亦克知歆，可特赠太子少保。

（五）加赠师仁祖文瓒太子少傅诰

敕朕惟昔庙祧，诸侯惟五。盖种德之厚，则泽之所流者长；致位之崇，则恩之所及者远。礼惟其称崇，岂惟私眷。言辅政之臣，追嘉三世之祖。揆于古制，允合大中。具官某，故祖文瓒，明允笃诚，业履惟茂，迹虽晦而闻则显，善既充而庆有余。惟时文孙，蔚为邦彦，特进于国论，师言允谐，及祖之恩，厥有成宪，春宫之秩，传位甚隆，尚期有灵，亦克膺此，可特赠太子少傅。

（六）赠少傅公夫人叶氏吴氏诰

敕朕惟尊祖之仪，学士大夫之所同，而进位于朝，崇卑有间，故追命之典，远近以殊，盖非道德之隆美，曷克致身于近弼。则夫褒其所自，是宜异于庶工。师仁故祖母叶氏吴氏，柔顺静专，得于所性，幽间淑善，宜于厥家，庆钟乃孙，实辅予治肆，亦封于大郡，以增贲于幽窀，尚期淑灵，膺此休宠。叶氏可特赠齐安郡太夫人，吴氏永阳郡太夫人。

大观三年四月初五日诰

（七）加赠师仁父大忠公太子少师诰

敕教忠之训，服于能仕之初；显亲之心，遂于扬名之后。眷予爱弼，褒厥前修。师仁故父，通议大夫，缔美中涵，惠和外畅，积仁之报，及嗣而昌，为时真贤，登赞机务，嘉尔有子，稽于国章。进贰春宫之帅，是为不次之宠。尚期幽冥，克享兹荣。可特赠太子少师。

（八）加赠大忠公夫人周氏季氏诰

敕考慎杰才，延登政路，大阐褒崇之典，以增闺阃之荣，眷念其亲，永怀弗汨，宜伸愍锡，用慰孝思。师仁故母信安县太君周氏、缙云县太君季氏，嫔于令人，厥有懿德。惟时息子，进翊百枢，善庆所种，王室是赖。褒崇之数，肆举旧章，改疏嘉郡之封，遂正小君之号。淑灵不泯，共服朕恩。周氏可特赠信安郡太夫人，季氏缙云郡太夫人。

（九）追封枢密夫人余氏诰

敕朕祗循前宪，优遇大臣，登延之初，褒逮家室，永言厥配，弗遇兹荣，人臣所悲，恤典宜厚。师仁故妻崇德县君，改封永嘉郡太君。余氏婉娩淑质，幽闲令仪，嫔于高门，遭会不淑，日月云迈，懿范若存，改疏嘉郡之封，遂正小君之号，尚期未泯，服此宠章。可特赠永嘉郡太夫人。

大观三年四月十五日诰

（十）管师仁资政殿学士诰

敕朕考慎弼臣，延登右府，简折冲之宿望，资经武之宏才。谋图厥任，忠贞靡已，曾未亲于执政，乃屡抗于曩封，爰锡命书，始绚诚恳。师仁禀资端亮，迪德忠纯，学足以知先王之言，才足以周当世之务。肆予缵服，召寘近严，中外洊更，休有绩用，顷由师阃，擢长天官，居然声实之隆，嘉乃猷为之懋，进陪枢筦，允叶佥言，兹遽爽于节宣，方少须于瘳复。而乃觥词荐贡，确请莫回，勉从摄眷之私，载衍优隆之盛。数升华秘殿，须使真词，并尔眷怀，益昭体貌，往绥寿祉，茂封宠光。可特赠依前朝请大夫，充资政殿学士，佑神观使，勋封食实如故。

大观三年六月十二日诰

（十一）资政殿学士管师仁谢表

伏以窃禄朝行，愧谫能之无取。置身文馆，又渥命之诞，敷于盟感，以惟深思，称报曷已。臣伏念斗筲下士，翰墨庸才，谋猷无补衮之能，思藻乏演纶之妙，遭圣神之揆乱，尝嘉宠于帏幄，属天造之兼容，遂荐更于清选，谬庸奖拔，莫效驰驱，兹盖伏遇

皇帝陛下，德洽舜文，功崇汤武，当驰武张文之日，为经邦论学之图，乃建乃文，乃延硕德，于以丝纶乎？至道于以黼黻乎？皇猷遂令参佐之微，

兼取高华之选。臣敢不上思圣泽，益励愚忠，非道莫陈于前，誓勉输于忠敬，归美以报其上，庶不负于初心，谨奉表以谢。

按：上述资料，应该是真实的。可知管师仁曾祖为管庆河，祖父为管文瓒，祖母为叶氏、吴氏，父亲是管大忠，母亲是周氏、季氏，而其去世的夫人是余氏。可见高密谱的说法有误。

附录之五　现存世之管氏家谱

天下管姓，以江浙、山东为多，江西、安徽、湖北、湖南、东北、陕西亦有之。现存世之管氏家谱，从上海图书馆存书目录及网上查询，可知有如下数种：

1.《如皋管氏宗谱》始迁祖管重和，元至正十七年自常州迁如皋之掘港场。谱为丛育才等主修，民国十五年（1926年）铅印，共二十册，现存上海图书馆。

2.《如皋管氏宗谱》二十八卷。民国时管惟一主修。民国十五年（1926年）铅印二十册，存南通图书馆。疑与前同。

3.《云阳管氏宗谱》，一世祖管御，北宋仁宗时自山东青州渡淮，先寓维扬，后徙洪州。元丰二年，其子管炬卜居丹阳永济乡之管山，后世遂奉其为始迁祖。管亨裕主修，现存上海图书馆。

4.《云阳管氏宗谱》六卷。明万历五年（1577年）邵南公始修，此为第十二修，清管贞茂主修，道光七年（1881年）永思堂活字本六册。现存历史研究所。

5.《吴县管氏家谱》，旧籍山阳（江苏淮安），宋靖康之乱徙苏州城东之东河。一世祖管进，始迁祖为进之五世孙管文正。明成化间迁邑之平江里龙潭上，又治宅于管家园。管礼秉纂修，有明陈鹤撰序，吴昌硕题书名页，民国十年（1921年）铅印二册，现存上海图书馆。

6.《吴县管氏家谱》，光绪十八年抄本，一册，管廷奎纂修，现存上海图书馆。

7.《吴县管氏家谱》，不分卷，康熙二十三年（1684年）管鸿始修，民国十年（1921年）铅印本二册，存苏州市博物馆、苏州大学、吉林大学、哈尔滨师大等图书馆，苏州图书馆、北京图书馆、历史研究所亦有存书。

8.《西溪管氏宗谱》（江苏溧阳）一世祖管天龙，北宋时居浙江，五世祖管思舜迁溧阳。思舜子文绰，号西溪，南宋绍定间再徙邑之奉安黄雀花墩下，是为本支始迁祖，光绪九年孝恩堂活字本七册，存上海图书馆。

9.《武进华波里管氏族谱》，民国时管凤和等修，民国五年（1916年）活字本，现存美国。

10.《管氏宗谱》附管氏分谱若干卷。清咸丰年间修，光绪年间补钞本，四册。全书原题四册，内容有重复。现存北京图书馆。

11.《管氏重修宗谱》三十一卷，末一卷，民国管启韶等修，民国十二年（1923年）昭格堂活字本三十二册，现存北京图书馆。

12.《浙江萧山管氏宗谱》四卷，清管廷元修，清光绪元年（1875年）活字本四卷，现存日本、美国。

13. 浙江常山《平昌管氏宗谱》三卷，民国三年（1914年）木刻本。浙江常山县辉镇高峰村。

14.《黄岩新桥管氏宗谱》，民国间活字本，浙江临海县博物馆存十三卷。

15.《黄岩管氏宗谱》，始迁祖管新涵，元末自括苍龙泉州前东浦迁至黄岩新桥。管庆桂纂修，清咸丰八年木活字印刷本八册。疑与十四相同，只时间早而已。

16. 安徽《泾川浙南都管氏续修宗谱》十卷，首一卷末一卷，清管贤书、管国培修。清道光十九年（1839年）木刻本十三册。该谱创修于明天顺年间，该族散居安徽泾县、旌德等地。谱存河北大学图书馆。

17. 湖北黄冈《管氏宗谱》九卷，清管应起经理创修。同治八年（1869年）管氏新镌木活字本八册，存武汉图书馆。

18. 湖北黄冈《管氏宗谱》，民国元年管承喜等纂修。民国三十六年（1947年）管氏绍仲堂刊木活字本，此谱始修于清同治八年（即前种）此为二修，有缺页，武汉图书馆存其1~3卷。

19. 黄冈《管氏宗谱》，同前，存卷首及 1~7 卷。

20. 武陵（今湖南常德）管氏宗谱，清末活字本。迁益阳、桃源、龙阳世系。该谱存上海图书馆。

21.《齐川管氏宗谱》今江西广丰。始迁祖管葵，宋末元初自浙江龙泉石马岗迁来，为管师复之后，谱十七卷，现存上海图书馆。

22.《高密管氏家谱》二卷，清管延芳、管延选等修（按："延"疑为"廷"字），清同治十年（1871 年）木刻本二册，现存日本、美国。（注：高密只存同治三年本，同治十年本未见过。）

23.《高密管氏家谱》二卷，同治三年（1864 年）管万选等主修，现散存于各股长房家中，下同。

24.《高密管氏家谱》四卷，光绪二十九年（1904 年）管晖吉、管恩覃等主修。

附录之六　管氏家族传统佳联

1. 竹苞松茂　官廉民安（上下联第一字合而为管）

2. 割席传美谈　减租建奇勋（上联为管宁，下联为管师仁）

3. 仁存白云集　瑞应折桂亭（上联为管师复，下联为管及）

4. 九合诸侯匡天下　三迁少卿宁国邦（上联为管仲，下联为管湛）

5. 幼安高节　仲父霸功（上联管宁，下联管仲）

6. 平原世泽　相国家声（上联管辂，下联管仲）

7. 魏国管宁真名士　元代道升女画家（上联管宁，下联管道升）

8. 尊王攘夷成霸业　通义精术识天文（上联管仲，下联管辂）

9. 玉树芳兰承俎豆　金章紫诰答蒸尝（莒县管氏宗祠联）

10. 龙尾家声　凤阳世胄（上联为管宁，下联为莒县之始祖）

11. 忠厚传家久　诗书继世长（吾家风也）

附录之七　本县、及邻县管氏之无考者及高密管氏外迁情况

凡天下管姓,皆一家焉,但因年代久远,谱牒失传,在清同治十年(1872)修谱时,本县及邻县管姓中即有无考者,现据家谱录之如下。

1. 管氏本县无考者:

呼家庄前　西周阳　西沙窝　冯家庄　菜园　崖沟　朱符(自南迁来)张家墩　槐树底(自即墨迁来与菜园同祖)　帽子屯(与槐树底同祖)顾二屋子(自帽子屯迁来)　闫家台落

2. 管氏邻县无考者:

潍县之柳疃(自西迁潍,有世袭奉祀生一名,奉管仲,祀庙在淄博)郭泽村(与柳疃同祖)　胶州之城里(无考)　山前(无考)

王台街　大行　东牟(管庆续自高密迁去,支股无考)　即墨之城里(为高密管氏,因谱牒失传,支股行辈皆无考)　兰村(与城里同祖)

附录之八　新发现的高密管氏(三股)七世祖嘉祯公在无锡知县任内所立"无锡县里社"碑

该碑于二〇〇四年十二月于无锡市蠡湖街道青祁村建筑工地出土,现存无锡市博物馆。

该碑为嘉祯公在无锡知县任内所立,[明嘉靖五年(1526年)三月],碑文内容是要求各里社毁淫祠寺观以建社坛,每月初一集会一次,祭五土五谷之神,读抑强扶弱之词,劝善惩恶,申明乡约,以敦风化,兴礼恤患,以厚风俗。同时,"立社学设教读以训童蒙;建社仓,积粟谷以备凶荒"。根据当地老人说,此碑出土之地,原为"蒋大王庙",即属于碑文中所说的"淫祠寺观"之列,当地将其拆毁以建社坛或立社学了。于此可见其清廉爱民,敦本尚实之一斑。

该碑距今虽已近五百年,但字迹清晰,为楷书。据笔者以外行眼光看来,其书法有颜欧之风,端凝朴拙而不失碑意,颇具大家风范。

"无锡县里社"碑碑文

无锡县里社

　　无锡县为申明乡约，以敦风化事，抄蒙钦差总理粮储兼巡抚应天等府地方都察院右都御史陈，案验备仰本县遵照洪武礼制，每里建立社坛一所，就查本处淫祠寺观毁改为之，不必劳民伤财。仍行令各该当年里长，自嘉靖五年三月起，每春秋贰社，出办猪羊祭品，依式书写祭文，率领一里人户，致祭五土五谷之神，务在诚敬丰洁，用虔祈报。祭毕，就行会饮，并读抑强扶弱之词，成礼而退。仍于本里内推选有齿德者一人为约正，有德行者二人副之。依照乡约事宜，置之簿籍二扇，或善或恶者，各书一籍。每月朔一会，务在劝善惩恶，兴礼恤患，以厚风俗。乡社既定，然后立社学，设教读以训童蒙；建社仓，积粟谷以备凶荒。而古人教养之良法美意，率于此乎寓焉。果能行之，则雨旸时若，五谷丰登而赋税自充；礼让兴行，风俗淳美而词讼自简。何待于催科？何劳于听断？而水旱盗贼亦何足虑乎？此敦本尚实之政，良有司者，自当加意举行，不劳催督。各将领过乡约本数，建立过里社处，所选过约正、约副姓名，备造文册，各另径自申报，以凭查考。其举之有迟速，行之有勤惰，而有司之贤否，于此见焉。定行分别劝惩，决不虚示等因，奉此。除遵奉外，今将备蒙案内事理，刻石于本社，永为遵守施行。

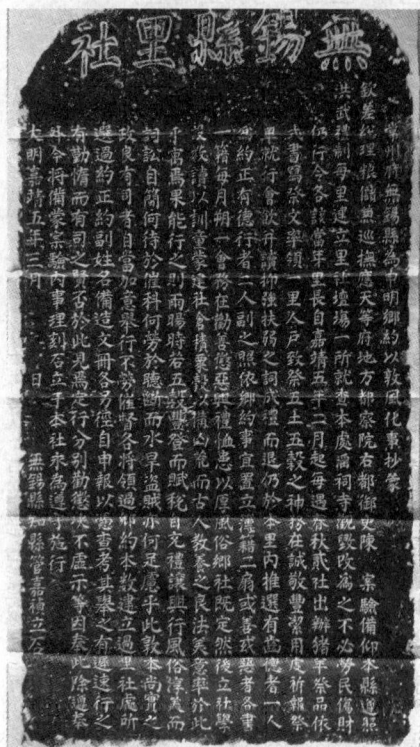

　　　　　　　　　　　大明嘉靖五年三月 日

　　　　　　　　　　　无锡县知县管嘉祯立石

跋

余自幼受父辈教诲，深知孝亲敬祖为人伦之大德。饮水思源，不敢忘己所从来，故对家谱甚为重视。吾族平安庄一支，原有谱一部，存先伯祖讳遵仁公处，两岸始通后，被二叔梅五携之去台。幸辛巳年（2001年）五月既望由三弟谟业斥资五百元，由内子王梅棣赴青岛一书商处购回一部。余如获至宝，时常研读，遂有所得，加之随时注意收集有关资料，于是做了上述研究考证。由于掌握资料太少，这些研究还是肤浅的、初步的。更深入的研究、更正确的结论，只能俟之来日，期于后来之人了。

甲申年春三月朔（2004年4月）

高密管氏二十四世孙谟贤沐手书

参考书目：

1. 《史记》

2. 《汉书》

3. 《后汉书》

4. 《三国志·魏书》

5. 《宋史》

6. 《高密管氏家谱》

7. 《齐川管氏宗谱》

8. 管月福：《龙泉管姓》

9. 管恩灼：《双凤山下人家》

10. 有关工具书及网络文章

图书在版编目（ＣＩＰ）数据

大哥说莫言/管谟贤著. —济南：山东人民出版社，2013.3

ISBN 978-7-209-07096-6

Ⅰ.①大… Ⅱ.①管… Ⅲ.①莫言－生平事迹 Ⅳ.①K825.6

中国版本图书馆CIP数据核字（2013）第016175号

本书系莫言与山东经济文化强省建设研究成果之一

责任编辑：董新兴
电脑制作：谢润蕅

大哥说莫言

管谟贤　著

———————————————————————————————

山东出版集团
山东人民出版社出版发行

社　　址：济南市经九路胜利大街39号　邮　编：250001
网　　址：http://www.sd-book.com.cn
发 行 部：(0531) 82098027 82098028
新华书店经销
山东临沂新华印刷物流集团印装

规　　格　16开 (169mm×239mm)
印　　张　19.5
字　　数　350千字
版　　次　2013年3月第1版
印　　次　2013年3月第1次
ＩＳＢＮ　978-7-209-07096-6
定　　价　48.00元

———————————————————————————————

如有质量问题，请与印刷单位调换。　(0539) 2925888